JN028490

なぜ世界はそう見えるのか

主観と知覚の科学

デニス・プロフィット
ドレイク・ベアー
小浜 杳［訳］

DENNIS PROFFITT DRAKE BAER

PERCEPTION

HOW OUR BODIES SHAPE OUR MINDS

白揚社

なぜ世界はそう見えるのか

なぜ世界はそう見えるのか　目次

第五章　感じる　133

第六章　話す　159

第三部　帰属する

◉「　」で括った箇所は訳者による補足です。

家族に

人間は万物の尺度である。
在るものについては在ることの、
在らぬものについては在らぬことの。

――アブデラのプロタゴラス、紀元前四九〇年―四二〇年

自然の中に有機体を見、有機体の中に神経系を見、
神経系の中に脳を見、脳の中に大脳皮質を見ること、
それこそが哲学につきまとう諸々の問題の答えである。

――ジョン・デューイ『経験と自然』（一九二五年）

はじめに　おれは電熱の肉体を歌う

長続きする恋愛の楽しさを味わったことのある人は、パートナーに、その人にしかないすてきな匂いがあることにお気づきかもしれない。ここでは仮に、あなたのパートナーを「スウィーティー」と呼ぶことにしよう。スウィーティーのいるあたりや、スウィーティーが着たシャツからは、ほかの人とは異なる抗(あらが)いがたい魅惑の香りがただよってくる。キスが楽しいのは、一つにはスウィーティーの匂いがほのかに香るからだ。体臭は指紋と同じく、その人固有のものであることがわかっている。まったく同じ体臭の人は二人といない。数十人が行き来した大地を嗅いだブラッドハウンドがスウィーティーを追跡できるのも、そのためである。スウィーティーの匂いを固有のものにしているのは、免疫システムをコードする巨大な遺伝子群、主要組織適合遺伝子複合体（MHC）だ。ヒトのMHCは極めて多様性に富んでおり、個々の複合体はこの世に一つしか存在しない。汗には、食品などから摂取した多くの化学物質とともに、MHCタンパク質も含まれている。恋愛においては、スウィーティーのMHCタンパク質が放つ匂いは重要なメッセージの担い手だ。スウィーティーが配偶者として適切かどうか、子作りの相手にふさわしいかどうかを、体臭が知らせているのである。

スイスの動物学者クラウス・ヴェーデキント率いる研究で、女性はMHCが自分と最も異なる男性の体臭を好ましく魅力的と感じることがわかった。[1] これは進化における適応がはたらいている例である。自分と同じような免疫システムを持つ相手と結婚すると、問題のある潜性形質（劣性形質）が発現する危険性が高まる。古来近親婚がタブーとされているのも、ファラオからハプスブルク家に至るまで、王家・王室の近親交配によってしばしば発達に問題のある子女が生まれたのも、近親婚で有害な潜性形質の発現する危険性が高まるからにほかならない。「純血」にこだわったために、かえって意図せぬリスクが生じたのだ。ゆえに、進化は別の道を進めと説く。最も異なる免疫システムを備えた相手に惹かれるメリットは、繁殖適応度が高いことだ。健康な子が生まれる確率が高まるのである。

だがこのような体臭の受け取り方は、個々人の主観によるところが大きい。スウィーティーの芳しい香りは、スウィーティーと付き合うあなた個人にとっては繁殖適応のサインだ。だが異なるMHCを持つほかの人にとっては、スウィーティーの体臭は嗅覚が喜ぶ匂いではないかもしれない。それに、あなたはブラッドハウンドではない。いくらブラッドハウンドがスウィーティーの匂いを正確に嗅ぎ分けられるからといって、繁殖成功が見込める匂いを嗅いだときに生じるヒトの感情的反応と同じような反応を、ブラッドハウンドが示すことは考えにくい。知覚されたヒトの体臭というものは、芳香と悪臭に二分できるような客観的な領域ではない。むしろあなたは、自己の免疫システムと同じようにこの世に一つしかない、「匂いの社会的世界」を感じ取っているのである。スウィーティーの匂いが芳しいのは、あなたとスウィーティー双方の遺伝的特徴による。その遺伝的特徴が、「お互いをもっとよく知ろう。私たちは似合いのカップルだ」と言っているのである。こうして匂いは、絆の、協働の、愛のシグナルとなり、それらを推進する力となる。だが社会的知覚の多くがそうであるように、匂いは嫌悪感や他者化、ひどいときには憎悪の媒体ともなりうる。初めて日本を訪れた西洋人には動物性脂肪に偏った食生活のために強い体臭があったが、日本人はそれを、バターを連想させる不快な悪臭と感じた。「バタ臭い」はその後、「西洋風」を意味する軽蔑的な単語となり、今日に至るまで日本語の語彙として生き残っている。[2]

人間は自ら発達させた社会生態環境にどっぷり浸かって生きており、そのために私たちの知覚も、生まれ育った文化環境で成長するなかで形作られていく。私たちは肌の色が異なる人々をどうしても「他の人種」と感じてしまうが、そのバイアスが出現するのは、まだ話もできない赤ん坊の頃である。民族的に均質（ホモジニアス）な環境で育てられた生後三か月の乳児は、異なる民族よりも自分と同じ民族の人々を見るのを好むが、より多様性に富んだ社会環境で育てられた乳児では、その傾向はそれほど目立たない。生後五か月になると乳児は母語を話す人を好んで見るようになり、もう少し大きくなると、母語を話す人からのおもちゃをよりすばやく受け取る。三歳から五歳になる頃には、母語を話す子を友人として選好するようになる。

こうした発達上の偏り（バイアス）が原因で起きるのが、「他人種効果」だ。異なる民族に属する人の顔は想起や識別がしづらいという、広く研究されているパターンである。まるで社会的カテゴリーが知覚と記憶力に不透明なフィルターをかけてでもいるかのように、社会的知覚が狭まるらしいのだ。イギリスの乳児を対象とした実験では、生後三か月の白人の乳児は黒人、白人、アラブ人、中国人を同じように判別できたが、同じ乳児が生後九か月になると白人の顔しか判別できなくなっていた。[3] 同じ傾向が中国人の乳児にも見られたという。[4]「あんたたちはみんな同じ顔をしている」という、昔から言い習わされてきたが、いまでは社会的に受け入れがたいフレーズは、ここから生まれたのだ。もし本当に人生経験によって社会的知覚が狭められてしまうのであれば、異なる社会集団に属する人々のことを、成人が自分の属する集団と同じように豊かに知覚することはない。そこに、異なる背景を持つ人々を個人として見る代わりに、異なる社会的カテゴリーの構成員としてしか見られなくなるおそれが生じる。その先にあるのが、「あんたたちはみんな同じだ」だ。本書でこのあと明らかにしていくが、こうした「没個性化」――人を個人としてではなく、単なる集団の構成員として見ること――の行き着く先が、「あんたたちはみんな同じ顔をしている」という感じ方なのである。人を白人か黒人か、リベラルか保守か、ベビーブーマーかミレニアル世代かで分けるようになるのだ。

　ステレオタイプに基づく没個性化が、「人種は不変である」という文化的な思いこみと結びつくと、人種的偏見が生まれる。文化から受け取った「あいつらはこうだ」という思いこみに則り、人々を自動的に分類するようになるのである。スタンフォード大学の心理学者ジェニファー・エバーハートは、知覚が人種的ステレオタイプに影響を受けることを実証してみせた。黒人の顔のスライドショーで方向付け（プライミング）された白人大学生は、白人の顔写真を見せられた学生よりもすばやく、武器や犯罪関連物品の映像を認識した。[5] 一面のホワイトノイズから徐々にナイフや銃の輪郭が浮かび上がってくる実験を行ったところ、黒人の顔写真を見た大学生のほうが、こうした武器をすばやく判別したのである。これはじつに居心地の悪い話だ。高い教育を受けた柔軟な考え方の人であっても、個人的な来歴によって、つねにバイアスのかかった世界を経験していることを意味するからである。

このバイアスがどこよりも如実に表れたのが、二十一世紀初頭の政治情勢だろう。世界各地で政治の分極化が日常茶飯と化したが、なかでも際立ったのがアメリカだ。一部の人の目にはアメリカの価値観を見事に体現すると思える政治家が、ほかの人にとっては最悪の無知の化身と映る現象が起きた。同じ社会に暮らす分別のある人々のあいだでこれほどの意見の不一致が生じるとは、いったいどういうことなのか。その答えは、個人の来歴の違いに潜んでいると筆者は考える。対極の政治思想を持つ人々は、同じ社会的事象が起きている同一の物理的世界に暮らしているように見えて、じつはそれぞれ天と地ほどにかけ離れた主観的経験をくぐっているのである。このあと詳しく見ていくが、ここで言うのは、人間が自ら築いた社会的世界に生きているということばかりではない。坂の傾斜やグラスの大きさに至るまで、人間が知覚するものはすべて、私たち個人がどのような人間かに左右されるのである。

そもそもの始めから、科学とは客観的真実を追究するものだった。事実そうあってしかるべきなのだが、その裏では長らく、ほそぼそと主観的経験の研究が続けられてきた。筆者が本書の執筆において採用したアプローチは、その大半を、一八六四年に生まれ一九四四年に逝去したバルト・ドイツ人生物学者、ヤーコプ・フォン・ユクスキュルに負っている。発音しにくい姓以外には現代ではほとんど知られていない歴史上の人物だが、本書のテーマを占めるキーコンセプトを考えついたのが彼だ。ユクスキュルは、異なる種がどのように同じ物理的世界を経験しているのかに関心を持っていた。ドイツ語は繊細な語義の違いで異なる単語を使い分ける言語として有名だが、ユクスキュルにとってはそれが幸いした。ユクスキュルは客観的な物理的環境である「環境（ウンゲブンク）」と、それぞれの動物種がその場で経験する世界「環世界（ウンヴェルト）」とを区別して考えた。たとえば筆者の一人デニー・プロフィットと飼い犬のルルが同じ原っぱを散歩していたとしても、ルルにしてみれば、デニーは面白い匂いの大半を嗅ぎ損ねているのかもしれない。あなたが経験しているのは環世界である。あなたが草を反芻する牛であるか、花粉を運ぶミツバチであるか、花を摘んでいる子どもであるかによって、同じ野の花も異なる意味を持つ。科学は客観的な環境に関心を持つ傾向があり、そのために相対主義的な視点を持つ生態学的心理学はこれまでさほど注目されてこなかった。だが科学的方法自体が、主観的経験の研究を除外したり、知覚にまつわる一貫性のある有用な真実の発見を妨げているわけではない。真実に至る道は、まずは非常に基本的な問いを投げかけるところから始まる。

あなたは特定の動物、たとえば鳥であることはどんな感じかを理解しようとしているとする。おそらくあなたは、こう推論するだろう。鳥の身体的特徴と、そうした身体でとりうる行動から判断すると、鳥の精神生活は、主に空を飛ぶことと、飛ぶ暮らしで生じるさまざまな問題に関係しているはずだ——と。ある特定の動物であるのがどんな感じか理解したいというとき、私たちは大概こう問いかける。「これはどんな種類の動物なのか。身体はどうなっているのか。その身体で、どんなことをするのだろう」こうした問いかけが、特定の動物の環世界——その動物自身が住んでいる世界——を理解する際の、まぎれもない出発点となるのである。

翻って、人間の環世界についてはどうだろう。種としてのヒトはどのような経験世界に住み、その世界は個々人によってどのように異なるのか。現代の心理学では、この問いの生態学的な側面は概して見過ごされてきた。理由の一端は、人間であるのがどういうことかはだれでもわかっているはずだという、私たちのナイーブな思いこみにある。だが残念ながら人間は自らの経験を正しく見定めているとは言えず、自分たちは客観的な世界を経験しているのだという私たちの確信は単なる共通感覚（コモンセンス）にすぎない。社会科学者と哲学者の言う、ナイーブリアリズムだ。見て、嗅いで、聞いて、触れるものを額面通りに受け取ってしまう態度のことである。(6) 人間は個人的な心的経験を物理的世界に投影しており、じつは自らの心的経験であるものを物理的世界であると思い違えている。感覚システム、個人的な来歴、目標、期待などが合わさって知覚を形作っていることに気づいていないのだ。たとえば、あなたは芸術作品に客観的な寸評を加えるつもりで「あの映画はよかった」と言うかもしれないが、実際にはその芸術作品を自分がどう知覚したかを述べているのであるから、「あの映画は気に入った」と言うほうが正確だろう。素朴な直観は「私たちは世界をありのままに見ている」とあなたに告げるかもしれないが、実際にはそうではない。私たちはヒトの環世界（ウンヴェルト）を見ているのである。さらに言えば、個々の人間がみな異なる以上、だれもが微妙に異なる環世界（ウンヴェルト）を持っている。私たちはみな、それぞれの『ガリバー旅行記』の世界に生きているのだ。目にする物や人の大きさや形は、自分の身体の大きさや、自分が周りの環境と相互作用する能力に応じて、伸び縮みしているのである。私たちが経験する世界は、人間がどのように世界に適応（フィット）しているかを教えてくれる。スウィーティーの芳しい体臭は、こう言っているのだ。「どうか愛してください。私たちはぴったりフィットするカップルだから」と。

私たちはだれもが同じ世界を経験しているはずだという共通の思いこみのもとに日常生活を送っ

ているが、知覚研究でわかるのは、経験的現実——見て、聞いて、触れて、嗅いで、味わう世界——は人それぞれに固有のものだということだ。バスケットゴールが三〇五センチメートルの高さだという事実は、あなたの身長が一四〇センチか二二三センチであるかによって、非常に異なる意味を帯びてくる。その好例が、デニーの元指導院生で、現コロラド州立大学教授のジェシカ（〝ジェシー〟）・ウィットが行った研究だ。[7] ジェシーはシャーロッツビルのソフトボール場に行き、試合終了後の選手に実験への協力を要請した。異なるサイズの円が並んだ大きな厚紙を掲げ、ソフトボールと同じサイズの円を指差すよう頼んだのである。さらに選手には、いま終えたばかりの試合での安打数と打数も報告してもらった。協力の代償は、スポーツドリンク一本である。実験の結果、打率——安打数を打数で割ったもの——が高い選手ほど、ボールのサイズを大きく申告していたことがわかった。ソフトボールの知覚サイズが、そのバッターがボールを打てたかどうかの成功率に影響されていたのである。この実験結果は、特大ホームランを打ったあとに、「どうしてかはよくわからない。でも、ボールがグレープフルーツみたいに大きく見えたんだ」と語ったミッキー・マントルの経験談を裏付けている。[8] 同様に、ボストン・レッドソックスで活躍したジョージ・スコットも、「打てているときは、ボールがグレープフルーツみたいな大きさで向かってくる。でも打てないときは、黒目豆みたいに見えるんだ」と語っている。[9] デニーや共同研究者、また他の研究者の実験でも、パットがうまいゴルファーはホールカップのサイズを実際より大きく見ていること、[10] 成績のいいアメリカンフットボールのプレースキッカーの目はゴールポストの間隔を広く、クロスバーの高さを低くとらえていること、[11] 成績のいいアーチェリー選手には的の中心が大きく見え、それはダーツプレイヤーでも同様なことがわかっている。[12] 肥満の人や疲れている人は、やせている人や休息をとった人よりも、対象物までの距離を長く感じる。(13) 優れた水泳選手および足ひれ(フィン)を付けた人は、水中の距離を短く見積もる。(14) 物に手を伸ばすとき、道具――スーパーマーケットで見かける、最上段の棚に置かれたシリアルの箱を取るためのマジックハンドなど――を手にしていると、距離の目算が短くなる。(15) 車を運転してきた人は、歩いてきた人よりも、移動距離を短く感じる。(16)

他の動物の調査を開始するときには自然と浮かぶような問いを、人間を調べる心理学者はめったに問いかけない。われわれの目の前にいるのは、どのような動物なのか。どのような身体を持ち、その身体によってどのような行動が可能なのか。私たちはそうした問いから乖離した、肉体のない脳の時代に生きている。筆者の一人でデジタル・ジャーナリズムに長く身を置くドレイクが身にしみて実感していることだが、トップ記事を狙うサイエンスライターは、記事の中で、新しい手法や技術で「あなたの脳は変わる」と主張するだけでいい（新たな経験となるものは、どれも脳を変化させるに決まっているのだが）。いまや刑事裁判の証拠にCTスキャンが使われる時代である。(17)「神経(ニューロ)――」という接頭辞が濫用され、ライフサイエンス以外の文脈で使われるようになって久しい。脳神経倫理学(ニューロエシックス)、神経経済学(ニューロエコノミクス)、ニューロマーケティングといった分野で働くことも可能だ。神経哲学者(ニューロフィロソファー)にとっての自己とは、予想に違わず脳である。認知科学者にとっての脳は、抽象的な記号計算を行うコンピュータだ。いずれの分野においても、身体は、脳をこなたから彼方へ移動させる手段ではあるかもしれないが、重要なものとはみなされていない。

だが現代の知覚研究の一端が明らかにしたように、人間が考え、感じ、存在するありようは、否応なく肉体によって方向付けられるのである。身体と脳は不可分に混ざり合っているというこの事実を、探究すると同時に広く世に知らしめんとするのが、本書である。身体とは何か――身体に何ができ、何が必要で、何を避けるべきなのか——を知ることで、より深く自分自身を知り、人生を理解できるようになる。そのためにはまず、脳を身体の中に戻さねばならない。

ウォルト・ホイットマンは一八五二年、最もよく知られた詩「おれは電熱の肉体を歌う」を書いた[18]。この詩の中核には、人間の身体それ自体が一編の詩であるというイメージがある。歩き、笑い、つかむ——そこにあるのは肉体として立ち現れる詩だ。ホイットマンの言う電熱とは、生きるという体験そのものである。生気あふれ、生々しい、鮮やかな生命。気高く、血気盛んな、身体のうちにある生命である。本書はここから、電熱の肉体の科学を探索していく。はたして私たちはどのような身体を持っているのだろう？　その身体が人間の行動や知識をどのように形作り、私たちはどのように他者とつながっているのだろうか。

第一部　行う

第一章　発達する

　なぜかはだれもさだかにはわからないが、私たちには乳幼児のときどんなだったかという記憶がほとんど、あるいはまったくない。そしてもちろん、乳児本人にその体験を尋ねるわけにもいかない。まだ話ができないからである。発達途上にある乳幼児の心に入り込むためには、才気あふれる研究者によって、的を射た疑問が探究される必要がある。乳幼児はどのような身体を備えているのか。時間が経つにつれ、乳幼児の身体はどのように変化していくのか。そしてそうした身体を持つ乳幼児は、どのような行動をとるのか。こうした研究が導き出す最も一般的な結論は、子どもは発達段階にある運動スキルの単純な行使によって、世界のありようや仕組みを学んでいるということだ。人間は運動スキルの行使によって知識を蓄え始める。発達途上にある子どもは、まず世界には噛めるものがたくさんあることを発見し、時間が経つにつれ、噛めるものが時にはつかめるもの、投げられるもの、転がせるもの、曲げられるものでもあることに気づいていく。ごく幼い子どもは、周囲の世界の探索方法をだれに教わることもない。体を使い、遊ぶところから、徐々に知識が生み出されていくのである。子どもはハイハイをする、歩く、転ぶといった行動で積極的に新たな経験を作り出しては、その経験を解釈することを学ぶ。そして幼少期に学んだことは、その後訪れる新たな経験や発見すべての基盤となる。したがって子どもの実態を探る研究を行う際には、子どもを自由に動き回らせるような実験デザインを心がけなければならない。

歩くことを学ぶ

ニューヨーク大学のインファント・アクション・ラボは、いつ行っても、さかんに動き回る赤ちゃんや幼児で賑わっている。発達心理学の先駆者であるカレン・アドルフ率いるラボは、「自分のいる世界でこの体を使って何ができるか」を子どもが発見していく過程の多くを解き明かしてきた。ドレイクが訪れた日に行われていた作業の幅広さが、チームの研究範囲の広さを物語っている。研究助手たちは、世界各地の研究室から送られるデータの分類整理にせっせといそしんでいた。ある助手は、生後一八か月までの赤ちゃんを動けないように揺りかごに固定し、二〇時間あまりもゆりかご内に寝かせておく中央アジアの伝統的な子育て法を研究している（赤ちゃんはちゃんと育つので、ご安心を）。ラボの他の研究者たちは各家庭を訪問し、乳幼児の自然な行動を観察している。五歳児を連れた親たちがラボを訪れたのは、アドルフの言う「日用品の隠れたアフォーダンス（環境が動物に与える意味や価値、行為の可能性）」に五歳児がどう対処するかを見るためだ。ティッシュの箱のよけ方であれ、ミネラルウォーターのキャップの開け方であれ、日々広がっていく環境で出合うものから得られる能動的な遊びの機会を、子どもがどのように学びとるかを調べるのである。

長身痩躯のアドルフは、正確無比のせわしなさとでも呼べそうな足取りでラボを歩き回っている。おそらく院生、博士研究員（ポスドク）、研究助手を務める学部生が絶えず入り乱れる研究室で、数十年にわたって乳幼児と母親の相手をしてきた経験で身についたものだろう。いくつかの元型（アーキタイプ）が混ざり合ったような性格のアドルフは、魔法使いのおばあさんかつマッドサイエンティストであり、因習を打破する革新者から、やがて女家長となった人物である。発達心理学という分野の性格上、アドルフは新たな仮説を生み出すばかりでなく、奇妙で目を引く平台や体操マット、ジャングルジム様の装置などを大量に発明しなければならなかった。子どもが世界を知覚し、動き回る仕方を学ぶ際に、実際にどのような行動をとるのかを観測するのに必要だったからである。アドルフの熱意にはだれしも引き込まれる。人間が発達と遊びを通して、世界を理解するための共通感覚（コモンセンス）をどのように形成していくのかを研究することほど面白いことが、はたしてほかにあるだろうか。

ラボの入り口をくぐり、コンピュータエリアの角を曲がると、目の前には楽しそうな明るいプレイルームが広がっている。まるで高級感のある子ども番組のセットのようだ。インファント・アクション・ラボの「アクション」はここで生じる。研究室（ラボ）という言葉が示唆する無機質さとは対照的な雰囲気だ。照明は明るいがまぶしくはない。あたりには原色が満ちあふれている。ラボの中央の床には、走り幅跳びのピットのような形と見た目だが砂はなく、固いマットが埋め込まれている。近くの壁際の棚という棚には、おもちゃが並んでいる。向かいの壁には横倒しのはしごを壁掛けにしたようなものが見えるが、じつはこれは折りたたみ式の雲梯（うんてい）だ。隣の壁際には、アドルフの名を聞けば多くの研究者が連想するであろう、数々の装置が置いてある。アドルフは「乳幼児に何ができるか」だけでなく、「乳幼児が自分は何をできると思っているか」をも探り出そうとしている。たとえば典型的な研究では、乳児が転ばずにハイハイで下れる斜面の最大傾斜角と、乳児が自分からハイハイで下ろうとする最大傾斜角、そして経験によって乳児自身の能力の自覚がどのように変化するかが調査される。こうした問いに答えるためにアドルフが用いるのは、高さや角度を精密に変えられる平台や傾斜台だ。インダストリアルデザイン企業との長期にわたる協力体制の甲斐あって、実験ごとに必要な斜面や断崖、隙間などを自在に生み出したり、なくしたりすることが可能な装置が揃っている。どの装置も底には緩衝材が取り付けられており、床がどれほど揺れても——建物の真下を地下鉄が通ると危険なほど揺れることがあるのだが——平衡が失われることはない。さらに部屋全体が監視カメラで撮影されているため、室内で起こることは余さず記録し、あとで整理分類することが可能だ。アドルフがさまざまな装置を動かすのを見ていると、映画の「トランスフォーマー」シリーズを思い出す。どの道具、ガレージドア開閉装置、傾斜台、手すりも、手が込んでいながら、親しみやすい造りになっている。これほど込み入った装置に囲まれているにもかかわらず、ラボは赤ちゃんと両親にとって居心地がよく、過ごしやすい空間だ。「ヘッドセットを装着していても、赤ちゃんはみんなご機嫌なんですよ」とアドルフは言う。

乳幼児の研究者は科学者のなかでもとくに創造性に富んでいるが、それはどうしてもそうならざるを得ないからだ。話ができない赤ちゃんには、質問をすることができない。大半の心理学実験で被験者を務める十代後半の若者と違って、赤ちゃんは指示には従わない。乳幼児が自然にふるまい、知っていることやできることを実験者に見せられるような実験環境を、研究者のほうで整えなければばならないのである。研究に参加する親子がラボを訪れた際には、まずアドルフか共同研究者が保護者の同意を得る。そのあとは、必要な装備を子どもに装着してもらう番だ。アイトラッキング研究用の頭部装着カメラや、ウェイトベスト、身体のダイナミックバランスの変化に対して子どもがどう平衡を保つかを計測する靴などである。実際に実験を執り行なおうとする試みは、さながら「連携プレーのサーカス」だとアドルフは言う。親が傍(かたわ)らで見守るなか、研究者は転倒に備えて赤ちゃんのすぐそばに立つ。赤ちゃんが平台から落ちた際には――歩き始めの乳児を対象とした実験ではよくあることだ――研究者がすかさず空中で抱きとめなければならない。

　心理学用語を用いるなら、アドルフは「生態学的妥当性」の確保に心を砕いている。現実の暮らしに近似した環境で実験を行えば、自然な人間のふるまいに関するより正確な情報が入手できる可能性が高い。よちよち歩きの実態がいい例だ。一〇〇年以上前から、研究者は歩き始めの乳児はまっすぐ歩くものだと考えていた。最も効率のよい、A点とB点を結ぶ最短距離を歩くものと考えていたのである。アドルフも同感だったが、そうではないことを示唆する複数の研究結果が出てしまい、戸惑うことになった。ある分水嶺となった研究では、練習時に共同研究者の院生がうまく赤ちゃんを空中で抱きとめられなかったため、やむなく高い平台の上ではなく、床の上で実験を行うことにした。すると、歩いてくるよう指示された子どもは、さまざまな歩行ルートをたどったものの、まっすぐにだけはどうしても歩かなかった。これは何かあると感づいたアドルフが、同様の歩行研究を行っている面識のある存命の研究者全員に連絡を取ったところ、いずれの研究者も同じパターンを報告してきた。赤ちゃんの歩き方があまりにも不規則なので、捨てなければならないデータのほうが多かったというのだ。乳児はふらふら歩くのが普通で、まっすぐ歩くほうが例外的だったのである。

乳児が直線的に歩くはずだという研究者の思いこみは、科学全般にかかわる問題を提起しているとアドルフは言う。まず実験は、実験者の都合のよいやり方で行われる。幼児の直線歩行のみを調査するというのもその一例だ。次に、その現象を説明するのに必要な理論が組み立てられ、やがてはその理論が真実だと受け取られてしまう。心理学の父の一人であるウィリアム・ジェームズが、「心理学者の誤謬（ごびゅう）」と名付けた錯誤だ。心理学者は人間のふるまいをありのままに見ることをせず、こうであるべきという自身の先入観に影響された偏った見方で人間性をとらえてしまうというのである。

カレン・アドルフは、実験で想定外の結果が出たときでも自身の思いこみを排除できる、稀有な研究者である。実験の結果、乳幼児が先行論文の示唆するようにはまっすぐ歩かないことに気づいたアドルフは、制約のない自然な環境で乳幼児がどのように歩くか研究してみることにした。いくつかの研究でわかったのは、乳幼児は効率のよい移動法など歯牙にもかけず、クリエイティブな霊感に従い、自分の世界を跳ね回っているということだった。その気になれば、海賊が行っていた刑罰さながら乳幼児に「板歩きを強要」し、直線歩行の研究を行うことはできるが、そんなことをして得られた研究結果に何の意味があるだろう。それは乳幼児の自然な歩き方ではないのだ。乳幼児のふるまいを研究したいのなら、彼らに好きなように行動できる自由を与えなくてはならない。アドルフは、乳幼児の発達に関するこうした生態学的アプローチの達人である。

心理学に初めてのめり込んだ学部生の頃に、アドルフの研究者としての方向性を決める出来事が起きた。昔ながらの古典的な見地に基づいた知覚の講義を受けたアドルフは、ひどく取り乱し、半泣きで指導教官のもとへ行った。知覚に関する主流派の説明は、当時もいまも、「ただ出来事が次々起きているにすぎない」というありがちな歴史の見方とよく似ている。視覚についてはこうだ。――まず光が網膜に像を結び、その像の特徴の一部が抽出され、脳の視覚野に送られて処理される。その後さらなる処理が施され……という具合に続くのである。こうした説明を聞いたり読んだりしても、それが目的を持って生き、行動している人間の体内で起きていることだとはまるで思えない。「こんなふうであるはずがありません。おかしいです、人間がこんなふうに見ているだなんて」若い自分が涙ながらにこう言ったのを、アドルフは覚えている。指導教官はじっとアドルフを見て言った。「そう、こんなふうじゃない」教官はついと本棚に手を伸ばすと、「これを読みなさい」と一冊の本を手渡した。ジェームズ・J・ギブソンの二冊目の著書、『知覚システムとしての感覚』（邦訳『生態学的知覚システム――感性をとらえなおす』佐々木正人・古山宣洋・三嶋博之共訳、東京大学出版会）だった。「私にとっては、それは信仰を見出したようなものだったんです」とアドルフはふり返る。「人生最大の〈真実の顕現（エピファニー）〉でした」この本をきっかけに、アドルフはジェームズと、発達心理学者である妻エレノア・ギブソンを知ることになる。敬愛を込めて「ジミーとジャッキー」と呼ばれた夫妻である[1]（本書でもわかりやすさを旨とし、その呼称に従うこととする）。研究においても互いを支え合ったギブソン夫妻によって、視覚とその発達のとらえ方に革命がもたらされようとしていた。

視覚の機能をとらえなおす

常識は私たちに、見たままが世界だ、私たちの経験する世界こそが世界だと告げる。私たちには、そこにあるものが見える。接近してくるバスを見て車道に飛び出さず、歩道の縁石で足を止めるたびに、自分の経験の正しさを信じるのが一番だという私たちの思いこみは強化される。この「ナイーブリアリズム」があるために、世界と、自分の経験する世界とは、一対一対応しているのだと私たちは信じこむ。

だが実際に調べてみると、ナイーブリアリズムと事実とのあいだにはズレが生じる。まず、視覚刺激情報（光による入力情報）は通常、光受容細胞がある、目の奥の網膜の上に結ばれた像だと考えられている。この網膜像は二次元で上下逆さまの映像であり、知覚で一般的な恒常的な性質を欠いている。たとえば網膜に映し出された対象物の大きさは距離によって変化し、対象物が近いと像は大きくなるが、人間はその物の大きさは一定であると感じ取っている。鉛筆を持った腕をまっすぐ伸ばしてから、徐々に顔に近づけてみるとよい。鉛筆の見た目は次第に大きくなるが、実際の鉛筆の大きさは同じだと感じられる。

ではなぜ、距離によって目に映る像の大きさが変化するのに、鉛筆の大きさが一定だと感じられるのだろう。すぐに思い浮かぶ答えは、鉛筆のおよその大きさと、鉛筆を前後に動かしても大きさは変わらないことを、私たちは知っているからというものだ。哲学で「観念論」と呼ばれるこの考え方においては、あまり正確ではない網膜像は、進化や個人の学習経験で得られた知識と記憶によって補強され、強化されているとされる。十九世紀の偉大な物理学者で医師のヘルマン・フォン・ヘルムホルツは、この強化のプロセスを表す「無意識的推論」という新語を編み出した。ヘルムホルツの説明によれば、対象物が鉛筆であると知覚する場合には、鉛筆に備わると知られている特性が鉛筆にあることも、人は知覚するのだという。

以来一五〇年のあいだ、無意識的推論は、網膜像が知覚された世界の印象へと変換される仕組みを説明する妥当な説として、広く影響力を保ち続けた。ところが、ジミー・ギブソンは承服できなかった。無意識的推論には、乳幼児に当てはめるとうまくいかないという問題があることに気づいたのである。この論に従えば、子どもは、世界の事物に備わる特性を知覚する前から、事物のあらゆる特性をすでに知っていなければならないことになる[2]。だが、その知識はどこから湧いてくるのだろう。見ているものが距離によって変化する鉛筆の網膜像だけだとしたら、乳児はいったいどうやって鉛筆の正しい大きさを学習するのだろうか。実際に世界にあるものをどうやって学習していくというのだろう。不可能だ。この考え方自体が受け入れられない。始めからやり直さなければだめだ、とジミーは訴えた。だが人間だれしもそうであるように、科学者も始めからやり直すのは好きではない。学者としてのキャリアを築いたあとではなおさらだ。考え方を改めた研究者も何名かは出たものの、大概の場合、ギブソン夫妻と学生は孤独な研究を強いられた。

始めからやり直すとして、さてどこから？　多くの科学者同様、ジミーの世界観を作ったのは人生経験である。ジミーの父は列車の車掌で、幼少期のジミーは父の乗務する列車の前方や最後尾の車掌車に立っては、空想をめぐらせていた。機関車が高速で前進するときには、なぜ世界が大きく迫ってくるように見えるんだろう。最後尾から後ろを見ると、なぜ世界は徐々に縮んで、地平線上の一点に集約されていくんだろう。ジミーはこうした経験によって、自分が動いているときには、視覚世界のものもすべて一定の動き方で動いており、そのおかげで自分は周囲の環境を特定できるのだと悟った。自分が動くと周囲のものがすべて動いているように見えるというこの現象を、「オプティカルフロー」（光学的流動）と言う。オプティカルフローの実例は枚挙にいとまがない。たとえば夕方、田舎道をドライブしているところを思い出してみてほしい。すぐそばにある柵はすばやく飛び去っていくのに対し、遠くの山や丘は極めてゆっくり動いているように見える。距離によって対象物の見た目の速度が異なるわけだが、これは対象物の相対的な距離を特定するのに役立っている。すばやく動くものは近くに、ゆっくり動くものは遠くにあるのだ。オプティカルフローによって、対象物までの距離が導き出せる。つまり、私たちが車を運転し、走り、歩くときにものが飛び去る速度は、私たちがどのくらい速く動いているか、また対象物がどのくらい遠くにあるかによって決まるのである。距離を推論する必要はない。距離は、移動する観察者が入手できる情報からじかに得ることができる。同様に、対象物が近づいたり遠ざかったりすることでその物が大きく見えたり小さく見えたりしても、網膜像の大きさの変化から、対象物の実際の大きさを導き出すことができる。たとえば鉛筆を前後に動かしたときの大きさの変化から、鉛筆の実際の大きさが決定できるのである。ここにギブソン学派（ギブソニアン）の主要な識見がある。知覚の土台となる情報は、静的で平坦な網膜像ではない。オプティカルフロー、つまり観察者が動くたびに生じる動きこそが、知覚の土台となっているのである。

ジミーは一九二八年からスミス大学で教鞭をとっていたが、一九四二年に軍に招集された。若き視覚研究者はアメリカ陸軍航空軍に配属される。指揮官たちが知りたがったのは、いかにも八歳のジミー少年なら知りたがりそうな疑問だった。――パイロットはどうやって飛行機を着陸させているのか。どうすればパイロットに着陸技術を上達させられる？　いやそもそも、人はどうやってある場所から別の場所へと歩いているのだろう。いずれも一見初歩的に思える疑問ながら、一〇〇年に及ぶ先行する視覚研究を参照しても、ジミーは答えを得られなかった。それまでの知覚研究は、こうした疑問に取り組もうとしてこなかったのである。

ジミーが陸軍航空軍時代に糸口をつかみ、やがて知覚研究分野で名を知られるきっかけとなった著書、『視覚世界の知覚』(邦訳『視覚ワールドの知覚』東山篤規・竹澤智美・村上嵩至共訳、新曜社)へと結実することになるのが、以下のような気づきである。――すなわち、人間はセンチメートルやインチで測れるような客観的世界を見ているのではない。人間が知覚しているのは、ジミー言うところの「アフォーダンス」なのだ。

アフォーダンスとは、あなたが与えられた状況にどのように適応(フィット)しているかというありようであり、別の言い方をすれば、固有の身体と行動レパートリーを持つ有機体に対して、対象物がもたらす〈行為の可能性〉である。健常者にとって、固い床は歩行をアフォードする(歩行という行為の可能性を提供する)が、池の水面は歩行をアフォードしない。石はつかんで持ち上げられるだけの大きさと重さの石である場合に限り、つかみ、投げるという行為をアフォードする。「環境のアフォーダンスとは、よきにつけ悪しきにつけ、環境が動物に提供するもの、与えたり供給したりするものである」とジミーは書いている。「『アフォード』という動詞は辞書にあるが、『アフォーダンス』という名詞はない。私の作った造語である。既存の単語では言い表せないようなやり方で、環境と動物の双方を言い表す言葉を想定している。この語が暗に伝えんとするのは、動物と環境の相補的な関係である」(3) ジミーは自身の知覚のとらえ方を「生態学的アプローチ」と呼んだ。ジミーの言う知覚とは、生きて行動する有機体が、能動的に環境を探索するなかで勝ち取るものである。乳児期に初めて発見されるアフォーダンスは、やがて日々の経験に構造をもたらすようになる。ボール投げであれ、投資であれ、相手が信用できるかどうかの決定であれ、さまざまなアフォーダンスが日々の経験を構築していくのだ。

　ジミーの見解では、有機体が環境内を自由に動き回り、探索できるのならば、知覚に必要なのは視覚情報だけで、知識や記憶、無意識的推論による補強は必要ない。あなたが見るものは、あなたが行えることとの結果だ。より厳密に言うならば、自由に動き回っている有機体が見るものは、有機体の目的を持った行為の、視覚的な成果なのである。歩いている人は、歩くにつれて周囲の世界が動くさまを経験し、同時に歩行に伴う生体エネルギー消費を経験する。つかめる対象物の視覚特性と、足で登れる斜面の視覚特性とを発見する。歩いている人は、その人の世界のさまざまなアフォーダンスを発見するのだ。これはナイーブリアリズムではない。その世界で知覚されるアフォーダンスは、その有機体の種、身体、生活行動様式、その有機体にしかない固有の特徴（生活史、目標、期待など）に特有のものだからである。観念論でもない。アフォーダンスの知覚は、事前の先験的（ア・プリオリ）な知識に依存しないからだ。生態学的実在論（エコロジカル・リアリズム）は、私たちは世界をありのままに知覚しているのではなく、〈自分にとってありのままと映るもの〉として知覚していると説く。これこそがジミーの慧眼だった。その慧眼は、いまもなお真実の顕現（エピファニー）であり続けている。身体はこのようにして心を形作っているのである。

視覚的断崖とゴンドラ猫

　ギブソンの研究は、ジミーだけでなくジャッキーの研究でもあった。(4) ジミーが若き教授だった頃、ジャッキーはまだ学生だった。二人はスミス大学の卒業ガーデンパーティーで出会う。ジミーは招待客に挨拶するために列席しており、ジャッキーはパンチを配る係だった。その後ジャッキーはジミーの教え子となるが、卒業後は構造的性差別によって、教員への道を長く閉ざされることとなった。ジミーは戦後コーネル大学に招かれたが、縁故主義反対の規則により、ジミーが在職中にジャッキーは同大の教員になることを許されず、無報酬の研究助手に甘んじるしかなかった。複数の研究職に応募したものの、当時は淑女は実験などするものではないと考えられていたため、いずれも断られた。心理学の下位領域の中では、例外的に「女の仕事」とみなされていたのが発達心理学である。ジャッキーは無用な軋轢（あつれき）を避け、その道に進んだ。

ジャッキーの研究の初舞台となったのが、コーネル大学の行動農場だ。ジャッキーは農場でヤギ、子猫、カメ、ラットを始めとする幅広い動物を育て、心理学研究を行った。ヒトの乳児もヒト以外の動物も、自分の経験について語るすべを持っていない。そのため乳児や動物の精神生活は、巧みにデザインされた行動実験における彼らの行動から推論されねばならない。研究のためには研究室への自由な立ち入りが許されるコーネル大学教授陣との共同研究が欠かせず、ジャッキーはリチャード・ウォークの手を借りた。二人の協力態勢から、二十世紀半ばの心理学の象徴ともなった一連の実験が生み出されていく。

一九六〇年の実験は、ジャッキー・ギブソンとウォークが実験用に作成した装置、「視覚的断崖」によって広く知られるようになった。(5) 自宅で赤ちゃんにこの実験を行いたい人はあまりいないだろうが、装置自体は簡単に作成できる。視覚的断崖とは、要は赤ちゃんが端から落ちてしまいそうに見えるテーブルである（図参照）。テーブル上に透明で分厚いガラス板を載せるが、テーブルの天板が尽きたあとの空間にも、ガラス板だけが突き出しているようにする。これで視覚的断崖の完成

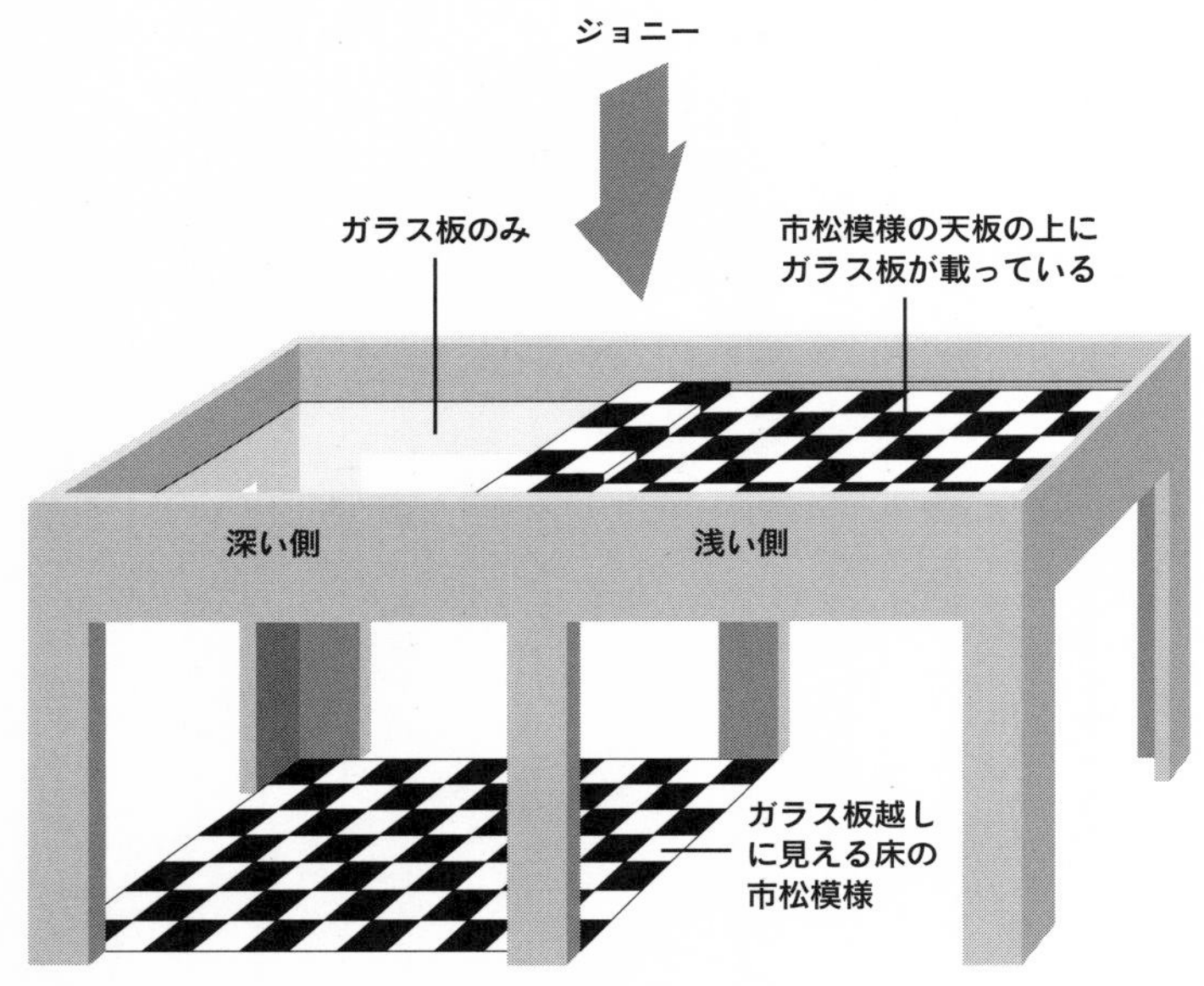

視覚的断崖
Gibson, E. J., & Walk, R. D. (1960). The "visual cliff". *Scientific American,* 202 (4), 64-71 の図を改変。

だ。これだけで、目の錯覚を利用した実験装置が出来上がる。赤ちゃんや子猫のような軽い動物であれば、断崖の先まで這っていっても、ガラス板が体重を支えてくれる。高層ビルやグランドキャニオンなど、スリルを味わいたい人向けに床の一部がガラスになっていることがあるが、あれと同じだ。

実験のやり方はこうだ。ジョニー坊や（被験者は全員男児だった）をテーブルの中央の、断崖のすぐ手前に載せる。ジョニーの両側には、深く落ち込んだ視覚的断崖のあるガラス板（深い側）と、残りの天板部分（浅い側）との二つが広がっている。こうしておいて母親が、最初は断崖の向こうの深い側から、次はテーブルの天板がある浅い側からジョニーを呼ぶのである。ギブソンとウォークが翌年『サイエンティフィック・アメリカン』誌に書いたように、断崖があるという錯覚の効き目は絶大だった。「乳児の多くは、断崖側から母親が呼びかけても、這って母親から遠ざかった。他の乳児は、母親が断崖側に立つのを見ると泣き出した。深い穴を越さなければ、母のもとに行けないからである。この実験によって、ヒトの乳児の大半は、這うようになるとすぐに奥行きを弁別できるようになることが実証された」二七人の乳児全員が、少なくとも一度は嬉しそうに浅い側を這っていったが、勇気を奮って見かけ上の穴に這い出していったのは、わずか三人にとどまった。

ヒト以外の動物の実験では異なる結果が生じた。通常の育てられ方をした動物は、断崖の先には足を踏み入れようとしない。だが一部の子猫は暗闇で育てられていた。この子猫たちも目は見えるのだが、光に照らされた環境を動き回り、探索する経験をしてきていない。こうした子猫を視覚的断崖のそばに置くと、同じ頻度で浅い側または深い側に進んだ。崖から落ちることを何とも思っていないかのように行動したのである。ところがその同じ子猫が、明かりに照らされた空間でわずか一週間のあいだ通常の経験を積んだだけで、視覚的断崖の先の深い側を必死に避けるようになった。

これらの研究結果からは、現在に至るまで有効ないくつかの推論が、説得力を持って浮かび上がってくる。第一に、視力があることと、見たものを理解することは別である。実験で使われた子猫はどれも正常な視力を備えていた。だが通常の育てられ方をした子猫と違い、当初暗闇で育てられた子猫は、崖からの転落は避けねばならないということをわかっていなかった。ここから、第二の推論が導き出される。すなわち、自由に視覚世界を探索させれば、子猫はすばやく自身の環境のアフォーダンスを学習する。たとえば物体の表面は歩けるが空中は歩けないといったことを、すぐに学習するのである。しかし実験に制約があったことで、発達心理学の分野に解決されない問いが残されることになった。当然ながら、人間の乳児を暗闇で育てることはできない。また乳児が這えるようになるまでには、非常に長い時間（五か月か六か月）がかかる。被験者となったハイハイ期の乳児は視覚的断崖の先に進むのを回避したが、そこから、崖から落ちたらどうなるかを彼らが理解していたことが窺える。だが、まだハイハイができない乳児はどうなのだろう。崖から落とされたらどうなるか、理解しているのだろうか。

一九九〇年代初頭、カリフォルニア大学バークレー校心理学部のジョゼフ・J・キャンポス率いる研究チーム*が、この疑問を解明しようと乗り出した[6]。最初の実験の対象となったのは生後七か月の乳児で、半数がすでにハイハイし始めており、残りの半数はまだだった。研究チームは視覚的断崖に対する乳児の情動反応を客観的に評価できるよう、乳児に心拍数モニターを装着させた。両親には隣の部屋にいてもらい、女性の実験者が視覚的断崖の先の深い側に乳児を下ろすという実験である。結果はどうなったか。ハイハイできる乳児の心拍数は上昇した。知らない人間によって深い穴に下ろされたことで、覚醒（「うわっ！」）が生じたのである。だが、まだ這い回れない乳児の心拍数は下降した。こちらの乳児も崖に気づき、興味は持ったのだが、覚醒や恐怖を覚えることはなかった。視覚的断崖の向こうの深い側に落とされそうになっても生理学的覚醒が生じなかったということは、まだ這い回れない乳児は明らかに、奥行きが意味するところを知らなかったのだ。なぜ崖から落とされるという行為の意味を理解するのに、ハイハイができるかどうかが影響するのだろう？　この疑問を解明するため、キャンポスと共同研究者が参考にしたのが、発達心理学のあらゆる先行研究の中でも最も核心を突くものの一つとされている研究だった。ハイハイや歩行といった

「自己移動」が、意味づけに不可欠であることを示した研究である。

ジャッキー・ギブソンの視覚的断崖実験からわずか数年後の一九六〇年代前半、視覚研究のパイオニアであるマサチューセッツ工科大学（ＭＩＴ）のリチャード・ヘルドが、「ゴンドラ猫」の実験として知られる一連の研究を行った。[7] 研究では二匹一組の子猫を、実験実施中は視覚体験が可能な明るい環境に置き、それ以外の時間は暗闇で育てた。実験実施中、二匹の猫はともに小さな回転木馬様の装置につながれていたが、片方の猫が歩くことができたのに対し、もう片方の猫はただ受動的に装置を周回させられていた。棒に木馬ではなく、ハーネスがついた回転木馬を想像してみてほしい。中心軸を通る横木の両端から二本の棒を下ろし、その下端にハーネスをつけ、二匹の子猫を固定するのだ。片方の子猫はハーネスで棒に固定されてはいるものの、自分の足で地面に立っている。子猫が歩くと、回転木馬が回転する仕組みだ。もう一匹の子猫のハーネスはゴンドラの中にあるため、こちらの猫はただゴンドラに乗り受動的に回転に身を任せるしかない。このようにして育てられた子猫は、どちらも正常な視力を備えていた。視覚系は問題なく発達したのである。だが受動的な実験条件の子猫は、目に映るものの意味がまったく読み取れないかのようにふるまった。視覚と協応させた四肢の動きができず、視覚的断崖の向こうの深い側と浅い側を区別せず、目の前に迫ってくるものがあっても瞬きしなかったのである。

キャンポスと共同研究者は、このゴンドラ猫の研究に依拠し、乳児が高さの意味を学習する仕組

＊　第二著者ベネット・バーテンソールは、バージニア大学でデニーの同僚だった。乳幼児の発達やその研究手法に関するデニーの知識の大半は、ベネットに教示を受けたものである。

みを解明しようとした。研究チームは最初の実験の継続実験を行うため、新たに集めた乳児を同数ずつ二つのグループに分けた。一方のグループには「ベビーウォーカー」を貸し出して帰宅させ、対照群には貸し出さなかった。ベビーウォーカーはシートの付いた乳児用の歩行器のことで、受動的な猫の乗ったゴンドラとは違い、乳児がじかに足を床につけて移動できるようになっている。ベビーウォーカーの下方には一回り大きな円形または四角形のバンパーが取り付けてあり、その下にキャスターが付いている。まだハイハイができない赤ちゃんも、ベビーウォーカーに乗るだけで、足を使って部屋中をすばやく移動できるようになるのだ。実験では、ベビーウォーカーを貸し出した乳児には、研究室に戻るまでに少なくとも三二時間の自発的移動を行ってもらった。その後、心拍数モニターを装着した乳児を再度視覚的断崖の向こうの深い側に下ろした。すると、ベビーウォーカー条件群の乳児には警戒のサインである心拍数の上昇が見られたのに対し、ウォーカーがなかった乳児の心拍数は上昇しなかった。ベビーウォーカーという人工的な手段で移動を補助された乳児も、断崖に対して、自然にハイハイできていた乳児と同じ反応を示したのである。

ゴンドラ猫の実験とベビーウォーカーの実験を併せ見れば、乳幼児の発達に関するいくつかの重要な知見が得られる。それはより幅広い意味において、経験がどのように人間の生活を形作っているかを教えてくれるヒントでもある。一つ目の知見は、「エージェンシー（行為主体性）」だ。経験しているものを完全に理解するためには、行為者本人が経験の形成に何らかの役割を果たしていなければならない。私たちは這い方を学習し、その後歩き方を学習することで、目に映るものの理解の仕方を学んでいるのである。これは車の運転席にいるか、助手席にいるかの違いによく似ている。ただ漫然と助手席に座っているよりも、運転していたほうが、友人宅までの道順を覚えている可能性がはるかに高い。助手席にいても同じ視覚情報は得ているが、情報の重要度も情報との関わりも、運転時に比べれば極めて低い。同様に、ゴンドラに乗っていた受動的な猫も能動的な猫と同じ情報を受け取ってはいたのだが、受動的に動かされた猫にとっては、それは自身の行為と関連付けられない情報にすぎなかった。能動的な猫は経験を生み出したが、受動的な猫は単に経験を甘受したのである。自ら移動できる幼児と、抱っこしてもらえなければ動けない乳児についても、同じことが言える。

運動発達における第二の主題が、「イネーブルメント（可能化）」だ。あることができるようになると別のこともできるようになるという、能力の連鎖反応（カスケード）が起きるのである。キャンポスと共同研究者は、一九九二年の論文の結論で以下のように述べている。「ある行動領域での機能が新たなレベルに達すると、他の発達領域――情意領域、社会領域、認知領域、感覚運動領域など――に深く影響する経験を生み出すことがある」(8)乳児が這い方を、やがて歩き方を学習すると、それに伴って家庭の社会生態も変化する。乳児は欲するままに世界をさらに探索してもいいし、望むなら保護者のそばにとどまることもできる。あるいは家にある物のうち、どれが遊んではいけなくてどれなら遊んでもいいのかを探り出し、保護者からありとあらゆる反応を引き出すこともできるのだ。

ここでカレン・アドルフの話に戻ろう。ジミーの本で天啓を得たのち、アトランタ郊外のエモリー大学での博士課程中に、アドルフはジャッキーと共同研究を行うことになった。博士課程が始まったばかりの頃、アドルフは保育園で、何人かの乳幼児が棚に登って下りられなくなっているのを目にした。その話をジャッキーにすると、ジャッキーは「まあ、それは面白いわね。それについてもっと研究してみたらどう？」と言った。以来アドルフは、乳幼児が自分に何ができ、何ができないかを見出していく過程を研究し続けている。

なぜ視覚的断崖の深い側を回避したり、深い側に下ろされて覚醒したりするためには、その前に自己移動経験（ハイハイやベビーウォーカーの使用）が必要となるのだろうか。二〇〇〇年、アドルフはその謎の解明に乗り出した。アドルフの一連の研究は、やがて発達心理学を根底から変えることとなる。アドルフはこう仮説を立てた。身体を使って移動することで、子どもはようやく足（や手や膝）の下に固い地面があることのありがたみに気づくのではないか。ハイハイは、下に固い地面がないと移動できないということを――空中は這えないということを――学習する方法なのではないだろうか。

アドルフはラボの装置の助けを借り、生後九か月の乳児を集めて実験することにした。この実験では乳児を載せる台の向こうに、隙間を空けて別の台が置いてあり、その上には、手を伸ばせば届きそうなところに面白そうなおもちゃが設置してある。乳児は座位または四つ這い位から、おもちゃに手を伸ばすよう促される。その後二台目の台の位置を遠ざけたり近づけたりし、乳児がどの程度の隙間なら手を伸ばし、どの程度なら危険を察して手を出そうとしないかを探るという実験である。

赤ちゃんは、必ず決まった順番で運動能力を獲得していく。まずおすわりを学習し、次にハイハイができるようになり、最後に歩けるようになる。実験でわかったのは、乳児がおすわり期に距離などについて学んだことは、ハイハイ期には引き継がれないということだ。おすわりは上手だがハイハイはまだ下手な乳児は、座位のときは、おもちゃが手の届く距離にあるかないかを非常に正確に見定められる。だが四つ這い位になったとたん、あたかも何もわかっていないかのように行動し始めるのである。実験に参加した乳児の三分の一近くは、大きく空いた隙間に落ちる危険性にまったく無頓着だった。「六人の乳児は、座位では非常に精緻な回避反応を見せていたが、四つ這い位では自分の能力の見極めがまるでできていなかった」とアドルフは書いている。[9]「六人はどの隙間も這って渡ろうとした。九〇センチメートルの隙間も渡ろうとしたが、これは事実上虚空に這い出すのと同じことである」追跡実験は、この驚くべき発見をさらに如実に浮き彫りにしてみせた。追跡実験時にはもはやハイハイの達人になっていた子どもは、同様の隙間を前にして、何もない空中に這い出そうとはしなかった。それでいて、よちよち歩きを始めたばかりのその同じ子どもが、歩行時には、アニメ『ルーニー・テューンズ』でとりわけ痛い目を見る回のワイリー・コヨーテさながら、断崖の先へ平然と歩みを進めようとしたのである。複数の移動様式を取り入れたこうした試行を何百回もくり返すなかで、アドルフと共同研究者が再三にわたって立証したのは、乳児が一つの移動様式で学習したことは、別の移動様式には変換されないということだった。おすわりからハイハイへ、ハイハイからたっちへと移行するたびに、子どもはその特定の姿勢における空間の意味を、一から学び直すのである。アイススケートの初心者はスケートリンクの壁にすがりついて移動するが、ちょうどああいった格好で乳児が部屋の家具などにつかまりながら歩くことを「伝い歩き」という。観察者からすれば、伝い歩きはほぼ歩行と変わらない動きに見える。だがいくら伝い歩きをしていても、幼児は歩行に関する情報を何一つ得ていないのである。

ハイハイをする乳児は、空間における二〇センチメートルの意味を客観的事実として学習しているのではない。むしろゴンドラの猫たちのように、対象物や状況の意味を、自らの身体や行為能力との関わりにおいて学んでいるのだ。ギブソニアンの用語を借りれば、自分に関わりのある空間の

「アフォーダンス」を学習しているのである。ハイハイ期にマスターしていたはずの隙間や断崖や傾斜を、歩行期に再学習しなければならないのはそのためだ。たとえ同じ環境であっても、その子にとってはまったく新しい経験なのである。ハイハイを学ぶとき、乳児はハイハイのアフォーダンスを学んでいる。つまり、ハイハイの際に接地面がもたらす、機会とコストを学んでいるのだ。初めての歩行を学習する乳児は、暗闇で育てられた子猫と変わらない。歩行というこの新たに獲得したスキルのために世界が何をアフォードしてくれるのか、乳児は何も知らないのである。子どもは絶え間ない成長によってこれまでの移動様式から次の移動様式へと移行するたびに、そのつど立ち現れる新たなアフォーダンスを学んでいく。そのくり返しが乳幼児期なのである。

乳幼児による世界の把握は、新たに生起する行為能力との果てしなき追いかけっこだ。身体が激変する時期と言えば思春期だと思っている方は、試しに新生児から幼児への成長を考えてみるといい。生まれてから二年のあいだに、身長は二倍に、体重は四倍近くに増え、頭囲は三分の一増加する。しかもこれはゆったりとした漸次的なプロセスではなく、発作的で断続的な変化だ。乳児は一晩で一、二センチ成長することもあれば、目覚めてから就寝するまでのあいだに一センチ近く縮むこともある。乳幼児期は単に変化の時期と呼ぶのがためらわれるほどの、激変の時期なのである。

赤ちゃんはみな科学者だ。移動に関する疑問の答えを見つけようと、つねに実験を行っている。歩行の学習には、「各自の独特な解決策」が見られるとアドルフは述べている。[10] 歩き始めの最初の一か月に観察される戦略は、じつに多彩だ。「ステップ派」は用心深く小刻みなステップを踏み、直立姿勢が崩れるのを最小限に抑えようとする。「落下派」は重力を利用して上体を沈み込ませながら進むか、前傾して足はあとからついてこさせる。「ツイスト派」は、あたかも算数の時間に退屈した生徒が机の上で歩かせているコンパスのように、体をひねって足を代わる代わる振り出す。こうしたモンティ・パイソンさながらのバカ歩きを一か月ほど行った末に、子どもは標準的な歩行を特徴づける「振り子運動」に至る道をたどり始める。二か月の練習期間を経ると歩行速度は速まり、歩行距離も長くなる。だが乳幼児は能力の変化に加え、行動能力に影響を及ぼす他の要因にも向き合わねばならない。たとえばおむつだ。布おむつを履いているのは、乳幼児の歩行パターンの成熟という観点からは、「歩行経験が二か月遅れるのに等しい」ことがアドルフの研究でわかった。使い捨ての薄い紙おむつの場合は、五週間遅れるのに等しい。またおむつとズボンを履いている子は、おむつだけの子に比べ、歩幅が小さくなる。

手でつかめば世界が把握できる

みなさんもおそらくはご存知のとおり、赤ちゃんは絶えず物を口に入れたり、投げたり、にぎりつぶしたりする。そうすることで、外的世界の物体のはたらきを直接的に見出しているのだ。大勢の小さなアルキメデスたちが、お風呂に片足を入れては、水位が上がることを発見している。発達心理学の始祖の一人であるスイス人心理学者ジャン・ピアジェは、大胆ながらも先見性をもって、乳幼児の心の中ではおもちゃひと噛みごとに現実が生み出されていくと述べた（ピアジェの著作の一つは『子どもにおける現実の構築（*La construction du réel chez l'enfant*）』と題されている）。乳児は生後四か月までに物に手を伸ばして（リーチング）つかめるようになり、それに伴い乳児の〝実験〟の危険性も増す。だがありとあらゆる物をつかみ、たたき、口に入れるというのは、乳児が重力を、三次元性を、そして自分以外の〈わたしの世界〉の仕組みを理解するための方法なのである。

人生の最初の一年のあいだに、乳児は「自分が何かをすると、世界が応えてくれる」ことに気づく（行為主体性だ）。ピアジェも、乳児の息子ローランの手と、頭上に吊り下げたモビールとを紐で結んでやったところ、ローランが声を出して笑ったり、微笑んだりして喜んだと報告している。手を振るだけで世界に大きなインパクトを与えられるということを、ローランは見て取ったのだ。その後ピアジェに触発され、乳児の足とモビールを紐で結ぶという「モビール課題」を研究した研究者たちは、紐を外されると――つまり、紐によって増幅された行為主体感が失われると――乳児は機嫌が悪くなり、ぐずったり泣いたりすることに気づいた。やがてピアジェや後続の実験心理学者たちの研究によって、行為主体性は世界の意味を理解するのに欠かせないことがわかってくる。一九六〇年代以降の発達心理学実験によって、生後八週間という幼い乳児でも、足に紐を結びつけると、足を蹴ればモビールが動くという関連性を学習し、時間が経つにつれ蹴る回数が増えることがわかった。私たちは揺りかごの時期からすでに、因果関係を学んでいるのである。ときにはそれを学ぶために、赤ちゃん仕様のちょっとした仕掛けの助けが必要になるかもしれないが。

生後二か月から三か月の乳児は、近くにある物をたたいたり、押しのけたりすることはできても、しっかりつかむことはまだできない。これに気づいた当時デューク大学の研究者だったエイミー・ニーダムと共同研究チームは、のちに「粘着ミトン」として知られるようになった装具を開発した。乳児の手にはめるベビーミトンの片側に、マジックテープを縫い付けたのである。[11] ベビーウォーカーの研究がヒントとなって、このアイディアを思いついた。もしちょっとした装具のおかげで、おもちゃをつかめないはずの赤ちゃんが突然つかめるようになったら？　そのことが、赤ちゃんの行動にどんな影響を及ぼすだろう？

研究チームはノースカロライナ州ダーラム郡重要記録局のデータを用いて、乳児がいる家庭に連絡をとった。最終的に三二人の乳児が実験に参加することになり、半数の一六人が実験群に割り振られた。実験群の乳児の親には、粘着ミトン、セッションを記録するための日誌、粘着ミトンのマジックテープとくっつく専用のおもちゃセットが貸与された。親に対しては、子どもに粘着ミトンの使い方を示し、おもちゃで遊ぶ手助けをしてほしいという指示が出された。粘着ミトンをはめた赤ちゃんが手を伸ばし、おもちゃを押したとたん――あら不思議！――おもちゃが手にくっついて持ち上がる、というわけだ。対照群の乳児にも同じキットが与えられたが、粘着ミトンだけは貸与されなかった。

その後、慣れ親しんだおもちゃと新しいおもちゃを使ってテストしたところ、「粘着ミトン」の乳児は対照群に比べ、並外れた違いを見せた。粘着ミトンの乳児は、対照群の二倍の時間をかけて対象物を視覚的に探索し、ほぼ二倍に当たる回数、おもちゃをたたいた。さらには「口探索」（新たな対象物を口に入れること）と「視覚探索」（新たな対象物を見ること）とを切り替える頻度が、対照群に比べて三倍の多さに上った。

ゴンドラ猫の実験に近づけた追跡研究では、ニーダムのチームは乳児を「能動的トレーニング群」（乳児が粘着ミトンを使用する）と「受動的トレーニング群」（大人が乳児の手におもちゃを触れさせる）に分けた。粘着ミトンを使用した能動群では、受動群に比べ、つかむ動作がはるかに多かった。粘着ミトンでつかむ喜びを知った乳児は、ミトンがないときにも、対象物をつかもうとし続けたのである。ニーダムはさらに一年後、乳児の探索傾向がその後どうなったかを調べる追跡研究を行った。一年後のこの実験で、能動的トレーニング群の子どもは、受動的トレーニング群の子どもやトレーニングを一切行っていない対照群の子どもに比べ、提示されたおもちゃにより視覚的な興味を示し、プレイタイム中に気が散ることが少なく、対象物をつかんだり回転させたりする時間が長かった。つまり、ここでも連鎖（カスケード）反応が起きたのだ。早期の運動経験が、さらなる運動スキルの獲得を促したのである。

当然ながら、手を伸ばす動作（リーチング）もそれ自体で起きるわけではない。カレン・アドルフの研究によって、リーチングやつかむ動作、さらにそれに伴う初期の認知スキルの形成に、乳児の姿勢が大きく関わっていることがわかった。直立座位（背筋を伸ばしたおすわりの姿勢）を維持するには、心身の成熟と、重力に抗えるだけの高度に組織化された平衡保持機構の発達が欠かせない。アドルフと共同研究者の研究により、おすわりができるようになった乳児は、手を使った対象物の操作や探索により熱心になることがわかった。ここでも、一つの発達上の成果がまた別の発達を促していることがわかる。おすわりをすれば両手が自由になる。うつぶせになったままでは、対象物を手に取り、視覚探索を行うのも一苦労だ。さらにはアドルフの研究チームによって、一人でおすわりができる乳児は、月齢は同じだがまだおすわりが上手にできない乳児に比べ、対象物の立体形状の認識に優れていることが判明した。座位によってつかむ動作が促進されると、つかんだ対象物に対する探索が深まり、やがてはそれが、異なる視点からとらえた物体の見え方に気づくきっかけとなるのである。

ゾーンに入る

世界における新たな行為可能性を見出し、それによって異なる世界を経験するというのは、乳幼児期や児童期に限ったことではない。そうした微調整は成人期においても続けられている。ドレイクはその屈指の好例に出会ったことがある。独占インタビューをさせてもらったNBAのスーパースター、ステフィン・カリーだ。ゴールデンステート・ウォリアーズのポイントガードであるカリーは、オールスター選出八度、NBA優勝四度、シーズンMVP受賞二度を誇る名選手である。カリーは近年のオフシーズン、個人トレーナーのブランドン・ペインの指導のもと、さまざまな神経認知トレーニングを行っている。そのうちの一つが、〈フィットライト・トレーナー〉を使った練習だ。デンマークのハンドボール・コーチが、ゴールキーパーの反応を高める練習をしようと開発した機器である。フィットライトは大人の手ほどの大きさの、押せるライトだ。壁や床に貼り付けることができ、並べ方は無限に変えられる。さまざまな色を点灯させられるため、色ごとに異なる動作を行うという練習もできる。フィットライトにはトレーニング中のアスリートのパフォーマンスを観測する機能もあり、点灯したライトを押せなかった回数と押せた回数、反応時間のデータが集計される。カリーのトレーニングでは、ひと続きの色の点灯がそれぞれ異なる試合状況を表すことになっており、カリーは色の点灯順に応じて、クロスオーバードリブル（ドリブルする手を素早く左右で切り替えるドリブル）など、多様なドリブルをしてみせなければならない。あえて過負荷（オーバーロード）をかけるのがこのトレーニングの目的で、それによって反応時間や身体各部の協調だけでなく、

〈すばやく学習し、状況を読み、反応する力〉そのものを高めようとの狙いがある。カリーは言う。「試合中の選手には、いろんな不確定要素が一気に投げかけられるんだ。ディフェンスとか、チームメイトの位置とか、自分の体がどの程度動いてるかとかね。そのすべての要素について、主導権を持って決断しなきゃならない。だけど、あえて過負荷をかけた練習をしておくと、実際の試合がゆっくり進行してるように思えてくるんだよ。頭の回転が速いバスケ選手になれるんだ。このトレーニングを始めてからは、ボールハンドリングが前よりずっと機敏になったし、決断力もついたし、コートでクリエイティブになれてると感じる。試合中の時間は、間違いなく遅く流れてる気がするね。そのおかげでキレのある動きができるし、自分のスペースでより主導権を握れるんだ」カリーの実感を、スポーツ科学も裏付けている。トップアスリートは、視覚的学習においても一流だ。二〇一三年のネイチャー姉妹誌『サイエンティフィック・リポーツ』掲載の論文タイトルが、ほぼすべてを物語っている。――「プロスポーツ選手は複雑およびニュートラルな動的視覚場面を迅速に学習する非凡なスキルを備えている」[12]

　プレーが冴えているときは時間が遅く流れるように感じるというカリーの見解は、スポーツ選手のあいだでは珍しくない。不世出のバスケットボール選手の一人であるビル・ラッセルは、「ゾーンに入る」感覚を説明するなかでこのように語っている。「その特別なレベルに達したとき、ありとあらゆる奇妙なことが起きたんだ。……まるでスローモーションで試合をしてるようだったよ」[13]同様に、プロテニス界の稀代の名選手ジョン・マッケンローも、ベストパフォーマンス時のエピソードをこう表現している。「動きが全部ゆっくりになって、ボールがずっと大きく見えて、時間がたっぷりあるような気がしてくるんだ」[14]

こうした証言に触発され、自身が一流アスリートでもあったジェシカ（〝ジェシー〟）・ウィットは——フリスビーを使った団体競技アルティメットの、二〇〇五年ワールドゲームズ金メダリストである——時間の知覚が実際にパフォーマンスのよさに影響されるのかを調べてみることにした。「はじめに」を思い出していただきたいが、高打率のソフトボール選手の目にはボールが大きく見えることを実験で立証したのがジェシーである。ジェシーはまず、テニスの選手がテニスボールの速度をどのように知覚しているかを調べた。[15] 被験者はベースラインの手前に立ち、さまざまな速度で球出し機から発射されるサーブをリターンしようと試みる。リターンが終わるごとに、被験者はコンピュータに向かい、直前のサーブボールが宙にあったと思う時間だけキーボードのスペースキーを押す。その際、被験者がボールを無事相手コートに打ち返せたか、それともアウトにしてしまったかもジェシーは記録しておいた。実験の結果、被験者は、リターン成功時には、失敗時よりもボールの速度が遅いと判断していることがわかった。ジェシーはこの実験結果を、初期のアーケードゲーム『ポン』によく似たコンピュータゲームを使って再現した。『ポン』は動くボールをラケットを使って打ち返すという、エアホッケーのようなゲームである。ジェシーはラケットのサイズを変えることで、打ち返しやすさの難易度に変化をつけた。ラケットが小さいとボールを打ち返すのが難しくなり、大きいと簡単になる。この実験でも、ボールの知覚速度はボールを打ち返す行為の難易度に関連していた。ラケットが大きくて打ち返しやすいときには、ラケットが小さいときよりボールが遅く感じられたのである。もう一つ、鮮やかなまでに簡潔明瞭な研究がある。アリゾナ州立大学、人間システム工学科の助教授ロバート・グレイは、大学野球チームの選手を被験者として実験を行い、内角・外角などのボールのコースが打者にとって打ちやすいコースの場合には、ど真ん中の甘いボールのサイズがより大きく、速度がより遅く知覚されていることを突き止めた。[16]球は、実際に打ちやすいボールとして知覚されていたのである。

身体の発達と運動スキルの熟達に伴い、私たちは周囲に新たなアフォーダンスを見出すようになる。発達、実践、発見の三者は、互いに分かちがたく結びついている。心身が発達し、実地での練習を積むにつれ、噛めるものだらけだった世界が、やがてはつかめるもの、投げられるもの、場合によってはスリーポイントシュートができるものに満ちた世界になっていく。どんなことを、どれくらいうまくできるかによって、人間の環世界（ウンヴェルト）が形作られていくのだ。そんなさまざまな活動のなかでも、直立二足歩行の持久力動物である人間の生活にとって何より重要なのが、歩行である。

第二章　歩く

一九八九年、デニーはカリフォルニア州マウンテンビューにあるNASAエイムズ研究センターで開催された、三週間のワークショップに招待された。シリコンバレーに位置するマウンテンビューは、いまではグーグルの本社がある街としてよく知られている。NASAが世界トップクラスの視覚研究者を集めて開催したワークショップの目的は、ヘリコプターのパイロットが直面するさまざまな知覚上の問題を解決することにあった。ヘリコプターの操縦時には、飛行速度や飛行高度の正確な体感が難しいといった問題が生じる。鳥と違い、人間の視覚システムは、足がいつも固い地面を踏みしめていることを想定している。そのため速度を算定するときに、いつでも目の高さに相当する不変の高度を移動しているはずだという、状況を単純化しすぎる誤った仮定を採用してしまうのである。[*] この仮定は、実際に地面を歩いているときには有効だが、高度が変化する状況下では役に立たない。高度が上がると眼下の地面がゆっくり動くように見えるため、人間は自分の移動速度が落ちたように感じてしまう。飛行機の窓から外を見ても、時速八〇〇キロメートルで空を切り裂いているようには思えないという感覚には、みなさんも覚えがあるのではないだろうか。ヘリコプターのパイロットとて同じだ。パイロットは、高度の変化に応じた飛行速度の理解の仕方を学習する必要があるのである。ではパイロットはどのようにこの問題に対処しているのかというのが、NASAのワークショップで討議の的となった問題だった。主催者が最先端のロケット科学の当事者であるにしては意外なことに、場の大勢を占めたのは昔ながらの共通感覚（コモンセンス）だった。参加した科学者たちは、伝統的な視覚情報処理の説明を頭から鵜呑みにしていた。目が視覚情報を受け取り、脳が処理し、世界の構造は正確に知覚されている、という考え方である。この論法の核をなすのが、知覚経験は大概の場合には客観的に正確なはずだという前提だった。デニーは参加した研究者に、別の見方もありうることを考えてみてほしいと、三週間にわたって説得を続けた。すなわち、知覚の真の目的とは、環境に関する幾何学的データを正確に読み込むことにあるのではなく、人がどのように考え、どのように行動したらよいかを実際的に導くことにあるのだ、という見方である。

マウンテンビューからサンフランシスコまでは車で一時間ほどしかかからないため、デニーは滞在中、家族を連れて何度もサンフランシスコを訪れた。だがサンフランシスコでデニーは、ある事実を知って当惑した。サンフランシスコと言えば坂道で有名である。ハイド通りとレベンワース通りに挟まれたブロックのフィルバート通りは、サンフランシスコの通りのなかでも最も傾斜のきつい急坂としてしばしば名が挙がる。だがフィルバート通りの斜度は約一八度で、短い距離であればここよりわずかに傾斜のきつい坂はほかにいくつもあるのだ。フィルバート通りのような坂を見ると、たいていの人は斜度が五〇度か六〇度はあるのではないかと予想する。じつは斜度が二〇度にも満たないと聞かされると、みなまるで信じようとしない。

一九八九年の時点で、サンフランシスコの通りはじつは見た目ほど傾斜がきつくないというのは、視覚研究者のあいだでは有名な話だった。デニーはワークショップでこのことに言及し、知覚には必ずしも幾何学的な正確さが伴わない証左としようとした。だがデニーの見るかぎり、どの研究者も心動かされはしなかったらしい。デニーの話自体は受け入れたものの、坂がより急坂に見えるのは、単なる奇妙な錯視にすぎないのではないかと考えたのである。この世には種々さまざまな錯視が存在するが、多くの視覚研究者は錯視に興味を惹かれないか、錯視が日常的な知覚の代表例だとは考えない。研究者たちがＮＡＳＡのワークショップに参加したのは、パイロットがヘリコプターを巧みに操縦する仕組みについて研究するためである。彼らにとっては、ヘリコプターの巧みな操縦――というより、操縦そのもの――を成り立たせるために、正確な知覚はあって当然の前提条件

＊　自分が動くと、周りのものは反対方向へ動いているように見える。これをオプティカルフローという。一歩前へ出ると、周囲の情景は後方に動くように見える。周囲の地物（ちぶつ）の見かけの移動速度は、あなた自身の移動速度と、その地物までの距離によって決まる。近くの対象物はすばやく後ろに飛び去るのに対し、遠くの対象物はゆっくり動く。すでによく知られたことだが、人間はオプティカルフローを利用して自分の移動速度を知覚している。オプティカルフローから速度を計算できるということは、視覚システムは、地面からの目の高さを把握しているのだ。人間の視覚システムは、あなたは歩いている（または走っている）はずだと想定し、地面から生じるオプティカルフローを、立ったときの目の高さと関連付けているのである。進化の歴史の大半において、この機能には何の問題もなかった。移動はほぼつねに歩行によってなされてきたからである。だがヘリコプターを操縦する場合には齟齬が生じることとなった。

だったのだ。

ＮＡＳＡは全参加者とその家族のために、こぢんまりしたホテルを用意していた。二階建てのカリフォルニアスタイルの建物が、中庭のプールを囲む構造のホテルである。参加者はみな家族と毎晩プールサイドに集っては、子どもを遊ばせながらビールを一、二杯やった。三週間のワークショップが終わる頃には、研究者のあいだには敬愛と友情の固い絆が育っていた。一度友情が育まれてしまえば、友人となった研究者に向かって、「いまきみの言ったことは生まれてこのかた聞いたこともない与太話だ」と言い放っても問題はない。みな破顔一笑し、肩をすくめるだけである。悪感情など抱くわけがない。人間は幾何学的な正確さをもって世界を知覚しているわけではないのだといくらデニーが言いつのっても、返ってくるのは多くの笑顔と、すくめられた肩ばかり。デニーに賛同して意見を変える研究者は、ついに一人も現れなかった。

坂の傾斜はどのように知覚されるのか

デニーは賛同を得られなかったことにめげることなく、何か重要なものを探り当てた感触を抱きながら、先行論文を調べてみた。坂の実際の勾配と知覚された傾きとが乖離している点について、かつて研究した者がいたかどうか知るためである。すると、人間の環境知覚の正確性に関する視覚研究者の関心の薄さを反映するように、この知覚の不一致に関してはわずか一件の質的研究しか行われていなかった。そしてその研究における回答者たちはみな、はい、坂道は実際の勾配よりも傾斜がきつく見えます、と答えていた。

デニーは、この奇妙な知覚現象をより正確に立証してみようと決めた。シャーロッツビルに戻ったデニーは、院生のムクル・バーラ*とともに一連の野外実験を開始した。バージニア大学敷地内にある坂の傾斜を、被験者に推定してもらうのである。被験者は、三種類の方法で傾きを推定するよう指示された。一つ目は、研究助手とともに坂のふもとに立ち、助手に促されたら、自分の思う斜度を声に出して言うという方法だ。知覚された傾きを査定する二つ目の方法は、視覚マッチングである。全円分度器の上に半円を重ねたような装置を用い、対象の坂の横断面の傾きを推定するというものだ。三つ目は、坂の傾きに合わせて手を傾けるという方法である。腰高に設置された、傾きを変えられる可動板の上に利き手を載せ、板や手は見ずに、坂と平行になると思えるところまで板を傾けるのである。

何度実験をくり返しても、口頭と視覚マッチング――坂の見え方の意識的知覚を査定する方法だ――によって被験者が推定した傾きは、決まって実際の坂の斜度を上回った。[1] しかも、大幅に上回ったのである。典型的な例を挙げると、斜度五度の坂を見た被験者は、口頭と視覚マッチングでは傾きを約二〇度と見積もった。一方、手の平を載せた板を坂と平行になるように傾けるという方法では、被験者の推定は正確だった。つまり、人は坂の勾配を実際よりも傾斜がきついものとして知覚しているが、板の傾きを手で調整するという、視覚をもとにした行為そのものに関しては、一転して正確に行えるのである。この実験結果に、デニーは心底困惑した。なぜ人は、斜度五度の坂を二〇度と見積もりながら、坂道を登るときに顔から地面に突っ込んでしまわないのだろう。だれ

* ムクルは現在、アメリカン・インターコンチネンタル大学の教養部長を務めている。

もが坂の傾斜をきつめに見誤っていることから考えるに、人は幾何学的に正確な知覚がなくとも、ちゃんと坂を登れるのである。では人間の知覚する世界と、実際の世界との関係は、いったいどのようなものなのか。知覚にバイアスがかかっているとしたら、なぜ行為は正確に行えるのだろう。デニーは重々承知していた。こうした疑問の答えを見出さないことには、他の研究者たちは今後もずっと、「坂の傾きに関する知覚の誤りは何の意味もない奇妙な錯視にすぎない」という見方を変えないだろう。

シャーロッツビルでの野外実験がまだ続いていた、ある日のことだ。ムクルがデニーの研究室にやってきて、おかしな報告をした。数日前に行った最近の実験では、被験者たちの報告した傾きが、それまでのように実際の斜度を大きく上回ることがなかったというのである。デニーは彼女に、入力したデータが正しかったか再度確認するように言った。入力データは正確だった。デニーはムクルに言った。「過去データの集計シートを見直して、それまでの被験者と最近の被験者とのあいだに何か違いがあるのかどうか、確かめてくれないか」データを比較したムクルは、最近の被験者が全員女性だったことに気づいた。さらに調べてみると、その日の被験者はみな友人同士で、全員が大学代表女子サッカーチームのメンバーだった。大学スポーツ最高峰のNCAAディビジョン1に属する、高度に鍛え抜かれたアスリートだったのである。大学レベルになると、サッカー選手が一試合に一一キロメートル走るのも珍しくない。標準的な九〇分の試合で、ミッドフィルダーはなんと一五キロもの距離を走り抜く。つまりこの日の女性被験者たちは、通常の被験者に比べ、おそらくは段違いの身体能力を備えていたのだ。デニーとムクルの胸に、新たな疑問が湧いた。ひょっとすると、身体能力の程度によって――より広く言えば、坂を登るのが物理的にどの程度簡単か難しいかで——ものの見方が変わるのではないか。ギブソン夫妻の言葉を借りるならば、坂を見るとき、私たちはじつは「アフォーダンス」を——坂の「歩きやすさ」を——見ているのではないだろうか。

数か月後、まだこの実験結果の興奮冷めやらぬなか、デニーは以前とは別のNASA関連の共同研究のために、再びベイエリアに舞い戻った。今回は、斜度が測定できるクリノメーター持参の旅である。デニーは一日かけてサンフランシスコを歩き回り、急坂の勾配を次々と測定していった。なかでもかなりの急坂を測定していたときのことだ。ふと見ると、八歳くらいの少年が、高齢の女性の背中を一生懸命押しながら歩道を歩いていた。おそらくは体の弱った祖母が急坂を登るのを助けていたのだろう。このお年寄りと少年がまったく同じ坂の知覚経験をしているとは、デニーには到底思えなかった。むしろ、二人の知覚経験は違っていて当然なのだ。高齢の女性にとってはこの坂は手助けなしには登れないほどの急坂である一方、元気な少年にとっては、おばあさんを介助するときを除いては、坂の勾配は取るに足らない要素に違いないのだから。この少年は、あの女子サッカー選手たちと似ているのではないだろうか。より一般化して言うならば、楽々と坂を登れる人の目には、坂を登るのに苦労する人に比べて、坂の勾配が緩やかに映るのではないだろうか。

ほどなくしてデニーとムクルは、知覚された坂の傾きは歩きやすさに影響されるのではないかという直感を確かめる研究に乗り出した。[2] 最初の実験では、新たな被験者に体重の六分の一から五分の一の重量のバックパックを背負ってもらったうえで、坂の傾きの知覚を調査した。たとえば体重が五〇キログラムの人は九キログラムのバックパックを、体重が九〇キログラムの人は一六キログラムのバックパックを背負う計算だ。バックパックの中にはダンベルを入れ、被験者の体重に合わせて重量を調整できるようにした。被験者は心理学の入門クラスの受講者か、野外実験中にそばを通りかかった学生である。バックパックを背負わない対照群の被験者も傾斜推定を行った。結果、バックパックを背負った被験者は、背負わない被験者よりも、つねに坂の傾斜をきつめに見積もっていた。

熱心なランナーである学生を対象に、同じ傾斜推定の課題をやってもらう実験も行った。被験者の選出基準は、四・八キロメートル以上のランニングを週に三回以上行っている者とした。実験には、一つ目の坂のふもとをスタート地点、二つ目の坂のふもとをゴール地点とするランニングが含まれていた。被験者はまず、スタート地点となる一つ目の坂の傾斜推定を三つの方法で行ったあと、四五分から七五分かけて、長く疲れるランニングをする。その後、ゴール地点となる坂のふもとで待つ研究助手と落ち合い、ふたたび三つの方法で傾斜知覚課題をこなすのである。ランニングで疲弊したあとは、傾斜を実際の勾配よりも過大視する傾向は強まった。ランニング後は、推定された斜きが最大でなんと四五％もアップしたのだ。次の実験では、デニーの先般の発見に基づき、運動選手ではない学生に加えて、クロスカントリーチームと陸上チームから意図的に集めた選手を被験者に含めた。そして予想に違わず、被験者の身体能力が高いほど、坂の傾斜の過大視は少なかった。デニーはさらに、地元の高齢者コミュニティセンターで募集した、中央値七三歳の高齢者を被験者とする実験を行った。被験者は身体の健康に関する質問紙に回答したあと、一連の方法で傾斜推定を行った。それまでの実験結果を裏付けるように、被験者が高齢で不健康であればあるほど、知覚された坂の傾斜はきつくなった。要するに、すべての実験結果が、坂の傾斜は、実験時の知覚者の身体能力に関連して知覚されていることを示していたのである。デニーとムクルはこう結論づけた。「自覚的に意識される傾斜は、単に誇張されやすいというにとどまらない。人の生理的ポテンシャルに影響されるという点において、じつに可塑性が高いものでもある。重い荷物を背負っていたり、疲れていたり、身体能力が劣っていたり、高齢だったり、健康が損なわれつつある人の目には、坂の傾斜がきつく見える。生理的ポテンシャルの変化が見かけの傾斜に影響を及ぼすというこの現象は、バックパックやランニングの実験における短期的で一時的な変化の場合も、身体能力や高齢者の実験におけるような長期的で永続的な変化の場合も、同じように見受けられた。いかなる形であれ坂道を登る能力に変化が起きれば、自覚的に意識される坂の傾きにも変化が生じるのである[3]。言い換えれば、私たちの「歩行能力」が坂の見かけの「歩きやすさ」を形作り、それによって私たちの「見え」が決定されるのだ。あなたはありのままの坂を見ているのではなく、〈あなたが見る坂〉を見ているのである。

歩行が生んだ人間の世界

一九七四年十一月の日曜の朝、ドナルド（〝ドン〟）・ジョハンソンは大学院生とともにランドローバーに乗り、地図作成と化石探しのために、エチオピア東部の灼熱の乾燥地帯アファールに出かけていった。ジョハンソンが共同研究者のイヴ・コパン、モーリス・タイエブらとチームを組んでアファールで野外調査を行うのは、これが二度目だ。この一年前、ジョハンソンはアファールで膝関節の化石を発見していたが、チームのだれもそれがヒト族のどの種のものかは特定できなかった。今回の調査では前年よりインパクトのある、より完全体に近い化石を発見しようとチームは意気込んでいた。それは一か八かの賭けでもあった。彼らが調査を行っていたのは、それまで東アフリカで化石人類が見つかったどの地層よりも古い地層だったからである。

ジョハンソンはこの日、正確な調査地点を地図に書き込みたいという院生の頼みを聞き、前日に訪れた場所を再訪していた。現場に着いた二人は地面に目を落とし、化石がないか探し回った。ふと右肩の先に視線を向けたジョハンソンは、保存状態が完璧な右尺骨近位端のように見えるものに目をとめた。尺骨は肘から手首までの前腕の骨で、右尺骨近位端は尺骨の端に当たる右肘の部分である。サルの肘に特徴的な、後方が広がった形がないところを見ると、この地域で見つかるヒヒやコロブスの化石のはずはなかった。ヒトの直接の祖先であるヒト族の化石に違いない。だがそこにあったのは尺骨一つだけではなかった。やがて周辺から複数の頭蓋骨の破片が見つかり、斜面の上のほうでは、なんと全身の骨が――大腿骨、肋骨、骨盤、下顎骨が――太陽の光を浴びてきらめいているのが発見されたのである。二人でキャンプ地に戻ってきた際、くだんの院生は音高くクラクションを鳴らし、「ドンが全身の骨を見つけましたよぉ！」と叫んだ[4]。

これは疑いようのない大発見だった。同じ地層で見つかった他の化石は、すでに三〇〇万年以上前のブタやゾウのものと同定されていたからである。この新たな発見で、古人類学の化石記録全体が大きく時代を遡ることとなった。それまでは、「三〇〇万年以上前のヒトの祖先の化石は、片手に載るほどしか見つかっていませんでした。しかも、種を確定できるほどはっきりした特徴のある化石は一つもなかったのです」[5]。たった一つのピースからパズル全体を推察するのが古人類学の常だが（こちらで指関節一つ、あちらで肋骨一本）、ここで見つかった古い骨はすでにまとまりのある全身の骨格だった。死後三〇〇万年以上経っていたにもかかわらず、全身の四〇%もの骨がごっそり残っていたのである。その夜、発見に沸く研究チームが祝杯を挙げるなか、ジョハンソンはビートルズのサイケデリックの名曲『ルーシー・イン・ザ・スカイ・ウィズ・ダイアモンズ』のカセットテープをかけた。すると、いまとなっては発案者がだれだったかは定かではないが、翌朝にはみな骨格を「ルーシー」と呼ぶようになっていた。「名前が付いたとたん、骨格が女性になったのです」とジョハンソンは言う。

身長一一二センチメートルのルーシーは、やがて世界一有名とも言える化石になった。科学界の歴史的発見であるだけでなく、人々のあいだに古人類学への興味を掻き立てる存在となったのである。四年後、ジョハンソンはルーシーを新たな種「アウストラロピテクス・アファレンシス」に分類する記載論文を発表した。「アファール出身の南部のサル」を意味する学名である。堂々と学名に組み入れられたこの生息地は、ルーシーが歩き回っていた当時は低地の森林地帯だった（ルーシーに続き、アファールではその後数十年にわたって数々の発見がなされることとなった。ジョハンソンがインタビューで語ってくれたところによれば、ジョハンソンと共同研究者たちは、ルーシーの発見場所にほど近いアファールのハダール村近辺で、これまでに五〇〇近いアファレンシスの化石標本を見つけている）[6]。骨盤の角度から見て、ルーシーは明らかに直立二足歩行をしていた。だがだとすると、化石記録が大幅に遡ったことで困った問題が生じた。大容量の脳が進化し、「ホモ・エレクトス」として現れるのは、まだ一〇〇万年以上も先の話だ。ルーシーとその後発見されるルーシーの仲間は、因果関係という点においては、ホモ・エレクトスにも劣らぬ大躍進を遂げていたのである。ホモ・サピエンスの祖先系統が大きな脳を持つようになるはるか前に、アファレンシスは二本足で歩き回っていたのだ。まず間違いなく二足歩行をしていたのである。

一世紀半ものあいだ「なぜ」人類が二足歩行をするのかを論じてきた生物学と人類学の問いに答

えは出ていないが、私たちがヒトという種になるために二足歩行という移動方法が欠かせなかったという点に関しては、研究者たちはすでに意見の一致をみている。ダーウィンは一八七一年の著書『人間の由来と性淘汰』（邦訳『人間の由来』長谷川眞理子訳、講談社）において、初期人類が類人猿より優位に立てたのは、二足歩行の恩恵ではないかと推測している。「人間だけが二足歩行動物になった。人間が最も顕著な特徴の一つをなす直立姿勢をどのようにしてとるに至ったのかは、ある程度は想像できるように思う」[7]言い換えれば、二本足で歩き回れることが、人間を他の哺乳類と分ける最も明白な違いの一つなのだ。ハーバード大学の生物学者ダニエル・リーバーマンが指摘するように、ある事象が起きたことで次に起きる事象の可能性が生まれるという「随伴性」は、進化論の鍵となる主題の一つである。[8]人類が二足歩行をするようになる。手が自由になる。するとたちどころに、棍棒を振るい、火を使って料理し、芸術作品を生み出すことが可能になる。発達を論じた前章で見たように、「こうなればああなる」式の原理がはたらくのだ。一人でおすわりができるようになると、手が自由になることで対象物の探索が進み、それによって立体形状の理解が深まる。次から次へと事象がつながり、しばしば思いもかけなかった結果が生まれていく。

二足歩行によって長距離移動ができるようになった初期人類は、やがて「持久力動物」へと進化する。長距離を移動するには、四足歩行より二足歩行のほうが効率がいい。二足歩行を維持するほうが筋肉の動きが少なくて済むからだ。この強みがあるおかげで、人類は地球上で最も足の速い哺乳動物の一つに進化した――ただしカンカン照りの日中に、三〇キロメートル以上走るときの速さ、という条件つきだが。持久力こそ、ヒトにしかない有利性である。

暑熱環境下で長時間に及ぶ活動ができることが選択圧としてはたらき、人体は体温を下げるために発汗する、エクリン腺という汗腺で覆われるようになった。人間は全身に汗をかくが、大半の哺乳類は違う。たとえば犬が汗をかくのは足の裏の肉球だけである。犬は寒冷地なら一日中走ることも可能だが、灼熱の太陽のもとでは私たちのようには走れない。濡れた被毛は保温材と化すため、ここでも選択圧が作用し、ヒトの体毛はほとんど見えないほど細くなるよう進化した。言わずと知れた例外が、帽子の役目を果たす髪の毛と、ふだんは人目につかない場所に生える脇毛や陰毛だ。脇の下や陰部からは、匂いを介した社会的コミュニケーションに重要な役割を果たす、脂っぽい汗が分泌されている。人体が脚が長く臀部の大きい、直立したスレンダーな体つきになったことで、歩く能力、なかでも走る能力が向上した。重要なのは、人体を冷やす仕組みが芽生えたおかげで、容量を増しつつあった脳の冷却が可能になったことである。さらに世界有数の持久力でもたらされた狩猟採集能力によって、大きな脳を動かすのに必要なカロリーも得られるようになった。

二足歩行そのものは、極めて稀だ。常時二本足で歩く人間以外の哺乳動物は、カンガルーとワラビーだけである。哺乳類の一部——霊長類、クマ、犬など——は後ろ足で歩くこともできるが、それほどうまくないか、歩ける時間が短い。二足歩行の利点は、持久力のある移動が可能なことである。アフリカを出た人類は、地球上のありとあらゆる居住可能な土地に住み着くまでその歩みを止めなかった。人間は歩く動物であり、人間の環世界(ウンヴェルト)——私たちそれぞれの世界——はその特性に従って調節されている。私たちは歩行可能な環境を、移動の費用(コスト)と便益(ベネフィット)の視点から見ている。しかも移動にはかなりのコストがかかるのだ。一日の消費カロリーの大半——八〇％——は、生存するのに必要な代謝プロセスに費やされる。私たちが選択できるのは、残りの二〇％の使いみちだけだ。その二〇％のうち、なんと八九％ものカロリーが歩行で消費されている。(9) 生存のためにはエネルギーを得て保存しなければならないが、最もエネルギーを消費する活動が歩行なのである。この生態的な必須条件――身体のエネルギーを効率的にやりくりしなければならないこと――が、人によって坂の傾きの知覚に差が出るという、研究で明らかになった現象の存在理由(レゾンデートル)であることにデニーは気づいた。坂道、階段、遠距離移動――いずれにおいても、生体エネルギーコストの高い歩行を効率的にこなさねばならない脳が、知覚の調節を行っているに違いない。大多数の人間があえて行っている歩行は、最もカロリーを消費する活動だ。意識的にコントロールできるエネルギーの大半は移動に消費される。足をもう一つの足の前に出すというこの行為が、人間の生を決定づけるコストとなっているのである。

いまこのとき、進化の一刹那に存在するヒトという種は、生存と繁殖において生命が行ったあまたの実験の一つだ。あらゆる生物と同様に、ヒトにも固有の表現型が――遺伝子と環境の相互作用の結果生まれた、一連の身体上の特徴が――備わっている。進化が人体を作ったが、人体はただ作られただけではない。知覚経験と心を形作ってもいるのである。

表現型に沿った生き方

デニーと妻のデビーは、登山に目がない。二人が数年前、二週間の山歩きの旅のために、ダブリンでアイルランド西海岸行きの列車を待っていたときのことだ。いでたちや装備から二人がヒルウォーカー――エメラルド島(アイルランド)ではハイカーをこう呼ぶ――であると察した旅行者が、声をかけてきた。彼も登山をしにアイルランド北部に向かうところだという。三人は旅の予定やこれまでの登山経験を語り合った。立ち去る間際、旅行者がデニーに手渡した名刺には、デンマーク人哲学者セーレン・キルケゴールの言葉が記されていた。

何よりもまず、歩きたいと思う心を失わないでください。私は毎日歩くことで心身を健やかにし、あらゆる病から遠ざかっています。歩くことでこれまで最高の思考をなしてきましたし、歩行でも振り払えないほどの心の重荷は絶えて知りません。ですがじっと座っていると、座っていればいるほど、気持ちが病んできます。人は歩き続けてさえいれば、何もかもうまくいくのです。(10)

実存主義思想の嚆矢（こうし）となったこの陰鬱なデンマーク人思想家には、実感として思うところがあったに違いない。キルケゴールは毎日数時間かけてコペンハーゲン周辺を散歩した。おおむね孤独な生活を送りつつも、頻繁な散歩によって街の人々と礼儀正しい親密さを築いており、隣人と同じ思想を共有することはなかったかもしれないが、同じ景色を目に焼き付けていた。哲学と移動は、昔から切っても切れない関係にある。フリードリッヒ・ニーチェは、キリスト教的倫理観を打ち壊さんとオリュンポス山の頂から自らの思想を呼ばわるあいだも、パイプとノートを持って毎日二度散歩に出かけていた。故郷の町ケーニヒスベルクをほぼ離れることのなかったイマヌエル・カントも、日々の散歩でこの町の景観を知り尽くしていた。チャールズ・ディケンズは小説の構想を練りながらロンドンをそぞろ歩き、ヴァージニア・ウルフもその顰（ひそ）みに倣った。哲学と移動の密接な関係は英語の単語にも深く入り込んでいる。英語では徒歩旅行者を「ペリパテティック」と言うが、語源は西洋の思想哲学の始祖の一人、アリストテレスだ。アリストテレスが学園リュケイオンの歩廊を行き来しながら講義をしたために、アリストテレスに付き従う学徒に、ギリシャ語の「歩き回る(ペリパテイン)」から派生した呼称、「逍遥学派(ペリパトス)」の名がついたのである。以後何世紀ものあいだ、物理的にであれ精神的にであれ、彼方の地へたどり着く方法は歩くことだった。

近年、実験心理学者は、この昔ながらの歩行と創造性の関連性を実証しようとし始めている。スタンフォード大学の最近の研究によると、散歩後の被験者は、拡散的思考（創造的思考）を調べる検査では成績が上がり、収束的思考（分析的思考）を調べる検査では成績が下がった。拡散的で創造的な思考は、創造性を研究する古典的な方法である代替用途課題によって評価された。タイヤ、ボタン、新聞、レンガといったありふれた日用品の新たな使用法を、思いつくかぎり挙げてもらうのである（たとえばレンガは、文鎮、ドアストッパー、スキレット用の五徳としても使えるかもしれない）。一方の収束的思考は、遠隔性連想検査で検査された。「ケーキ、カテージ、スイス」という三つの単語の組み合わせを聞いて、どの単語とも結合できる「チーズ」を思いつければ正解だ。なぜ散歩した人は、拡散的思考の検査では点数が上がり、収束的思考の検査では点数が下がったのだろうか。研究ではその仕組みを突き止めるところまではいっていないが、散歩によって——散歩中に、つねに注意力が周囲の景色の探査に向けられることで——創造的洞察の証である、能動的で自由連想的な白昼夢が刺激されるのではないかということは、可能性として考えられる。[11]

歩くことも走ることも、心身の健康と密接につながっている。日本の研究者たちは数十年前から、「森林浴」——人々をデジタル機器の画面から引き離し森での歩行へといざなう、政府認定の健康法——に関する研究を行っている。これらの研究によって、森林浴を数分間行っただけで、血圧を始めとする生理的ストレスの指標が低下することがわかった。[12] 同様にランニングも、瞑想と組み合わせた場合には、深刻な抑うつ障害がある患者の抑うつ症状を改善するのに役立ったが、その仕組みはまだ明らかにされていない。[13] ただ、頭をすっきりさせるのにランニングが非常に効果的だということは、ランナーのみなさんはよくご存知だろう。[14]

持久力表現型と相容れない生活を送ると、健康上のリスクが高まるおそれがある。持久力動物が運動しないとどうなるか。病気になるのだ。アメリカで乗用車や食洗機などの省力機器の売上が高いエリアは、住民の胴囲が大きくなっている地域と一致するとした、刺激的な公衆衛生研究もある（「座りすぎは新たな喫煙だ」とも言われている）。車での通勤を例に取ろう。平日にはアメリカ人の約八五％が車で通勤しているが、車通勤が健康上のリスクであることは、信じるに足る十分な根拠がある。ある最近の研究では、テキサス州の四三〇〇人近い成人を二〇〇〇年から二〇〇七年まで追跡し、自宅から勤務先までの距離を測定した。すると車通勤の距離が長い被験者ほど、身体活動量が少なく、心肺機能の健康度が低く、ＢＭＩが高く、胴囲が大きく、血圧が高い傾向のあることが示唆された。[15] もちろんこれはアメリカ人だけの問題ではない。五〇〇〇人の通勤者を対象とした近年のチリの研究では、活動量の多さ――たとえば散歩やサイクリングなどを頻繁にすること――が、肥満や糖尿病発症のリスク低減と関連付けられた。さらに、中年のイギリス人（男性約七万三〇〇〇人、女性約八万三〇〇〇人）を対象とした大規模研究では、徒歩や自転車などで通勤している「活動的な」通勤者は、車だけを使った通勤者に比べ、ＢＭＩが有意に低いことがわかった。悠久の時の流れから見れば、肥満は（少なくとも部分的には）時代遅れの生態が原因で起きていると考えることもできる。人類は持久力動物に進化したが、先進国ではいまや余暇にわざわざスポーツをしようと試み、それを習慣化しないかぎり、体を動かす機会も稀だ。四〇〇万年から五〇〇万年かけた進化によって、人間は長時間の労苦にも耐えられる頑健な体を手にした。ところが現代社会では、そうした肉体的な労苦を払う場面がめったに訪れないのである。

ヒトと大型類人猿が含まれるヒト科のなかで、持久力動物に進化したのはヒトだけだ。チンパンジーは空を飛べないのと同じくらい、マラソンも走れない。ヒトに最も近いオランウータン、ゴリラ、チンパンジー、ボノボは座り続けの生活を送っており、大概の時間はだらだらするか、寝るかして過ごす。だが運動しなくても、大型類人猿は人間のように肥満や糖尿病に苦しめられる心配はない。なぜか。大型類人猿は座り続けるのに適した体に進化し、ヒトは運動するのに適した体に進化したからである。(16) 肥満や糖尿病の解決策が運動なのではない。運動の欠如が、肥満や糖尿病を引き起こしているのだ。

進化上の近縁種の移動法をヒトの歩行と比べてみると、ヒトがなぜ持久力動物となったかがよくわかる。ヒトの二足歩行はじつに効率がよいのだ。ナックル歩行――手をこぶしに握って指の背を地面につける、チンパンジーやゴリラが好む歩き方――は驚くほど速く動けるが、生体エネルギーの面では、四足歩行や二足歩行より七五％もエネルギー消費量が多い。チンパンジーとの比較は重要だ。近年の分子生物学研究のデータによれば、人類が最後に――一〇〇〇万年前から六〇〇〇万年前頃――分岐した類人猿が、チンパンジーとボノボなのである。オランウータンやサルと同じく、チンパンジーも、果実食をしたり枝からぶら下がったりする生活によく適応している。ナックル歩行は、いわば進化版の四足歩行だったのだとダニエル・リーバーマンは指摘する。この四足歩行の暫定モードが生まれたおかげで、チンパンジーは枝から枝へぶら下がって移動できる手・手首・肩の特徴を保持したまま、林床を移動できるようになった。もともと巣から二、三キロメートル以上離れることはめったにないチンパンジーにとっては、ナックル歩行がエネルギー効率の悪い移動法だという事実は些細な点だ。化石証拠が示唆するところによれば、のちに現生人類が生じるヒト族で二足歩行が適応的となったのは、環境が変化したためらしい。疑問の余地なく立証することは不可能であるものの、五〇〇万年前に人類が二足歩行へと進化した理由として最有力の仮説は、直立二足歩行が、気候変動とそれによる生息環境の変化に対応する方法だったというものだ。もし旱魃（かんばつ）で近くの水源が干上がってしまっても、効率的な持久力動物なら、より快適なすみかを探してその地を立ち去ることが可能だろう。

特定の環境状況に適応するよう選択圧がはたらき、それに応えて二足歩行が生まれた。人類の祖先系統が着実に二足歩行で移動するようになると、今度は長距離歩行に必要なエネルギー消費量を最適化するような選択圧がはたらく。ホモ・エレクトスは、暑い環境で長期間歩いたり走ったりするのに適した体をしていた。長距離歩行が可能となったことで、人類は果物や野菜の採集、腐肉漁り、持久狩猟で食物を得るようになる。持久狩猟とは、数人の狩人が何時間も走ってレイヨウなどの有蹄動物を追い詰め、獲物が疲れきったところで先の尖った枝を刺して殺す狩猟方法で、尖った枝はホモ・エレクトスが唯一所持していた武器だった。持久狩猟は今日もなお、アフリカの狩猟採集民族によって行われている[17]。ホモ・エレクトスは、起きている時間の大半を歩くことと走ることに費やしていた。私たちは彼らの体を受け継いでいる。

持久走に適したこの体を使うのが大好きな人向けに、アメリカ全土で無数のランニング大会が開かれている。たとえば二〇一六年には、五キロ走に始まってマラソン、ウルトラマラソン、アイアンマンに至るまで、およそ三万のレースがアメリカ国内で開催された。これは二〇一二年に開催されたレース数の約一割増である。[18] ランニング、ジョギング、トレイルランニングの大会に参加したアメリカ人は、二〇〇六年の約三九〇〇万人から、二〇一七年には約五六〇〇万人に増加した。[19] 人々は走る楽しさから日常的にランニングを行っており、その数は日々増え続けている。ネパールのシェルパが自分の体重の一八三％にもなる荷物を背負い、何日間もぶっ続けでヒマラヤの山岳ルートを行き来できるのも、持久力に優れた人体のおかげだ。秘密は、最適なペースにある。頻繁な休憩をとりながらゆっくり歩くと、非常に重い荷を背負っていても何時間も歩くことができる。一五秒歩き、四五秒休む。これを何度も何度もくり返すのだ。歩く時間がこれより長かったり、休憩時間が短かったりすると、疲労がたまり、荷運びが続けられなくなる。[20] これ以上に慎重を期し、歩く時間を短くしたり、休憩時間を長くしたりすると、今度は予定の行程をこなせなくなる。生体力学的解析が裏付けているように、これが理想的なペースなのである。私たちの歩行には、久遠の時を経た、効率的な長距離移動のための自然選択が反映されている。それを歩行のエネルギーコストという観点から支えているのが、その時々で変わる、環境の知覚なのだ。

世界は伸び縮みする

人間の知覚には、私たちが達成しようとしている目標と、目標達成のために今の環境下で利用可能な、資源や有用性との関わりが反映されている。それを明らかにしてみせたのが、デニーの初期の研究だ。デニーの研究結果によって、視覚は脳に映像を送る客観的なビデオカメラのようなものであるという私たちの共通感覚（コモンセンス）は、再考を迫られることとなった。視覚とはむしろ、行為を導く助けとしてあるものなのだ。そこから推察されるのは、私たちが知覚する内容は、目標達成に関連した身体や自己の様態によって、種々に変わるということである。坂を知覚するときには、坂道を登るのに必要なエネルギーが知覚の物差しとしてはたらいている。スーパーマーケットの棚にあるシリアルの箱を取る際には、腕のリーチを垂直方向に伸ばしてくれる道具が物差しとなるかもしれない。あなたの知覚は、メートル尺やヤード尺のような、客観的な幾何学的基準を用いた測定を行っているのではない。そうではなく、やろうとしていることに関わりのある身体の様態に応じて、距離や斜度などを推し量っているのである。

　コロラド州立大学教授ジェシカ・ウィットと共同研究者は、このアフォーダンスの概念を実生活に現れる状況で試してみることにし、地元のスーパーマーケットを訪れた地域住民に実験に参加してもらった。六六人の被験者――ほぼ均等に普通体重、過体重、肥満に分かれていた――は、一〇メートル、一五メートル、二〇メートル、二五メートル離れた歩道上に設置された、カラーコーンまでの距離を推定するよう指示された。その後、被験者は質問紙に、身長と体重、さらに現在の体重の自己評価（「やせすぎ、やせ気味、適正、太り気味、太りすぎ」など）を記入した。実験の結果、体重が重い人ほど距離を遠く見積もることがわかった。面白いのは、体重の自己評価は――太っているという評価も、そうでない評価も等しく――距離の推定には何の影響も及ぼさなかったことである。距離の推定値を変化させたのは、身長に対する実際の体重だけだった。[21] この結果は、デニーのバックパックの実験を彷彿とさせる。坂の傾斜と同じく、距離も、歩くのにどれくらいのエネルギーが必要かという基準で、伸び縮みして知覚されているのだ。重り入りバックパックや過体重は、この歩行のエネルギーコストを増大させるのである。

これらの研究結果が示しているのは、身体能力が変化すれば、経験する世界も変わるという現実である。イギリス、バーミンガム大学の公衆衛生心理学者フランク・イーブスは、ダイエット中の人（体重が減った人も減らない人も含まれていた）を対象に、傾斜知覚テストを行った。[22] すると例によって例のごとく、BMIが低い人ほど坂の傾きを緩やかに知覚した。イーブスはさらに、ただの買い物にしては不自然なほど長くショッピングモールに居座った。純粋に科学的興味のためである。イーブスは買い物客を観察し、客が階段を登るかエスカレーターに乗るかを調査した。予想に違わず、過体重の人や重い荷物を持った人は、体重や荷物の重さが標準的な人に比べて、エスカレーターに乗る割合が高かった。イーブスの別の実験結果も、この結果と符合した。肥満度が高い人や重い荷物を持った人は、肥満度が高くない人に比べ、階段の勾配をより急だと推定したのである。[23] だがこうした心理学研究の結果を強固に裏付けるためには、その大きな要因が、エネルギー消費能力における人々の生理的な違いにあることを示す、より直接的な証拠が必要だった。

この直接的なつながりを証明するにあたって得がたい尽力をしたのが、運動生理学が専門のバージニア大学教授で運動学部学科長の、アーサー（〝アート〟）・ウェルトマンだ。アートは運動後の血中乳酸反応に対して糖質摂取が果たす役割を調べる研究に着手するところだったが、当時デニーの指導院生だったジョナサン・ザドラ（現ユタ大学教員）がアートを説得し、研究内容に距離知覚の調査も加えてもらった。被験者となったのは、自転車競技の愛好家だ。被験者は実験のため研究室を四回訪れ、いずれのセッションでも生化学検査の採血用カテーテルを静脈に留置したまま、エアロバイクを漕いだ。さらに運動中は、酸素摂取量と二酸化炭素排出量を測定するマスクを装着して呼吸を行った。

二回のセッションでは、被験者は高い運動強度を保ちながら四五分間エアロバイクを漕いだ(24)。そのうち一回では被験者は糖質で加糖されたゲータレードを、もう一回ではカロリーゼロの人工甘味料を含むゲータレードを摂取した（それまでの研究で、味覚でこれらのドリンクの違いに気づくのは無理だとわかっていた）。被験者も実験者も、どちらのゲータレードが供与されているかは知らなかった。セッションの前と後には、距離知覚の評価検査が行われた。その結果、カロリーゼロのドリンクを飲んで疲れる運動を行ったあとは、糖質を含むドリンクを飲んで同様の運動を行ったときに比べて、知覚された距離が大幅に長くなることがわかった。この実験結果が示唆するのは、距離知覚はカロリーの蓄えに左右されるということだ。体内に燃料がたっぷりあると、歩行可能な距離が短く見えるのである。注目すべきは、この現象がすべて意識の外で起きているという点だ。カロリーを摂取できる糖質入りのドリンクを飲んだかどうか、被験者自身は知らないのである。

他の二回の実験セッションからは、さらに驚くべき結果が生じた。この二回では、被験者は疲労困憊するまでエアロバイクを漕ぎ続けた。所定の時間が経過するごとに徐々にペダルの負荷を上げていき、もう漕げないというところでやめるのである。ここでの従属変数は、「乳酸閾値（ＬＴ）における最大酸素摂取量（VO_2 Max）」だ。最大酸素摂取量は運動中に取り込める酸素の最大量のことで、スポーツ科学では身体能力（フィットネス）を判定する標準的な指標である。あまりにも運動がきつく、摂取できる酸素量だけでは必要なカロリーを消費するのに十分でない場合、筋肉は酸素を使わずにカロリーを燃やす。これが無酸素運動だが、無酸素運動を行うと血液中に乳酸が放出される。乳酸閾値における最大酸素摂取量とは、無酸素運動が開始される境目の運動強度に到達し、血流に乳酸がたまり出す瞬間に摂取できる、酸素の最大量を指す。乳酸閾値における最大酸素摂取量は、身体能力を測る絶好の判断基準となっている。実験でわかったのは、乳酸閾値における最大酸素摂取量によって、被験者の距離知覚が予測可能だということである。被験者の身体能力が高いほど、知覚された距離が短い傾向があった。これは各実験セッション前、つまりエアロバイクを漕ぐ前に計測された距離知覚にも当てはまった。被験者が実験室に足を踏み入れた瞬間からすでに、身体能力の程度によって、その被験者の距離知覚が予測できるということだ。この研究によって、知覚される距離は、その距離を移動するのに必要なエネルギー量に応じてはじき出されること、そしてそれを決定づけるのは個々人の身体能力であることがわかった。

なぜバージニア大学女子サッカーチームの選手は、運動選手ではない典型的な被験者よりも坂の傾斜を緩やかに知覚したのか。その理由が、二〇年の時を経てようやく判明したのである。身体能力が高いほど効率的な歩行が可能となり、それによって、歩行可能な範囲を移動する際に負担するエネルギーコストも低くなる。知覚される距離は、歩行に関連したエネルギーコストによって査定されるため、身体能力が高ければ高いほど、知覚される移動距離も短くなるのだ。

「身体能力（フィットネス）」という言葉の意味も暗示的である。デニーと共同研究者が指摘するように、身体能力が高いと筋肉により大きなエネルギーを蓄えられ、効率的に動けるようになり、代謝のスピードと効率性が上がる。筋肉は増加したミトコンドリアで埋め尽くされ、持久力がつく。「運動選手やスポーツ愛好家が長距離をより速く長時間にわたって走れるのも、身体能力に劣る人々を身体活動で凌駕できる場合が多いのも、生体エネルギー的に『身体能力がある（フィットネス）』と称される状態にあるおかげである」とデニーらは説く。「運動選手やスポーツ愛好家は使える貯蔵エネルギーが多く、同じ活動を行っても消費エネルギーが少なく、食べた物からより多くのエネルギーを取り出し、より多くの生体的機能を発揮できる」[25] この研究の驚くべき点は、まさにここにある。この研究によって、私たちはみな自分だけの環世界（ウンヴェルト）、つまり知覚世界に住んでおり、その世界は個々人の能力に応じて伸び縮みしていることが明らかになったのだ。それだけではない。こうした個人的な環世界（ウンヴェルト）自体が、動的なものである。「運動習慣を身につければ見える世界が変わる」などと言えば、よくある陳腐なフレーズに聞こえるかもしれない。だが比喩などではなく実際に、あなたの世界の見方は運動習慣で変化するのだ。

「身体能力（フィットネス）」が、あなたが世界にどのように「適応（フィット）」しているかを左右する。自分は世界をありのままに見ているというのが私たちの共通感覚（コモンセンス）だ。だがそうではなく、私たちは「自分が世界にどのように適応しているか」を見ているのである。古代ギリシャの哲学者プロタゴラスの言葉をもじるなら、「身体は万物の尺度である」。それがサンフランシスコの坂道が教えてくれた教訓だ。

第三章　つかむ

金槌を握れば、何でも釘（くぎ）に見えてくる。

二〇〇八年、ジェシカ（〝ジェシー〟）・ウィットの頭には絶えずこの警句が浮かんでいた。バージニア大学のデニーの研究室にいるときにしばしば脳裏をよぎり、インディアナ州のパデュー大学で初めて教職についた際も頭を離れなかった。「もし本当に、金槌を握れば何でも釘に見えてくるなら――」と考えたのをジェシーは覚えている。「――銃を持っていたら、どうなるんだろう？」行動力に富む院生とこの問題を考えていたところ、嬉しいことに院生が、疑問を解消する実験に必要な素材を率先して作ってくれた。それは、黒いジャケットにスキーマスク姿の男性の写真素材だった。男性はカメラに向かって、二つのうちどちらかの品を突き出している。銃か、またはコンバース・オールスターのスニーカーである。

ジェシーはノートルダム大学の社会心理学者ジェームズ・ブロックモールとタッグを組み、一連の相補的な実験をデザインした。写真を見せられた被験者は、男性が持っているのが銃かスニーカーかを瞬時に判断し、身振りで示さなければならない。五つの実験のうち四つでは、実験群の被験者はおもちゃの銃を手に持ち、対照群の被験者は靴を手に持って、写真の男性が向けているのが銃であれば、手に持っているものを構えるよう指示された。結果はどうなったか。銃を持っている被験者は、写真の男性が銃を持っているとみなしやすかった。同様に靴を持っている被験者は、男性が靴を持っているとみなしやすかったのである。[1]

この研究で明らかになったのは、身体――とくに手――でしていることが、私たちの経験する世界を形作るということだ。人間の個人的な知覚世界は、可塑性が高い。何をしようとしているか、また目標追求能力がどの程度かによって、知覚世界は姿を変える。さらにその能力は、使う道具によって強まる場合がある。なかでも武器は、とくに懸念される道具の使い方の代表例だ。ウィットとブロックモールはこう述べている。「たしかに実験では、行為が誘発するバイアスが観察されたのは銃だけにとどまらなかった。とはいえ、靴を持つことで生じるバイアスは無害であるのに対し、小火器を手にするという行為からは、脅威でない物体が脅威のあるものと知覚されるおそれが生じる」二人はさらにこう結論づける。「明らかにこのバイアスは、誤射の被害者にとっては恐ろしいものになりうる」。アメリカ自由人権協会によると、警察など法執行機関による全発砲事例の約二五%には、非武装の被疑者に対する発砲が含まれている。また正確な件数を把握するのは不可能だが、同様の誤射は、間違いなく一般市民のあいだでも数多く発生している。したがって誤射につながる因子を特定すること、またそうした因子の影響を減らす方策を究明することは、公共の利益にかなうと言える。個人の信条や期待など、いくつかの因子はすでに特定されているが、本研究結果からは、小火器を手にするという行為そのものによって、脅威でない物体を脅威と知覚する可能性の生じることが示唆された」[2] 私たちは、自分が手を伸ばす存在、つかむ存在、あるいは踊り続ける存在(ダンシング・マシーン)になった場合には、他者のことも同じ行為をする存在だと感じやすくなるのだ。さらに恐ろしいことに、銃を手にしていると、私たちは射撃する存在へと姿を変え、実際には無害な物体を持っている他者を目にしても、銃器を構えていると錯覚しやすくなるのである。[3] 暴力的になりうる状況への解決策は善人に銃を持たせることだと一部の銃支持者は主張するが、実際にはそれどころか、銃を所持するだけで周囲の人間が武装しているように見えてくるらしいのである。あなたは世界をどのように見ているか。その答えは多くの場合、あなたの手のうちにある。

人間の手（と行為）は心を宿している

一九八八年五月、スコットランドはセント・アンドリューズ大学の若き視覚研究者二人、メルヴィン（〝メル〟）・グッデイルとデイヴィッド・ミルナーは、近隣のアバディーン大学の研究者から電話をもらった。イタリア在住の若いスコットランド人女性が悲惨な事故に遭ったという。浴室のガス給湯器の排気筒が正しく設置されていなかったのだ。女性は一酸化炭素中毒で失神し、昏睡状態に陥った。なんとか生き延びたものの、脳が一時的に酸素不足となる低酸素症になったことが原因で、珍しい視覚障害が残ることとなった。研究者の電話は、いま女性はスコットランドに戻っているが、視診したいかと問い合わせる内容だった。二人はさせてもらいたいと答えたが、視覚テストの結果を受け取ってみると、状態はかなり悪かった。女性の視覚世界は、判別不能なぼうっとした色の塊が並んでいるだけだったのである。目の前の相手がペンを持っていても、女性にはその手とペンのどちらも形のないぼんやりした塊にしか見えないため、「ペンです」と言うことはできない。だが――ここからがこの事例の驚くべき点だが――相手にペンを差し出されると、女性はまったく問題なく手を伸ばし、受け取ることができたのだ。

ディー・フレッチャーという偽名を与えられたこの女性患者は、母親が目の前にいても見分けることもできなかった（声を聞けばすぐにわかった）。ペンを見せられると、何かがあることはわかったが、縦向きか横向きかもわからなかった。だがこれほど重症の視覚障害があるにもかかわらず、驚いたことに地面にある物をよけながら、つまずかずに歩いて移動することができた。フレッチャーは記憶にある単純な物体――ボート、本、りんごなど――の絵を描くことができたが、見せられたイラストを模写することはできなかった。対象物を見ても球体か立方体かは答えられなかったが、手で受け取れば、対象物の大きさ、形、向きなどを答えられた。物を見ても、すべてが粘土になったかのように色のついた塊が見えるだけで、携帯電話も小さな靴もまるで同じに見える。形はわからないし、どういったカテゴリーに属する人や物かもわからない。だが難なく物を拾い上げ、触れることはできた。「われわれにとっては――」とグッデイルは筆者の取材で明かしている。「――これぞ天啓の訪れに等しいものでした」スコットランドの研究室で、その後はカナダで（グッデイルがウェスタンオンタリオ大学に移ったのである）、長時間にわたる研究を重ねるうち、フレッチャーの事例からは徐々に奥深い真実があらわになっていった。大きさも形も正確に見えない人が、なぜ器用に物を拾えるのだろう。証拠から導き出された答えはこうだ。人間の視覚システムは一つではない。少なくとも、二つあるのである。[4]

　グッデイルによれば、視覚には二つの機能がある。「知ること」と「行うこと」だ。二つの機能は、それぞれ脳の異なる領域で遂行される。グッデイルとミルナーは、フレッチャーや他の患者の研究を通じて、目を離れた情報が、二つの神経処理の経路に入ることを示す証拠を見出した。一つ目の視覚の経路は、目の前にあるものの自覚的な気づきを提供する「なに系」だ。視覚世界、つまり眼前の情景の形や意味を認識する能力は、「なに系」が司る。二つ目の視覚処理の経路が、行為の視覚的誘導を司る「いかに系」だ。のどが渇けば、あなたは飲み物はないかと辺りを見回すだろう。幸運にも、手を伸ばせば届くところに水の入ったグラスが見えた。これは「なに系」のはたらきだ。手を伸ばし、グラスをつかみ、口まで持っていく行為を制御するのは、「いかに系」である。ディー・フレッチャーは「なに系」に深刻な損傷を負った。対象物の形が見えず、それが何かもわからなくなり、視覚世界がぼんやりした塊で満たされるようになった。だが、フレッチャーの「いかに系」は無傷で残っていたのである。フレッチャーはつまずかずに歩くことができた。のどが渇いても近くに水のグラスがあることはわからなかったが、その位置を示されれば、難なくグラスをつかみ、水を飲むことができた。「彼女は、謎を解明する糸口を与えてくれたロゼッタストーンでした」とグッデイルは語っている。[5]

　グッデイルの説明に従って専門的に言えば、「なに系」は「他者中心的（アロセントリック）」である。*――すなわち関心を外界だけに向け、目の前の光景の観察に専念している。この「知る」視覚システムを成り立たせているのは、大脳皮質の下部（耳のあたり）に位置する側頭葉だ。最終的にはこの視覚経路が、意識的な知覚経験、つまりあなたの環世界（ウンヴェルト）をもたらしている。この経路のおかげで、あなたは自分が何を見、知覚し、周囲の形を何と同定しているのかを知ることができる。それによって、「あれは椅子だ」「あれは猫だ」「あの人は私のパートナーだ」といった意味が生じるのである。一方で、発達に関する章で触れた用語を用いれば、「なに系」は行為主体的（エージェンティック）な視覚システムでもある。私たちは木になったりんごを見て、もいでみようと決める。「なに系」の視覚システムは、どのような行為をとるかという選択をサポートしているのである。一方、行為を司る視覚システムは、「自己中心的（エゴセントリック）」である。利己的だという意味ではない。自己――それも受動的な「観察者」ではなく、「行為者」である自己――に関連しているという意味だ。この「いかに系」を成り立たせているのは頭頂葉だ。やや後方よりの頭頂（最初に禿げ始めるあたり）に位置する、脳の部位である。この「行う」視覚システムは、意識的なはたらきではない。それ自体の意志を持たないことから、一部の研究者に「ゾンビモード」と呼ばれているほどである。ディー・フレッチャーの事例が遺憾なく示すとおり、「いかに系」は何をしているかを自覚することなく（あるいは自覚する必要性を感じることなく）、行為を誘導しているのだ。二つの視覚システムは、互いに協力し合ってはたらいている。この協力関係はあまりにも明白なので、かえって気づきにくい。行為をしたいと望むのは自分だが、実行しているのは身体である。人間の知覚世界は「なに系」で構成され、何をするかも

＊「他者中心的（アロセントリック）」は、ギリシャ語の語幹「アロ（他の）」と、「セントリック（中心の）」が複合した語だ。社会心理学の文脈においては、アロセントリックであるとは他者を大切にすることを示す。本書の後半三分の一で詳しく見ていくが、「アロペアレンティング」とは、自分のではない子を育てる「共同養育」を意味する。

「なに系」が決めるが、実際の行為の制御は「いかに系」に任されているのだ。

「おそらくは自然選択の結果、互いにかなり異なるものの、相互作用的な二つの経路ができたのだと思います」とグッデイルは説明する。「われわれが考える成り立ちは、こうです。計画を立て、目標を定め、計画や目標について話し合うために、人間には世界を表象する方法としての視覚が必要になりました。計画や目標を立てて話し合うにはリアルで力強い世界の表象が欠かせませんが、視覚ならその狙いにまたとない貢献をしてくれますからね。ですが世界を再構築するための処理上の問題は、世界で生き抜くための行為を誘導する目的で脳が行う処理とは、極めて異なるものだったのです」[6] 水の入ったグラスに口をつけたければ、テーブルに水の入ったグラスが置いてあると知っているだけでは十分ではない。グラスの場所の知識を、筋肉を動かす個々の瞬間の連なりへと変換しなければならないのだ。手を伸ばし、グラスをつかみ、持ち上げ、口へと運ぶこと、それは行うシステムのはたらきである。まずは行為の可能性が意識的に知覚され、私たちの環世界（ウンヴェルト）を形作る。その後は視覚に誘導された行うシステムが忠実なしもべとなり、望みの行為を実行するのである。

行うシステムは皮肉にも、私たちのほとんど気づかないところではたらいている。グッデイルはこれを火星探査車になぞらえる。火星探査車は半自律型のロボット車両だ。地球から火星までの距離が信号を伝送するには遠すぎ、ドローンやラジコンカーのようなリアルタイムでの遠隔制御ができないため、自走式にするしかないのである。探査車のカメラが映す火星の地表を地球にいるオペレーターが観測し、興味深いものがあれば、そこへ行って岩石のサンプルを採取するようロボット車両に命じる。従順に命令に従う火星探査車はいわば、「なに系」の指示を待つ「いかに系」だ。

必要な動作は搭載の誘導装置が行えるが、どこへ行って何をするかは、自分では決められない。人間も同じだ。手を伸ばし、つかむ直前になって、ようやく手は対象物に合わせて大きさを調節する。「認知システムがはたらくには視覚的表象が必要で、運動システムによって手でグラスをつかむのには視覚座標系が必要なのです」とグッデイルは言う。[7] ここでも人間の対象物の見方は純粋に「光学的」ではなく、単に目と脳がばらばらに反応した結果でもない。デニーらの研究が示すように、世界とどのように相互作用するか、またどの程度作業をこなせるかという個々人の能力によって、人間の知覚は種々に調節されているのだ。知るシステム（なに系）と行うシステム（いかに系）は、互恵的な関係にある。人間は行為をなすことで世界を知る。私たちは〈歩行のアフォーダンスという視点で世界を眺めている、足で移動する存在〉というだけではない。〈物を操作する可能性という観点から世界を見ている、手で物を動かす存在〉でもあるのだ。人は手を使った探索によって世界を知るのである。

手は、行うシステム「いかに系」によって誘導されるが、その際には（すでに見たように）知るシステム「なに系」に固有の偏り（バイアス）に惑わされることなく、ありのままの世界に沿って動きを調節しなければならない。グッデイルはのちに「いかに系」が錯視に惑わされることがないという点を探究する研究を行ったが、その際に使われた錯視の一つが、発見者であるドイツ人心理学者ヘルマン・エビングハウスの名にちなむ、エビングハウス錯視である。[8]

図の右側の中心にある円は、明らかに左側の中心にある円より大きい。だが実際には、二つの円の大きさは同じである。この錯視に目はだまされるが、手はそれほど惑わされることがないのだ。被引用数の多いある研究で、グッデイルと共同研究者は、中心の円が描かれていないエビングハウ

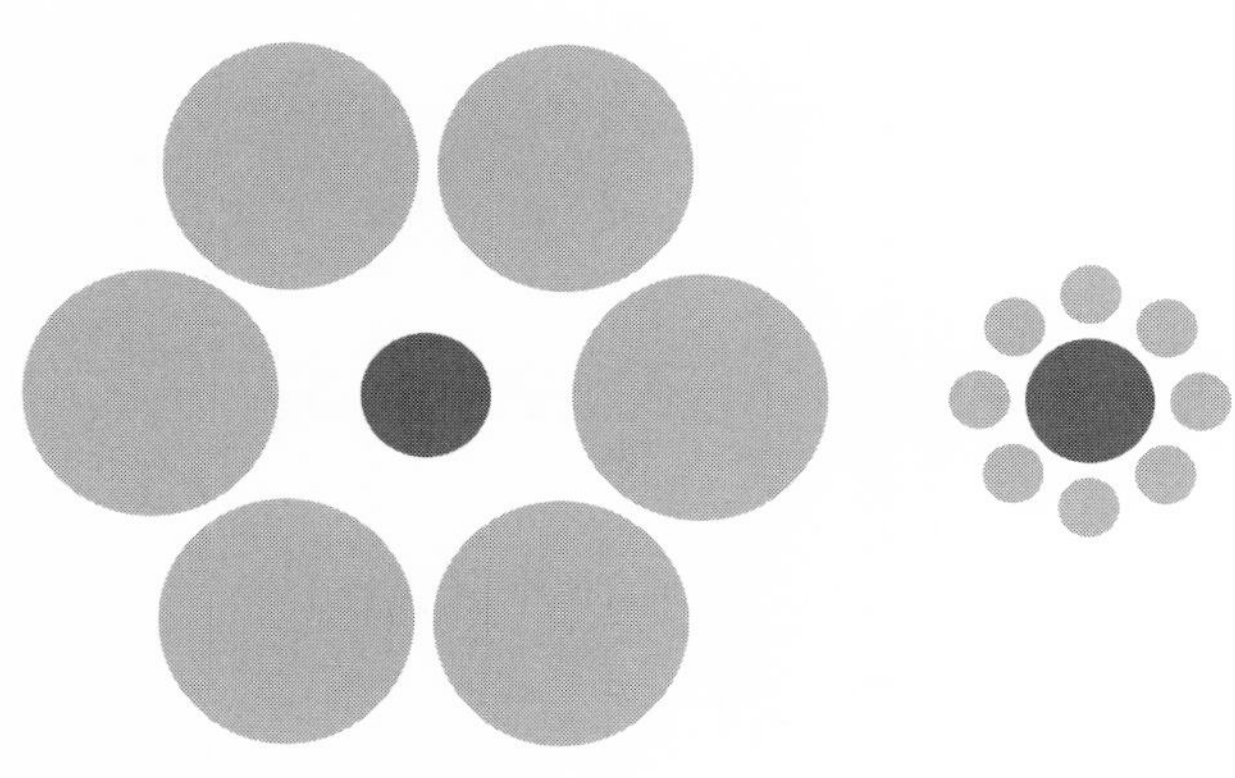

エビングハウス錯視

ス錯視の図形を厚紙に印刷し、実験を行った。中心の円の場所には、大きさの異なるポーカーチップをおいた。被験者にポーカーチップの大きさを見積もってもらったところ、やはり錯視が生じていた。だがポーカーチップをつまむよう指示すると、被験者の手は、錯視によって「なに系」の視覚システムが見ている広がったサイズ、あるいは縮んだサイズではなく、実際のチップの大きさに近いサイズに調節された。この結果は、デニーの研究と極めてよく似ている。デニーのチームが行った坂の傾きの知覚研究をご記憶だろうか。研究では被験者に、口頭の斜度推定と、目に見える傾きの視覚マッチングと、坂と平行になるよう可動板を手で傾ける方法の三つを行ってもらった。すると口頭と視覚マッチングに比べ、手で可動板を傾ける課題ははるかに勾配が正確だった。言い換えれば、行うシステムのほうが、知るシステムよりも正確だったのだ。

なぜそうなるのだろう？　そしてなぜ、知るシステム――一般的な意味での視覚システム――がこれほど惑わされやすく、外部の影響を受けやすいのか。それに答えるためには、NASAエイムズ研究センターでデニーが他の研究者たちに熱弁を振るった、あの論点に立ち返らなければならない。すなわち、進化におけるさまざまな圧力のもとで意識的知覚がやるべきことは、客観的に正確な世界の見えを行為者に提供することではなく、とるべき行為を現実的に決断しやすいよう、行為者を援助することなのである。エビングハウス錯視の例で言えば、左側の中心の円は周囲の円より小さい。右側の中心の円は周囲の円よりも大きい。意識下の「なに系」視覚においては、周囲の円と対比させて小さいか大きいかを見ることで、中心の円の相対的な大きさがわかりやすくなる。坂の傾きの知覚で言えば、歴史的にはエネルギーを賢明に節約できるかどうかに人類の存続がかかっていたため、私たちは移動の生体エネルギーコストという物差しを使って傾斜を見るようになった。だが「いかに系」は、そうした調節とは無関係に、物理的に目の前にあるものを扱わなければならない。ゆえに、「なに系」よりも正確さで勝るのである。

手が語る人類の歴史

グッデイルの大発見は、動詞の比喩的な使い分けという形で英語に潜む直観をも裏付けている。議論において単に相手の言いたいことはわかるというとき、私たちは「わかる（see）」と言うが、相手が述べる意見をしっかり理解できるというときは、「把握する（grasp）」と言う。知識は「所有する（possess）」だけでなく、「操る（manipulate）」ことが可能なものでもある。足や口と同じように、人間の手もまた、世界との主要な物理インタフェースである。だとすれば、人間を人間たらしめる条件を把握（グラスプ）するためには、つかむ（グラスプ）ことの意味するところを探ってみなければならない。ここからは、つかむという行為の進化的起源や、視覚を形作る仕組み、さらにはつかむことがいかに私たちの考え方を形作っているかを見ていこう。

手は、私たちの経験、文化、アイデンティティーを導く誘導灯であり、外界との中心的な接点である。三万九〇〇〇年前にまで遡る太古の芸術家たちは、世界各地の洞窟の壁に手形のステンシル画を残した。身体でものを操る第一義的な手段が手であるために、手は第一義的な表現手段でもあり、世界の情緒的な理解において重要な役割を果たす器官でもある。ダーウィン登場のはるか以前から、哲学者たちは手の意味と格闘してきた。アリストテレスはソクラテス以前の哲学者アナクサゴラスを批判し、こう述べている。「アナクサゴラスは、人間があらゆる動物のうち最も知的である原因を、手があることに帰している。だが手があることは高い知性の原因ではなく、むしろ結果であると考えるほうが理にかなっている」[9]。だがエビデンスを見るかぎり、アリストテレスと彼の唱えた初期の神経中心主義は分が悪いようだ。ホモ・エレクトスに関する現在までの知見が裏付けているのは、人類はまず器用な手を進化させ、その後、手を活用するのに適した十分な大きさと複雑性を備えた脳を進化させたという見解である。とはいえアリストテレスも、人間の上肢に大いなる賛辞を送るのにやぶさかではなかった。『霊魂論』（邦題『心とは何か』ほか）では、手を「道具の道具」[10]と言い表している。そもそも手が物を使い始めなければ、その物は「道具」とはならないからである。

ダーウィンにとって、人類が二足歩行動物となることは複数の面で転換点だった。二足歩行によって人類は、とくに暑い日の長距離歩行において、世界トップレベルの持久力を持つに至った。だが二足歩行は同時に、手を自由にするという恩恵ももたらした。枝から枝へぶら下がって移動したり、ナックル歩行をしたりする必要がなくなったことで、ヒトの祖先は手でほかのことができるようになった。その結果、並外れた手の器用さが生じ、人類は進化上の近縁種からさらに分化していったのである。親指の先と他の指の先を接触させられるのは、霊長類の中でも人類だけだ。これは道具の使用と、現在では微細運動制御と呼ばれる一連の動作を可能にした点で、画期的だった。親指の先と人差し指の先をくっつけずに針に糸を通そうとするさまを想像してみれば、わかるだろう。だがそればかりではない。進化論学者は、手先の器用さで可能となった道具の使用が、抽象的な論理的思考の土台となったのではないかと推測している。物理的にもつれたひもの結び目をほどくことができれば、概念上のもつれた問題も解けるというわけだ。靴ひもを結ぶとき、あなたの手は「最初にこうして、次にああして、ああしたものをこうしたものの中に入れ込む」という、「再帰的な埋め込み」と呼ばれる構造に似たものを作り出している。言語学者ノーム・チョムスキーによれば、言語を決定づける特徴はその再帰性にあるという。「ジョンは、［ここに好きな文を挿入する］というのはばかげた考えだと思っている」というような入れ子式の構造のことだ。コミュニケーションの体系に再帰的な埋め込み構造を持つ証拠を示す動物は、ヒトしかいない。ひょっとしたら、構造が複雑で柔軟性に富む手を神経によって制御し、ものを操ったり、運んだり、作ったり、道具を使ったり、他者に触れることができる見事な能力を獲得したことが、再帰的な埋め込みの誕生に寄与しているのかもしれない。

見えないのに見えている

バージニア大学のデニーのデスクには、貝殻、ギターのピック、指揮棒など、考えごとの際に手慰みにできる道具が色々と置かれている。二〇〇二年、デニーが当時まだ院生だったジェシー・ウィットと話していたときのことだ。「手は届かないけれど道具を使えば届く距離に対象物があるとして、その対象物までの知覚距離は、リーチを伸ばす道具を手に持っているときには、短くなるのではないでしょうか」とジェシーが言った。指揮棒を手に取り、卓上のクリップを小突いているうちに、二人の頭に本格的な研究デザインが浮かんできた。ジェシーの直観は正しかった。実験の結果、手は届かないが道具を使えば届く距離にある対象物は、道具を手にしていると、手にしていないときよりも近くに見えることがわかったのである。だが「道具を実際に手にしていると、道具を使えば届くなと思い、距離が短く感じられる」ということは、比較的容易に把握できる。不思議なのは、ディー・フレッチャーの事例が裏付けているように、ものをつかむこと自体には、視力——少なくとも伝統的な意味での視力——は必要でないかもしれないという点だ。

メル・グッデイルの指導教官だったのが、のちに二つの視覚システムとして知られるようになるものを先駆的に研究していたケンブリッジ大学の心理学者、ローレンス・ワイスクランツだ。詩才もあったワイスクランツは造語を編み出すのに長けており、世界で初めて観察した現象を「盲視」と名付けた。[11]盲視とは、その名の通り盲人の視力のことである。意味をなさない概念のように聞こえるが、そうではない。グッデイルらの研究を知ったうえで聞くと、より納得がいくはずだ。臨床研究者がたびたび報告してきたように、意識的な視覚体験のない視覚障害者のなかに、障害物だらけの廊下をつまずかずに歩ける人がいるのだ。彼らは意識の上では障害物に気づいていないが、それでも視覚的に誘導された歩行を行い、障害物を巧みによけて歩くことができる。目が見えず、意識的な視覚体験がないにもかかわらず、実際にはまるで目が見えているかのようにしっかりと歩けるのである。

この現象を扱った最初期の研究が、一九七〇年代にワイスクランツが行った一連の共同研究である[12]。なかでもよく知られているのが、D・Bというイニシャルで呼ばれる患者が登場する事例研究だ。D・Bは一四のときから、閃光が見えたあとに激しい頭痛が起きる症状に悩まされるようになった。二十代半ばには頭痛の頻度が増し、視野障害や知覚障害も生じるようになった。検査の結果、右一次視覚野に動静脈奇形があることが判明する。外科手術で切除したところ、頭痛は収まったが、D・Bは左側の視野が欠損する半盲となってしまった。半盲を理解するために、右腕をまっすぐ前に伸ばし、前方を指差してみてほしい。人差し指の左側は真っ暗で何も見えないが（視野のうち見えない部分を暗点という）、右側に関しては完全に正常な視覚が残っている。これが術後のD・Bの状態だった。本人は、視野の左半分にあるものは何一つ見えないと感じていたのである。

ワイスクランツはD・Bに、欠損した視野に視覚機能が残っているかを調べる課題をいくつか提示した。見えない視野に対象物があるとは伝えたが、それが何かは伝えなかった。結果は驚くべきものだった。「患者には盲視野で『見ている』という気づきはなかったが、（a）かなりの正確さで視覚刺激に手を伸ばすことができ、（b）垂直線を水平線や斜線と識別することができ、（c）『X』と『O』の文字を識別できることを示す証拠が得られた」[13]だが正確に課題をこなせたにもかかわらず、D・Bには盲視野に提示されたものに対する視覚的な気づきはなかった。ワイスクランツはD・Bについてこう書いている。「しかし患者は意識的な知覚を描写しようとするとつねに言葉に詰まり、『見る』という意味では何も見ていない、単に推測したのだと何度となく強調した」[14]

ワイスクランツの発見は、その後数多くの研究によって裏付けられた。盲視の根底にどのような神経機構のはたらきがあるのかに関しては、当初は論争が起きた。盲視は、視覚野を迂回した大脳皮質下の視覚経路が用いられることで生じるというのが、ワイスクランツの見解だった。

その見解を裏付ける証拠は数々の研究で挙がってきたが、そのなかに視覚野を持たないT・Nの事例も含まれていた。T・Nもまた、ワイスクランツらが研究した患者の一人である。[15] 二度の重度の脳卒中により、T・Nの視覚野は左右とも損傷を受けた。神経画像研究によって、一次視覚野の機能が全て損なわれていることがわかった。T・Nは全盲となったのである。馴染みのない場所を歩くときは、白杖で情報収集と障害物検知を行い、健常者に誘導してもらわなければならなかった。だがいったんその場に連れてきてもらったあとは、巧みに歩みを進めることができた。ある実験では、通路の床のそこかしこに箱などの障害物を不規則に置き、白杖を預かったうえで、T・Nに通路を歩くよう頼んだ。すると意識的な視覚体験の助けがないにもかかわらず、T・Nは一度も障害物につまずいたりぶつかったりすることなく、巧みに通路を歩ききった。本人は進路上に障害物があることに気づいていなかったが、それでも障害物をよけて歩いたのである。

視覚障害者全員に盲視ができるわけではない。眼球の損傷が原因の視覚障害の場合には、どのような視覚機能も失われる。視覚体験を意識するためには視覚情報が視覚野を通らなければならないが、その視覚野が損傷した結果生じるのが盲視である。脳内には視覚野を迂回するその他の視覚経路が存在しており、視覚野の損傷で視覚的な気づきが失われても、こうした他の経路が視覚機能を支えているのだ。人間はまず世界を経験し、それから行動を起こしているというのが私たちの共通感覚（コモンセンス）である。だが多くの状況下では、意識的な視覚体験がなくとも、視覚的に誘導された行為は問題なく行える。それを教えてくれるのが盲視である。私たちの知覚世界は何をするかを決めるためにあるのであって、行為そのものを制御するためにあるのではない。人間には二つのシステムがある。一つは決定者であり、もう一つは服従する行為者である。

手が注意を誘導する

シンプルで簡単な実験をやってみよう。腕を伸ばし、指差しする。腕を左右に動かし、頭を動かさずに、目で人差し指を追うのだ。簡単、簡単！　この技能は滑動性追跡眼球運動と呼ばれ、地球上のあらゆる哺乳動物の中で、霊長類にしか行えない[16]。身近に犬がいる人は、試しに犬の顔の前でおやつを見せ、左右に振ってみてほしい。犬はおやつから目を離さないが、眼球を動かすのではなく、頭全体を動かしてそうするはずだ。犬は滑動性追跡眼球運動ができない。といっても、犬や他の哺乳動物に眼球が動かせないというわけではない。動かせるのだが、サッカードというぎこちない急速眼球運動しかできないのだ。サッカードは人間も行っている。周囲の環境に目を走らせ、何があるかを見るためだ。滑動性追跡眼球運動は、興味を惹かれたもの、とくに手に持ったものを目でたどるのに使われる。針に糸を通すためには、指先、針、糸端を目でたどれる滑動性追跡眼球運動が必要となる。

進化の観点から見ると、霊長類の祖先が手先の器用さを発達させたことで、ものを操る新たな可能性が生じたが、そうした可能性を十二分に活かすためには、どうしても一段上の眼球の器用さを獲得することが欠かせなかった。結果的に器用な手がある動物、すなわち霊長類だけが、滑動性追跡眼球運動を行えるようになったのである。これは異なる能力が連鎖反応（カスケード）を起こす好例だ。能力の獲得が、別の能力の生起を促すのである。手があることが選択圧としてはたらき、手の動きをたどれる目が備わるようになった。だがカスケードはそこで終わらない。

ある研究チームは近年、「どの空間領域に、最も明るい注意のスポットライトを当てるか」を手が決定していると述べた。[17]他の研究結果もこの見解を裏付けている。容易につかめる距離にある、手の近くの標的（ターゲット）刺激は、検出までの時間がより短かった。[18]また、手の近くにある対象物を目にした被験者は細部への注意力が増し、気をそらす要素を無視しやすくなった。[19]

デニーの元指導院生で、現在はイギリス、ランカスター大学上級講師のサリー・リンケナウガーは、手には物体の大きさ知覚を調節する力があるのではないかと考えた。リンケナウガーは被験者にヘッドルーペを装着してもらい、野球のボールやピンポン玉などのつかめる対象物を見てもらった。ヘッドルーペ越しの対象物は、見慣れた物も大きく見えた。その後、被験者が利き手を対象物のそばに置くと、ルーペ越しの手が普通の大きさに見えただけでなく、手の横にあるボールやピンポン玉も突如縮み、実際の大きさになった。被験者の目の前でボールの大きさが変化するように見えるという、極めて驚くべき効果がもたらされたのである。[20]

さらにリンケナウガーの研究で、右利きの人は右手を左手より大きく、右腕を左腕より長く見積もるのに対し、左利きの人は左手や左腕を実際と同じ大きさに知覚することがわかった。おそらくは、左利きの人が右利きの世界で生活しなければならないことに起因する違いだろう。同様に、右利きの人が対象物に手を伸ばす際には、右手を伸ばすと、左手を伸ばしたときよりも対象物が近くに見える。ここでもアフォーダンスが関係している。手を伸ばす存在になったとき、あなたは手を伸ばす能力という観点における知覚世界を経験する。そして私たちの大半にとっては、手を伸ばす能力はかなりの部分右利きに偏っているのだ。(21)

利き手が善悪を決める

すべての人間は平等につくられたが、すべての手は平等につくられてはいない。経験に基づいて言えば、私たちの大多数には利き手がある。背骨こそ身体の正中線に位置しているものの、すべての人間のおよそ九〇%は、主に右手を通じて世界と相互作用している。五〇〇〇年前からずっと右利き優位の状態が続いているのではないかと研究者は考えているが、なぜそうなのかははっきりとはわかっていない。(22)オークランド大学のマイケル・コーバリスは、この極端な右利きの優位性を、「身体構造の対称性と身体機能の非対称性との明らかな不一致」と評している。(23)

手はもののつかみ方を誘導するだけでなく、私たちの思考や感覚、感情をも形作る。手早くその結論に到達したのが、この分野における最も独創的な研究者の一人、ダニエル・カササントだ。コーネル大学の心理学者であるカササントは、当初マサチューセッツ工科大学のスティーブン・ピンカーを指導教官とし、研究生活という冒険に乗り出した。当時のカササントはピンカーの指導のもと、ノーム・チョムスキーが標榜する言語学の主流派の考え方に従っていた。認知は（根底においては）万人共通であり、言語の違いは単に異なる服を着ているのと同じだという仮説である。だがデータは頑なに反証を挙げ続けたため、しまいにはカササントは指導教官を変更し、新たな研究プログラムを始めねばならなかった。このときカササントが開始した研究が、それまでとは対極的な「言語的相対論」である。簡単に言うと、特定の個人や文化の考え方や知覚の仕方は、かなりの程度、使用する言語によって形作られるとする理論だ。寒冷地の文化には雪を表す単語が多いといったことも、その一例である。[24]近年の実験的研究では、この理論の正しさを示す、より具体的で興味深い証拠が見つかっている。ロシア語には「青」という一つの単語がない代わりに、淡い青と濃い青を表す二つの単語があるが、ある研究によると、ロシア語を母語とする人は、濃淡の異なる青色を弁別するのが英語話者より一〇％速かったという。[25]カササントは長年、学会などで言語的相対論に関する発表や講演を行っている。そういった場でつねに投げかけられるのが、「言語の何がそれほど特別なのか」という問いかけだ。なぜ数ある要素のなかで、言語が人間の観念生活にそれほど特別な影響を及ぼしうると思うのか。カササントが信じるに至った理由は、言語は日常的な認知力を動員し、それを一定のやり方で秩序立てることで、私たちの注意の向け方や物事の記憶に影響を与えているのだ、というものである。だが思考や感情に影響を及ぼしているのは、使用する言語だけではないとカササントは気づく。使用している身体や身体の使い方もまた、思考や感情、感覚に影響するのだ。

カササントが惹きつけられると同時に半信半疑で読んだのが、ジョージ・レイコフとマーク・ジョンソンの主張だ。カリフォルニア大学バークレー校の言語学者と、オレゴン大学の哲学者からなるこの二人組が切れ味鋭く唱えたのが、言語は――いささかなりとも意味をなすためには――直接的な身体経験に根ざしていなければならないという主張だった。話題を呼んだ『生の拠り所である メタファー』(邦訳『レトリックと人生』渡部昇一・楠瀬淳三・下谷和幸共訳、大修館書店)やその他の研究業績において二人がとった方法が、観察と思考実験だ。日常的な言語表現の中から、さまざまな奇妙な形で顔を出す身体的行為や知覚の痕跡を見つけ出し、考察を加えたのである。実際の時間には始まりと終わりはなく、文字通りの距離的な長さというものがないにもかかわらず、私たちは時間が「長い」「短い」と言う。実際には数字に寸法というものはないが、数字が「大きい」「小さい」と言う。「これからは大変だ」を意味する表現は、人によって「ここからは上り坂だ(It's all uphill from here)」または「ここからは下り坂だ(It's all downhill from here)」に分かれる。カササントはレイコフとジョンソンの主張を実験によって検証し、人々が実際にこうした身体化されたメタファーで思考して**いる**のかどうかを調べてみることにした。そのためには、まずはいったん言語を脇に置かねばならない。

代わって現れたのが、ビー玉だ。カササントはオランダのエラスムス大学の心理学者カティンカ・ダイクストラとの共同研究で、被験者の前にビー玉が入った二つの箱を、一つは高い位置に、もう一つは低い位置に置いた。実験のうち何度かの試行では、被験者にビー玉を低い箱から高い箱へ、その他の試行では高い箱から低い箱へ移してもらった。この縦方向の移動を行っている最中に、被験者には「小学生のときの話をしてください」「去年の夏は何をしましたか?」など、自分自身にまつわる単純な体験談を語るようにとの指示が出される。するとただ漫然と手を動かしていただけにもかかわらず、ビー玉を上に移していた被験者にはポジティブな自伝的エピソードを語る傾向が見られ、ビー玉を下に移していた被験者には、不運な出来事や連絡先を聞きそびれた経験などのネガティブな話をする傾向が見られた。上または下方向への動作が、自分でも気づかないうちに、気分が上向く話か、落ち込む話かという体験談の情緒的な方向性を導き出していたのである。

カササントにとって、これは重要な手がかりだった。「こうした心的なメタファーを活性化すると、因果的効力が生じるんです」とカササントは語っている。[26] この発見をさらに実地で試すため、カササントは二〇一九年に研究チームと共同で継続研究を行っている。オランダ人大学生の被験者に、オランダ語から作った偽の言葉をフラッシュカードで覚えてもらうという実験だ（被験者は外国語の単語だと聞かされていた）。[27] 学習期間のあと、被験者は毎回、以下の三つの行動のうち一つを行うよう指示された。ポジティブな響きの単語を上の棚に、ネガティブな響きの単語を下の棚に置くか、ポジティブな響きの単語を下の棚に、ネガティブな響きの単語を上の棚に置くか、どの単語もニュートラルな場所である机の上に置くかの三つである。成果を上げたのは、ポジティブな単語と上方向の動作を組み合わせたグループだった。この「メタファー一致」群——ポジティブな単語を上に、ネガティブな単語を下に置いたグループ——は、学習後のテストで単語同定の正解率が四％高かった。アメリカの標準的な成績評価システムで、AマイナスがAになるほどの変化が生じたのだ。

オリジナルのビー玉実験に話を戻すと、実験結果は非常に興味深いものだったが、謎はかえって深まることになった。そもそもなぜ、上方向への物理的な動きが幸福な感情と結びつくのだろう。「その対応付け（マッピング）がどうやって起きるのか、だれにもわかりませんでした」とカササントは言う。過去のある時点で、メタファーが身体に染み込んだのだろう。いや、その逆だったのではないか。二つの主要な陣営が激論を戦わせた。レイコフ学派（レイコフィアン）は、身体の状態と情動の状態との相関が原因だと主張した。人は気分がよいと立ち上がり、元気が出ないと座りこむ。その姿勢の基本原則が経験全般に応用され、文化とメタファーに影響するまでになったのだ。一方、心理言語学者（カササントが研究生活の初期に属していた、決定論的な陣営）は別の説明をひねり出した。この対応付けを身体経験の観点から読み解く必要はない。それはもともと言語に内包されているものなのだ。話者の生まれ落ちた文化が、「気分がいい（フィーリング・アップ）」「気分が落ち込む（フィーリング・ダウン）」といった表現を使わざるを得ないだけである。感情価（ものの情動的な性質）について話すときも、空間について話すときと同様に、空間を示す用語を使わざるを得ないのだ。――いずれの論拠にも説得力があり、どちらが勝者とも決めかねた。カササントは何年もこの問題に頭を悩ませ、空間と情動と言語が渾然一体となったメタファーの、もつれにもつれた糸を解きほぐす方法がわからなかった。「これには――」とカササントは筆者のインタビューで語っている。「絶望しましたよ」[28]

やがて、不意に突破口が開かれる。英語と英語圏文化においては、「上」だけでなく、「右」にも「良い」という連想がはたらいていることにカササントは思い至ったのだ。仕事には「右腕」となる人物が必要だが、「見え透いたお世辞（left-handed compliments＝左手の賛辞）」は聞きたくない。「気に入られるよう頑張る（put the right foot forward＝右足を前に出す）」べきであり、「不器用（having two left feet＝左足が二本）」にはなりたくない。右が左より良いとされるのは英語だけでなく多くの言語に見られるパターンで、死語であるラテン語もその例に漏れない。「ラテン語で『右』と『左』を意味する『dexter（デクステル）』と『sinister（シニステル）』は、それぞれ英語の『dexterous（デクステラス）（器用な）』と『sinister（シニスター）（邪悪な）』の語幹となっている」とカササントはのちに論文に書いている。「右」を意味するフランス語の「droite（ドロワット）」とドイツ語の「recht（レヒト）」には、どちらも「権利」という意味がある。

一方、「左」を意味するフランス語の「gauche（ゴーシュ）」とドイツ語の「links（リンクス）」には、それぞれ「不器用な」「いかがわしい」という意味がある。[29]「gauche（ゴーシュ）」は英語にも借用され、「気のきかない、不器用な」を意味する単語となっている。「不器用な、気まずい」を意味する英単語「awkward（オークワード）」は、中英語の単語「awke（オーク）」が語源だが、これは「間違った道を曲がった」または「左利きの」を意味する単語だった。こうした言語特有の癖は、法廷での宣誓の際に右手を上げる、モスクには右足から入るといった文化的な慣習によってさらに強化された。左手では指差しをせず、食べ物にも触れないという文化は多い。国によっては、左手は不浄なことに用いるための手だからである。なぜこうも右が優遇されるのか。おそらくは、大多数の人――全体の約九〇%前後――が右利きだからだ。この不均衡が、言語や文化を右の優遇へと駆り立てているのである。

これに関連するが、心理学者は四半世紀前から、ものや情報の流暢性――簡単であったり、入手しやすかったり、努力を要しないこと――とそのものに対する評価や好悪とのあいだに、強い関連性を見出してきた。流暢性という領域においては、伝統的に認知とされてきたものと、知覚とされてきたものとの境界線は曖昧になる。ここでは、思考や知覚が「どのように感じられるか」が問題となるのだ。[30] 大まかに言えば、人は流暢に、手早く、簡単に、知覚したり相互作用したりできるものを好む。驚くべきことに、人々はよどみなく述べられた意見を、より真実に近く、好ましく、頻度が高く、知的だと評価するのである。

こうした知見や気づきを統合すると、カササントの中ですべてのピースがぴたりとはまった。右と左が善と悪に関連付けられていることも、流暢性によって説明できる。「利き側という偏りのある身体を持つ私たちは、どうしても利き側のほうがものと流暢に相互作用でき、非利き側では居心地の悪さを覚えてしまうのです」とカササントは説明する。「そうこうするうちに、利き側とポジティブなものを、非利き側とネガティブなものを結びつけるようになっていったのでしょう」[31]私たちは利き手にはなめらかでよい感触を覚え、利き手でない手には不器用で奇妙な感じを抱いてしまうのだ。

ビー玉実験後、カササントと共同研究者は、利き手と良さとの関連性を探る複数の研究に乗り出した。[32]そのうちいくつかは、いささか奇抜な実験デザインに基づいている。ある実験では被験者に、質問一問につき二匹ずつ（質問の左に一匹、右に一匹）エイリアンのイラストが描かれた質問紙を配った。その後被験者に「左右どちらのエイリアンのほうが正直／魅力的／知的に見えますか」といった質問に回答してもらったところ、被験者は期待に違わず、利き手側の地球外生命にポジティブな属性を関連付けた。別の実験では、被験者の利き手にかさばるスキーグローブをつけてもらい、特定のパターンに沿って注意深くドミノを置く課題を課した。するとたった一二分間利き手にスキーグローブをはめただけで、被験者はエイリアン分類課題と同様のポジティブな属性を、非利き手側に関連付けた。利き手にスキーグローブを付け、何分か不器用さを経験しただけで、利き手ではないほうの手を良さと関連付けるようになったのである。

「身振りや言葉においては、『良いものは上』とされています。それに対して、『良いものは左』と唱える文化や言葉表現は皆無です」とカササントは言う。[33]「左利きだからといって、正しい答えのことを『レフト・アンサー』とは言いません。左手で握手はしないし、左手を上げて『真実のみを述べることを誓います』とは言わない。左利きの人も、右利きの人のように話し、行動しなければならないのです。こうした心的メタファー、つまり頭の中に生まれただけでまだ言語化されていない対応付け（マッピング）が言語という形で言い表されるようになると、だれもが『良いものは右』と考えるようになります。ですが心的メタファーが身体経験によって形作られるときだけは、いくら言語や文化が『良いものは右』と唱えていようと、右利きは『右が良い』、左利きは『左が良い』と考えるのです。実験結果も、何度となくそれを裏付けています」カササントと共同研究者は、この発見を研究室の中だけにとどめおかずに、日常生活のさまざまな場面に当てはめることで、利き手がいかに（私たち自身も気づかないところで）さりげなく私たちの行動を誘導しているかをあぶり出してみせた。カササントの研究で、大統領候補――右利きのジョージ・W・ブッシュとジョン・ケリー、左利きのバラク・オバマとジョン・マケイン――が、称賛するときは利き手で、批判するときは非利き手でジェスチャーしていることが明らかになった。驚くべき研究成果もある。カササントは、英語・オランダ語・スペイン語の話者はキーボードの右側にある文字が多い単語を好むこと、またアメリカでは一九九〇年以降、キーボードの右側にある文字で始まる赤ちゃんの名前が好まれていることも発見した。二〇一〇年から二〇一八年で最も人気があった名前は、ノア（Noah）、リーアム（Liam）、ミア（Mia）などである。

二十一世紀の私たちも、数万年前に手形の壁画を残した洞窟の芸術家たちからそう隔たっているわけではない。むしろ、テキストメッセージやメールといったタイピングされた会話が話し言葉を変容させ続けている現状を見るかぎり、世界との接点を手が介在する割合は近代以前よりも高まっている。ユーザーエクスペリエンスのパイオニアであったスティーブ・ジョブズは、「iPhoneでスタイラスペンを使うやつのプロジェクトは失敗する」と冗談めかして言ったことがある。最も直感的なユーザーインターフェースとは、道具の道具――人間の手を活用するものだからだ。手は、世界の見方や、行為の計画の立て方を形作るだけではない。私たちがどのように判断を下し、どのように意味を作り出すかをも形作っているのである。

第一部では、身体が知覚と行為をどのように結びつけているかを探ってきた。第二部でも引き続き、このとらえがたい領域の探究を続けていく。ここからは、知るということに注意を向けてみよう。私たちの下す判断、交わす言語、感じる情動は、頭の中だけに存在するものではない。判断や言語や情動は、身体が知覚と認知をどのように結びつけているか、そのありようから生まれるものでもあるのだ。

第二部　知る

第四章　考える

一五八九年、フィレンツェ在住のイタリア人兄弟トマソ・フランチーニとアレッサンドロ・フランチーニは、フランス王アンリ四世の居城があるパリ近郊のサン＝ジェルマン＝アン＝レーに移り住んだ。もともとフェルディナンド一世・デ・メディチに仕えるエンジニアであったフランチーニ兄弟は、アンリ四世の威光を称え、これまでの業績を凌ぐ大仕事に取りかかった。王宮の拡張工事の際、セーヌ川に続くテラスに複数設置された、洞窟めいた屋根付きの通路——岩屋（グロット）——を設計したのである。兄弟は川から引いた水をテラス最上段の噴水に流し、グロット内には水が下方に流れる力を利用した自動からくり人形（オートマタ）を配して、神話に材をとるさまざまな情景を再現した。牧神の笛を吹く休息中のキュクロプス。オルガンを演奏するニュンペ。ぶどう酒をあおるディオニュソス。らっぱを吹くヘルメス。ペルセウスが天井から舞い降りて剣を抜き、水盤から飛び出した海獣を討ち取って、アンドロメダを解放する場面もあった。歩行者が通路の敷石を踏むと、その重さでバルブが開く。これでからくり人形に仕込まれたパイプ内の水圧が変わり、人形たちがまるで生きているように動きだす仕組みである。人工知能（ＡＩ）という用語がバズる何百年も前に、ヨーロッパの上流階級はオートマタによって、命あるかのごとく動く機械を目にしていたのだ。一六一四年、徒歩で各地を遍歴していた若き哲学者ルネ・デカルトは、王宮の庭園で目にした仕掛けに感銘を受けた。

デカルトがサン＝ジェルマンに滞在していたのは一年かそこらだが、王宮で目にしたからくり人形には明らかに強い影響を受けたようだ。『人間論』では人体の機能を長々と説き、食物の消化から心臓の鼓動、四肢の動きから脳のはたらきにいたるまで、すべては機械的に理解することが可能だと論じている。「こうした機能は、おもりと歯車のはたらきで時計などの自動機械の動きが生じるのと同じくらい必然的に、［人間という］機械をなす各器官の単なる配置によって生じているのだと考えていただきたい」とデカルトは書く。「私がここで説明している機械［人間］の神経は、じつのところ、あの噴水の機械仕掛けの部品に含まれるパイプに比すことができる」デカルトはこの考えを推し進め、人間と動物を分けるものに思い至った。理性である。人間は「疑い、理解し、肯定し、否定し、意志し、意志しないものであり、なおかつ想像し、知覚するものである」とデカルトは『省察』で書いている。(1)「この機械に理性ある魂が宿ると、魂は脳内で最も重要な位置を占め、噴水設計者のようにそこに居座る。水を流し始めたり、遮ったり、何らかの方法で動きを変えたりしたい場合に備え、パイプが配管された貯水タンクの横に居続けねばならない、噴水設計者と同じだ」(2)

デカルトにとって、人体という機械に宿る霊的なものが、超越的な知性、すなわち魂だった。人間と動物を分けて考える長き伝統の、最後を飾る思想である。アリストテレスの昔から、人間の魂は知性に宿ると考えられてきた。不滅で神聖な魂こそ、われわれ（人間）と彼ら（動物）とを分かつものだった。中世のキリスト教の教義においては、身体――および身体に根ざす欲望や感情――と同化することは罪と同義とされた。デカルトの時代には、この考え方こそ、広く是認される文化的叡智だったのである。

デカルトの思想は、いまではデカルト二元論と呼ばれている。人間が物体（脳も含む）と、無形の精神とからなると主張する哲学的な立場だ。この物心を分ける二元論は、日常的な言葉遣いにも表れている。「体がある（having bodies）」とは言うが、「体でいる（being bodies）」とはめったに言わない。この考え方に則れば、身体は精神を運ぶ乗り物にすぎないのである。

精神を身体と分ける考え方に不自然さを覚えないのは、人間に生来備わる思考のバイアスのせいかもしれない。私たちはみな、物理的対象を扱うシステムと、社会的実体を扱うシステムの二つを携えて歩き回っているのだ。(3) イェール大学の心理学者であり哲学者でもあるポール・ブルームは、子どもが自然と物心二元論的な考え方をするのに気づいた。ブルームの観察によると、幼い子どもは「算数の問題を解くみたいないくつかのことには脳は必要だけど、弟を好きになるとか、カンガルーのふりをするとか、そのほかのことは脳がなくてもできる」と話すという。(4) 歩行や暗算といった身体が行う事柄の領域と、精神の由（よ）って来るところである、より霊妙な領域とがあると考えるのは、子どもにとっても大人にとっても極めて自然なことであるらしい。いわく言い難い人間の性癖、たとえば愛や創造性や驚きなどを司るのは、後者の領域というわけだ。

当然ながら、脳は「物理的な機構（デバイス）」である（とひとまずは言っておこう）。長い歴史を通じて、脳の機能は驚くべき数のメタファーを使って言い表されてきた。いずれのメタファーも、当時珍重されたテクノロジーにインスピレーションを得ている。フランチーニ兄弟の自動からくり人形に触発されたデカルトは、脳を水圧式動力機械として描き出した。脳はほかにも、蠟の塊（プラトン）、石盤（ジョン・ロック）、風車小屋（ゴットフリート・ヴィルヘルム・ライプニッツ）、油圧システム（ジグムント・フロイト）、電報（ヘルマン・フォン・ヘルムホルツ）、電話交換機（神経細胞の研究でノーベル賞を受賞したチャールズ・シェリントン）などに比されている。本書執筆時点で心理学や認知科学、またこれらの分野をとりまく通説で人気のメタファーは、心の計算理論である。脳をコンピュータのハードウェアであるＣＰＵやハードディスクドライブに、心をソフトウェア、つまり多くのアプリケーションを備えたＯＳになぞらえるのだ。脳がコンピュータであり心がＯＳであるという、この比喩を用いた考え方は、身体と精神の互いの関わりを巧みに表す見識として、現代では広く受け入れられている。

　心のプロセスをコンピュータプログラムでモデル化し、人間のふるまいを予測する手段とすることが可能だ、と言うのはいい。そうした試みは立派な科学であり、やはりコンピュータプログラムを使って気象のモデル化を行う天気予報に近いものがあるだろう。しかし心が（あるいは気象が）コンピュータプログラムだと言いきってしまうと、話がまるで違ってくる。気象に関してそんなことを言えば、ばかげた主張だと一笑されるだろう。だが心の計算理論は、実際に脳がコンピュータであり、心がソフトウェアだと強く主張しているのである。コンピュータモデルは、認知機能を理解し、シミュレートし、予測する手段としては非常に有益な方法だ。だが気象は断じてコンピュータプログラムではなく、シミュレーションの雨で体が濡れることもない。脳は個々の有機体の生き方をサポートするために進化した、身体の器官である。コンピュータは人が造った、生命を宿さない人工物にすぎない。

ガットフィーリング

二〇一二年春、イギリスのケンブリッジ大学とサセックス大学共同の研究チームが、いささか珍しい被験者のコホートを集めた。世界有数の金融街であるロンドンのシティに勤務する、ヘッジファンドのトレーダーたちである。[5] 集まった一八人は全員男性で、いずれも聞くだけでめまいがしそうな手段を駆使しては、一分一秒単位の取引を行っている金融のプロである（ときには数時間に及ぶ長期の取引を行うこともある）。研究チームが述べているように、各トレーダーには値動きのパターンをその場で推測し、めまぐるしく変動する膨大なデータを読み解き、数秒のうちに大きな決断を下すことが任されている。さらには給与体系も、個人の責任を最大化する構造になっている。社員全員が受け取れる年末のボーナスのようなものはない。トレーダーの給与は歩合制の成功報酬だ。どのトレーダーも、運用実績に応じて、一年で一〇〇〇万ポンド（約一八億円）近い莫大な報酬を得ることが可能な一方で、ある日突然クビになることもある。しかも研究チームがトレーダーと接触したのは、のちに欧州ソブリン危機（ユーロ危機）として知られるようになる経済危機がようやく終息しようかという時期だった。それに先立つ世界的なリーマン・ショックと相まって、ギリシャを始めとするユーロ圏周縁国が莫大な負債を抱え、経済破綻の危機に瀕していた頃である。要するに、彼らトレーダーの生業は極めてきつく、極めて高収入で、偶然にも研究時には極めて不安定な状態にあった。それを受けて研究チームがトレーダーに依頼したのは、文字通り、心の声を聞くことだった。

まず各トレーダーには、黙って座ったまま、胸や手首など脈が触知できる体の部位に触れることなく、順不同の短い時間内――二五秒、三〇秒、三五秒、四〇秒、四五秒、五〇秒――の心拍数を数えてもらった。その間も生体情報モニターが心拍数を記録しているため、研究チームにはトレーダーが知覚した鼓動の数と、測定時間内の実際の心拍数とを比較することができる。試行のたびにトレーダーには、自分の推定値にどれだけ自信があるかを、「完全な当てずっぽう」から「(正確だとの)絶対の自信」までの各段階で評定してもらった。その後トレーダーは、自分の鼓動と同期しているか、または遅れている電子音を聞くという、聴覚バージョンの課題もこなした。一連の電子音を聞き、それが鼓動と同期しているかどうかを答えるという試行を、一五回くり返すのである。研究チームはさらにトレーダーの年齢、トレーディングの経験年数、またビジネスの成功度を見る標準的な評価指数である、個人の損益計算書(一年でいくら稼ぎ、いくら損失を出したかの記録)のデータも集めた。研究チームは年齢をマッチさせたトレーダーではない男性をサセックス大学から集めて対照群とし、同じ二種の課題を施した。

実験の結果、トレーダーは大学にいる一般人に比べ、はるかにうまく自分の心拍数を把握できることがわかった。[*] さらにトレーダー内でも、心拍検出正確性の高さと収入の多さに関連性が見られたほか、正確性が高いトレーダーほど、金融市場で長く生き残る傾向があることが示唆された。おそらく最も興味深い発見は、ベテランのトレーダーたちは経験の浅いトレーダーたちよりも、心拍数を正確に推定できたことだろう。心拍検出の正確性が高いトレーダーほど運用実績も高い傾向が見られたが、検出課題に対する被験者の自信は正確性とは無関係だった。研究チームは論文の末尾にこう記している。「われわれの研究結果は、経済と経済が依って立つ行動仮説が、人間生物学との関わりを強めることで恩恵に浴するだろうことを示唆している。現在、心理学と神経科学の発見は経済には無用であるとする古典派経済学者と、これらの実験科学から現に教訓を得ている行動経済学者とのあいだで論争が続いている。論争の決着に必要なのは、意思決定や行動、そして経済には不可欠なリスクテイクをするうえで、身体シグナル——言い換えれば身体——がどのような誘導的な役割を果たしているかに関する、科学的証拠であると言えよう」(6)

ここで研究チームが着目しているのは、「内受容感覚」と呼ばれる知覚プロセスだ。身体内部の状態を感じ取る仕組みのことである。私たちは内受容シグナルのはたらきによって、満腹だからもう食べるのはよそうと感じたり、膀胱が一杯だから空にしなければと気づく。何らかの行動をとる必要性が生じないかぎり、内受容感覚は意識の裏側で作用していることが多い。消化不良にならないと消化には気づきにくいのもその一例だ（例外もある。ランナーであるドレイクは、エネルギー補給を最大化し、体への負担を最小化するよう食事とランニングのタイミングを調整するうちに、いつしか消化の進み具合を以前より繊細に感じ取れるようになった。いまでは食事の三時間後に速めのランニングを行っている）。大まかに言って、吐き気を催す、疲労困憊するといったように体調に支障が出ている場合を除いて、体内の状態が継続的に感知されていると私たちが気づくことは

＊　被験者それぞれに対し、心拍検出正確性スコアが算出された。試行ごとの正確性スコア＝{1－[(実測値－予測値)の絶対値]÷[(実測値＋推定値)÷2]}×100.

あまりない。内受容感覚とは、自分の体内を対象とした情報収集だ。組織や器官の受容体はつねに脳にシグナルを送っており、そうしたシグナルは心臓からも発せられている。

視覚体験が目だけによるものではないのと同じように、考えることも頭の中だけで行われているわけではない。心臓が鼓動を打つたびに、心臓内の圧力を感知する受容体が活性化され、検出した心臓の機能に関するシグナルを脳に送る。脳はつねに、心臓などの器官や体のその他の部位と動的な情報のやりとりを行っているのだ。「人間の脳には、瞬間ごとに、さまざまな器官の活動が映し出されています」と語るのは、論文の共同執筆者であるサセックス大学精神医学部教授サラ・ガーフィンケルだ。(7)「この情報が、私たちが世界について考えたり、感じたりする仕方に影響を及ぼす場合があるのです。この知見によって、神経科学の伝統的なアプローチは転換を迫られているというのが個人的な実感です。もっと身体に根ざした視点をとり、脳を体内に組み込まれたものとしてとらえる必要があると思います」

ガーフィンケルの研究に参加したトレーダーたちが市場の変動にうまく対応できるのは、相場の動きを知覚したことで起きる、自らの体内環境の変化を感じ取れるからだ。腹(ガット)の底から湧き上がる「直　感(ガットフィーリング)」で、市場の動向の良し悪しを判断しているのである。第二章では、これと同様の実際的な原理が、坂の傾きの知覚の際にもはたらいていることを述べた。エネルギーや筋力などがたっぷりあると、坂は登りやすく見える。同じ坂が人によって登ってみたい丘にも、気の重い行程にもなる。株式の購入も同じだ。知覚が行為を誘導しているのである。

ガーフィンケルはこれまで、さまざまな文脈における内受容感覚を研究してきた。ガーフィンケルの研究により、心拍検出課題の実際の成績と、自分の検出力に関する自信とのギャップが大きいほど、日常生活で感じる不安が大きいことがわかっている。要するに、身体とのつながりが薄いと、誤った意思決定をしてしまうだけでなく、不安感が増大するのである。このことはまた、内受容感覚が、不安症などの問題に取り組む際の足がかりとなりうることを示唆している。身体の内なるシグナルに注意を払うトレーニングを行ったところ、内受容感覚の正確性の向上が見られたという研究や、[8] 2型糖尿病の患者による血糖値の自己評価がより正確になったという研究もある。[9] あくまで推論だが、こう言えるのではないだろうか。――自身の身体状態に同調している人ほどよい決断ができる。それは株を購入する場合でも、健康を維持する場合でも変わらない。

思考と生体エネルギー

私たちは生きている。通俗心理学においても学問としての心理学においても、この生きているということの現実味と重大性は、驚くほど顧みられていない。生物である私たちは、二つの生物学的な要請を追い求めるよう駆り立てられている。生存と繁殖である。ふだんめったに意識することはないが、この二つの要請は人間のほぼすべての行為の根底に横たわっている。

生存は主に、生体エネルギー学的な要請によって突き動かされた結果だ。それは「消費する以上のカロリーを食べよ」という指令である。加えて、悪天候から身を守り、捕食者に食われないようにすることも欠かせない。これらの要請に応えられた者は生存できる。

生きている存在にとって、行為を行うにはエネルギーが必要となる。これまでの三章では発達、歩行、把握という形で現れる行為を取り上げ、周囲の環境の中で行動する際の生体エネルギーコストを私たちがどのようにとらえているかに焦点を当ててきた。坂の傾きや距離は、移動の生体エネルギーコストに応じて知覚的に調節されている。行動選択の市場においては、支払わねばならない代価はエネルギーだ。エネルギーこそ生命の通貨である。私たちの行為はおしなべてエネルギー節約の観点における費用(コスト)あるいは便益(ベネフィット)を伴うが、それは思考においても変わらない。

思考もまたエネルギーを必要とし、生体エネルギーに関する配慮の対象となる。脳は安静時代謝量の二〇％を要する消費者であると同時に、エネルギー源の管理者でもある。管理者としての脳は、エネルギーをフィードフォワード、フィードバックの二つの方法で探し求め、管理している。フィードフォワードシステムは、未来を予測する。スーパーマーケットに買い物に行く典型的な理由は、お腹がすいたからではない。空腹になるという事態を避けるために行くのである。一方のフィードバックシステムは、現在の状態に対して反応する機構だ。空腹という不快な状態になると、私たちはまず食物を探さねば――いますぐ冷蔵庫またはパントリーを漁るべし！――という思いに駆られる。脳をコンピュータとみなす心の計算理論は、生命の要請を考慮しない。コンピュータは生物ではない、ゆえに生命の要請に従う必要はないというわけだ。たしかに生物学的プロセスのシミュレーション（および気象のシミュレーション）ならコンピュータにもできるだろうが、コンピュータは雷雨でないのと同じくらい、生き物でもない。生命の要請は、エネルギーという通貨を用いる生態学的な市場において、初めて実現するのである。

血糖値が物事の評価の仕方に影響を及ぼす理由も、これで説明がつく。発表時にはともにサウスダコタ大学にいた心理学者、ワン・シャオティエンとロバート・D・ドボラックは、この問題を遅延報酬割引という現象を通して研究した。(10) 遅延報酬割引とは、将来得られる大きな報酬よりも、それより少額だが即時に得られる報酬を好むという、ほとんどの人に見られる傾向を指す。たとえばたいていの人は、一週間待って一〇五ドルもらう取引よりも、いますぐ一〇〇ドルもらう取引に応じるものだ。ワンとドボラックが被験者の血糖値を操作するのに用いたのは、炭酸飲料のスプライトである。実験では被験者に、より少額の報酬（九〇ドルから五七〇ドル）を明日受け取るか、しばらく（四日から九三九日）待ってより多額の報酬を受け取るか、好きなほうを選ぶよう頼んだ。被験者はこうした質問に二度回答し、二度の回答の合間に、スプライト――実験群なら加糖されたもの、対照群ならカロリーゼロの人工甘味料を使ったもの――を飲んだ。結果はどうだったか。加糖飲料を飲んだ被験者は満足の遅延をいとわず、しばらく待って多額の報酬を受け取るほうを選んだ。スプライト――より正確にはスプライトに含まれる糖分――が、遅延報酬割引を減らしたのである。同様にある研究では、加糖されたレモネードのトールサイズを飲むと、より他人に親切になることが示唆された(11)。

実世界における思考を調べた別の研究もある。研究対象となったのは、イスラエルの裁判官による仮釈放の審理だ。服役中の囚人から出された仮釈放の申請を許可するかどうかを、裁判官が決定するのである。どの裁判官も断然に多いのは申請の棄却だ。だが許可されにくいということの傾向にも、例外があった。審理は午前の休憩と昼休みを挟み、朝から午後にかけて長時間続くため、裁判官は休憩時間と昼休みには退廷して腹ごしらえをする。調べてみると、朝一番、休憩後、昼食後には、裁判官が仮釈放を許可する割合が高かった。だが時間が経ち、裁判官の疲労がたまるにつれ、棄却率が高まっていく。ついに空腹でガス欠になった裁判官は、「ただ『ノー』とだけ言う」簡潔な棄却に終止するようになる。ところが軽食や昼食をとったあとは、それぞれの案件をより突き詰めて検討するようになり、許可が出やすくなる。あらゆる生理学的プロセスにエネルギーが必要なように、裁判官の裁定にも食物が欠かせないのである。[12]

こうした知見は、とくに教育分野において、方針の策定に重要な影響を及ぼす。カリフォルニア州の公立学校を対象とした近年の研究によると、健康的な給食を提供する企業と契約している学校の生徒は、他校の生徒より、学年末テストの成績が平均で約四％高いことが判明した。[13]それどころか、高校で一日三度の食事を提供することが、低所得世帯の生徒の卒業率を上げる重要な要素であるらしい。[14]同様に、学校で供される朝食を食べる生徒は出席率がよく、問題行動も少ないという。[15]一時的に栄養が足りていないだけで裁判官が「ただ『ノー』とだけ言う」いささか軽率な裁定を下してしまうのなら、慢性的な食糧不安が八歳の子の認知にどれほどの影響を及ぼすか、考えてみてほしい。あなたがどのような人であれ、あなたの思考は現在の生理的エネルギー量の影響を受ける。あなたがどのように考えるかは、いついかなるときも、身体的な感覚に――さらにはその感覚をどのように読み解くかに――結びついているのである。

流暢性

現在南カリフォルニア大学に所属する心理学者ノーバート・シュワルツと共同研究者は、一九九一年、数十人のドイツ人大学生を対象とした実験を行った。自己主張できたと感じたときとできなかったと感じたときについて、一部の学生にはそれぞれ六例ずつ、その他の学生には一二例ずつの事例を思い出すよう頼んだのである。[16]さらに被験者は、事例を思い出すのがどれくらい容易だったか、また自身をどれくらい自己主張するタイプ、あるいはしないタイプと感じているかを段階別に評定するよう指示された。すると、驚くべき結果が現れた。六例だけ思い出す課題を与えられた被験者は、一二例思い出すよう指示された被験者に比べ、自身をより自己主張するタイプと評定したのである。つまり自己主張できた事例を多く思い出さねばならなかった被験者ほど、自分を自己主張しないタイプだと考えたのだ。なぜそうなったのか。自己主張できた事例を数多く挙げるよりも数例だけ思い出すほうが簡単なため（「いくつかの事例？　楽勝楽勝」「十数例？　うーん、難しい」）、被験者は事例の思いつきやすさに応じて、自身の自己主張の程度を判断してしまったのである。

人はともすれば、認知というものを——土台の部分では——単なる計算的な処理であると考えがちだ。心の計算理論もそのように言っている。だが計算モデルがあえて触れない多くの事柄の一つに、「思考の感覚」（私たちが自分の考えをどのように知覚しているか）が、最終的な思考の決定に大きな役割を果たしているという点がある。たとえば前章では、身体的な動作のしやすさが判断を形作るという多くの事例を検討した。私たちはたやすい行為には快感を覚え、その行為を良いものとみなすのである。前章で見たように、人は利き手側にあるものを好む。「神の義なる右手」「見え透いた（レフトハンディッド）お世辞」といった表現が生まれたのもそのためだ。シュワルツの研究は、思考についても同じ原理がはたらいていることを示している。思考がどの程度たやすい、あるいは難しいかが、人が自身の考えや他人の意見に感じる正確さや真実性、確信の度合いを決めるのだ。身体的活動——冷蔵庫を動かす、ジョギングに出かけるなど——と同じように、思考にも〈努力の感覚〉が伴う。私たちは、たいていは意識の範疇外においてだが、こうした感覚に導かれて物事を評価している。人間は自動からくり人形（オートマタ）でもコンピュータでもない。生物である。生物であるがゆえに、「考えるという行為の感じ」が思考の内容を誘導しているのだ。一瞬また一瞬と、私たちは自身の思考を知覚している。そうでなければ、考えた内容にアクセスすることもできない。

スポーツなどと同じく、思考も身体化された活動である。なめらかに運ぶときもあれば、努力を要するときもある。スポーツでは、意識や判断を担う部分のサポートや介入をほとんど受けることなく体が望み通りに動く状態を、「ゾーンに入る」という。物事がうまくいかず、自己指導や自己嫌悪といった非生産的な思考が伴うことの多い状態は、「フローに入っていない」だ。動作であれ思考であれ、努力のいらない流暢性の感覚があれば、あなたにはその行為をうまくこなせていることがわかる。あるいは少なくとも、こなせているとあなたは思うのだ。

身体的行為がたやすいものから難しいものまで多岐にわたっているのと同じように、精神的行為にも幅広い難易度がある。流暢性を知覚できる状況は多々ある。巧みに書かれた散文はすらすら読める、魅力的な旋律は耳に心地よい、慣用句は覚えやすいといったことに気づく場合がそうだ。経験の流暢性は、意識的な気づきがないところで、私たちが下す価値判断を誘導している。流暢に書かれた書物を読むと著者が知的に思えてくるし、流暢に話された意見はもっともらしく聞こえる。独創的だが結果には暗澹（あんたん）とさせられるある実験では、英語を第二言語として話す訛りの強い人が雑学の書かれた文を音読すると、母語として英語を話す人が音読した場合に比べ、真実味がないと判断されやすいことがわかった。[17]「キリンはラクダよりも長く水なしで生きられる」（本当の話だ）と聞かされたときに、たとえ話者が渡された文をただ音読しているだけであっても、話者に訛りがないほうがあなたがその話を信じる公算は高くなるのである。

多くの実験が、この流暢性－真実性効果を操るのはじつに簡単であることを示している。ある初期の研究では「リマはペルーにある」といった文について被験者に真実かどうか尋ねたが、その際、印刷された文字の色や背景とのコントラストを変え、読みやすさを操作したうえで実験を行った。[18]すると白地に赤い文字を印刷した読みやすい文のほうが、同じ白地に黄色や水色の文字を印刷した読みにくい文よりも、真実とみなされやすかった。押韻も、流暢性を増す格好の方法であることが判明している。実験の被験者は、韻を踏んでいる格言を、韻を踏んでいない格言よりもより的を射ていると評価した。「災いは敵同士を団結させる」という同じ意味の格言でも、「ウォウズ・ユナイト・フォウズ」のほうが、「ウォウズ・ユナイト・エナミーズ」よりも当たっていると評価された。また「しらふの隠し事を酒が暴く」という同じ意味の格言でも、「ワット・ソブライアティ・コンシールズ・アルコホル・リビールズ」と押韻しているほうが、「ワット・ソブライアティ・コンシールズ・アルコホル・アンマスクス」と押韻していないほうよりも的を射ているとされたのである。[19]だが文の内容の真実性と詩的な価値とを分けて考えるようにという指示を被験者に出したところ、効果が薄れたという点は留意すべきだろう。

押韻が記憶を助け、それによって真実性の感覚が生じるというのは、普遍的文化である。研究者の主張するところによれば、韻文叙事詩が口承文芸の中心をなすのは、韻律のある詩はドライで淡々とした散文よりも記憶しやすいためだ。フリードリッヒ・ニーチェは、韻律は記憶を助ける導管であり、人々が神聖と感じるものにたどり着く手段であったと考えた。「韻律に乗った祈りは、神々の耳元にまで届くように思えたのだ」とニーチェは『喜ばしき知恵』に書いている。[20]近年で言えば、O・J・シンプソン裁判で血染めの手袋をめぐって弁護団がくり返したフレーズを思い出してほしい。「もし合わなければ（イフ・イット・ダズント・フィット）、無罪判決です（ユー・マスト・アクイット）」だが、ここで話はさらに面白くなる。押韻には判断を左右する効力があることを相手に伝えると、魔法は消えてしまうのだ。

人間の判断力における流暢性の役割は、伝説の実験心理学者二人組ダニエル・カーネマンとエイモス・トベルスキーが、一九七〇年代に「利用可能性ヒューリスティック」と呼んだものの延長線上にある。[21] 利用可能性ヒューリスティックとは、思い浮かべやすいものは発生頻度を高く見積もってしまうという傾向を説明したものだ。試しに、カーネマンとトベルスキーの研究に出てくる質問に答えてみてほしい。英単語にはＫで始まる単語と、三文字目がＫである単語と、どちらが多いだろうか。つまり「kangaroo」のような単語と「acknowledge」のような単語と、どちらが数が多いかということだ。大抵の人は、「kangaroo」のようにＫで始まる単語のほうが、「acknowledge」のように三文字目がＫの単語より多いと考える。だが実際には逆だ。なぜそれほど多くの人が間違えてしまうのだろうか。それには至極当然の理由がある。任意の文字で始まる単語を思いつくほうが、その文字をあいだに含む単語を思いつくよりもずっとたやすいからだ。試してみればわかる。まずＫで始まる単語を五つ挙げ、その後三文字目がＫである単語を五つ挙げてみてほしい。どちらが簡単だっただろうか。当然、Ｋで始まる単語だったはずだ。発生頻度を考えるべきところを、想起の容易さで代用しているのである。このことは、政治や社会において極めて重要な意味を持つ。カーネマンが指摘したように、多岐にわたるテーマにおいて、何が世界でよく起きることで何が稀かという私たちの感覚は、ソーシャルメディアを含むメディアによって形作られている。たとえば外国人テロリストへの恐怖が一気に広まったことで、右派、とくにアメリカの右派による政治的メッセージの発信が活気づく状況が生まれた。だが二〇〇一年九月十一日の同時多発テロ以降、外国生まれのテロリストに殺されたアメリカ人は平均で年間約一人である。アメリカ生まれのイスラム教テロリストを加えても、年間六人だ。[22] 同様に他の報告によると、アメリカ人は難民テロリストの手にかかって死ぬ確率よりも、小惑星の衝突で死ぬ確率のほうが二九倍、銃器による攻撃で死ぬ確率のほうが一二万九〇〇〇倍、心臓病かがんで死ぬ確率のほうが六九〇万倍高い。[23] これにはミーンワールド症候群という、メディア論学者のつけた名前がある。マスメディアがこぞって暴力的な出来事を報じると、世界が実際よりも暴力的であるかのような錯覚が起きやすいという現象だ。アメリカ国内の犯罪発生率は、一九九一年のピークを境に急激に減少している。だが全国レベルの代表性を有する世論調査によれば、アメリカ人は「二〇〇〇年代初頭以降、犯罪率は毎年増加している」と考えているのだ。なぜだろうか。ちなみに子どもは、一二歳までにテレビでおよそ八〇〇〇回の殺人を目撃すると推定されている。[24] これは逆に言えば、人々の意識を変えるうえで、ポジティブなメディア表象がいかに重要かも示している。一九三人の白人のアメリカ人に二種類のテレビ番組を見てもらった近年の研究がある。驚くほど多様性に欠けることで知られるＮＢＣのメガヒット番組『フレンズ』か、サスカチュワン州の小さな町のムスリム・コミュニティを描いたカナダのシットコム『大草原の小さなモスク』のどちらかだ。『小さなモスク』を見た被験者は、『フレンズ』を見た被験者に比べ、アラブ人に対して肯定的な受け止め方を表明するようになった。重要なのは、外集団成員に親近感を抱くことと偏見の減少とのあいだに、関連性が見出されたという点である。[25]

多くの文脈において、流暢性は不実な友になりうる。子どもと大人のどちらにとっても、流暢性はときに学習の障害にすらなるのだ。たとえば試験勉強中、多くの生徒はノートに書かれた内容をマーカーで塗ったり、音読したりする。簡単にできるし、よくわかったような気になれる勉強法だからだ。だがじつは長期的な知識の構築には、それよりもっと難しく、非流暢的に感じられる能動的想起が必要である。勉強前と勉強中に自分自身をテストしなければならないと聞くといかにも大変そうだが、よりよい学習につながるのはこの方法だとあまたの研究が示している。職場環境に多様性（ダイバーシティ）と包括性（インクルージョン）が必要なのと同様だ。民族的に均質（ホモジニアス）な集団――たとえば二十数人の社員全員が白人男性である、小規模なスタートアップなど――は構成員にとっては流暢に感じられるかもしれないが、結局そうした集団からは、思慮に欠ける軽率な意思決定しか生まれない。

　非流暢性が生じる多様なチームのほうがより思慮深い意思決定を行えることを、数々の実験が示唆している。外見も話し方も考え方も自分と違う人々と同じテーブルを囲むのは、当然ながら、育ちや経歴が似ている人々と同じ空間にいるより居心地が悪い。だがその居心地の悪さが、より深く長い熟考につながるのである。テキサス大学のジェームズ（〝ジェイミー〟）・ペネベーカー率いるランゲージラボの研究によれば、議論において相手を説得する際の鍵となるのが流暢性だ。現在イギリスのランカスター大学で助教授を務めるライアン・ボイドは、ランゲージラボに所属した院生時代、インテリジェンス・スクエアードが主催する討論会の結果の分析を行った。観客の前でパネリストが討論し、その後観客の投票によって勝者を決めるという討論会である。分析の結果わかったのは、難解な言葉遣いをするパネリストほど観客に意見を変えさせる割合が低く、話し方が具体的なパネリストほど説得力を持つことだった。ボイドいわく、「努力しなくても直感的に理解して共感できるもの――もともと人は、そういうものが好きですからね」[26]

　感情や感覚から切り離された思考は存在しない。人間の知覚世界はつねに、行為や思考に付随する〈努力の感覚〉で満ちている。私たちはこうした感覚から、何が正しく、何が間違っていて、何が起こりそうか、そして究極的には社会の構造がどのようになっているかに関する手がかりを受け取っているのだ。言ってみれば思考は、身体経験なのである。そして思考内容そのものも――最も抽象的なものですら――生きることで生じる感情や感覚から切り離すことはできない。

多様性が集団意思決定において重要なのはなぜか

すでにおわかりかと思うが、思考は頭の中だけで起きているわけではない。体の中だけで起きているわけでもない。社会心理学では長らく、どのような集団に身を置くかが意思決定に影響を及ぼすとされてきた。それを鮮やかな手法で研究してみせたのが、タフツ大学の心理学者サミュエル（〝サム〟）・サマーズだ。大きな反響を呼んだ二〇〇六年の研究で、サマーズは実社会の文脈におけるメンバー構成の影響力を調査した。[27] 協力したのは、サマーズが博士号を取得したミシガン大学やアナーバーにほど近い、ミシガン州ウォッシュトノー郡の郡裁判所である。サマーズは地元の裁判官や陪審員候補者名簿管理官の協力を仰ぎ、二〇〇名の参加者から、最終的に六人編成の模擬陪審員団二九組を組織した。陪審員団のうち半数は人種的に均質（つまり全員白人）で、残りの半数は民族的に多様（黒人二人、白人四人）であり、全参加者の六〇％は女性だった。

陪審員団は裁判所内の長方形のテーブルに、互いの顔がよく見える状態で着席した。陪審員番号を割り振られたのち、偏見の強い候補者を外す予備尋問を受けた。尋問は二パターンあり、人種的に中立な場合と、人種問題に関する態度を問う場合とがあった。その後陪審員団は、黒人の被告が性的暴行罪に問われた裁判のドキュメンタリー番組を視聴した。[28]弁護人と検察官による冒頭陳述と最終弁論の抜粋、および証人の証言の抜粋を、三〇分のテレビ番組にまとめたものである。検察側の主張は法医学的証拠の解釈にかかっていた。現場に残された精液と体毛は被告のものとして矛盾しなかったが、完全な一致とまではいかなかった。弁護人は法医学的証拠は決定的証拠となっておらず、目撃者もいないとして反論した。

番組視聴後、陪審員団はその裁判について評議するよう指示された。評議の模様は録画された。代表として報告を行う陪審員長が選出されたのち、評議が開始された。意見の一致が見られた場合には陪審員長が実験者に知らせ、評決を報告した。一致に至らなかった場合には、討議は一時間後に切り上げられた。

結果はどうだったか。評決自体は、多様性群も非多様性群も驚くほど似通っていた。二九組の模擬陪審員団のうち、全員一致で有罪評決を出したのはわずか一組で、それは全員白人の陪審員団だった。全員一致で無罪評決を出した陪審員団のうち、多様性群と非多様性群はほぼ同数だった。意見の不一致で評決が出ずに終わった陪審員団は多様性群のほうがわずかに多かったが、それも評議前の予備尋問で人種関連の質問を受けた多様性群に限られていた。

だが際立った違いもあった。評決に達するまでの過程が異なっていたのである。多様性群は評決に達するまでの討議時間が一二分も長く、平均で五〇分間討議していた。より多くの事実を考慮に入れ、不正確な主張が少なく、人種問題に言及する割合が高かった。だが討議に深みが出たのは、単に非白人が異なる見方を提示したからだけではない。むしろ多様性群に配属された白人が、非多様性群の白人よりも慎重を期したからなのである。多様性群の白人は人種についてよりオープンに話し、事件に関するより多くの事実を議題に上らせることが多かった。サマーズは実験で浮かび上がった討議の傾向の違いを示す例として、陪審員同士のやりとりを二例挙げている。白人のみの陪審員団では、人種問題への言及があっても、無関係な話題としてあっさり片付けられていた（陪審員三号「でも申し訳ないけど、はっきり言って、○○［被害者］は黒人の顔の見分けがつかないんじゃないですか？」陪審員六号「そんなことはないでしょう」）[29]。だが多様性群の白人の陪審員は、人種問題が事件の底辺にあるのではという自らの疑いを、黒人の陪審員に裏書きしてもらおうとした（陪審員六号「いま現在、テロの問題で同じことが起きてますよね。アラブ系の人はより厳しくチェックされてるでしょ。彼ら［警察］はよくそういうことをしますよね、とくに黒人男性に対しては。あなた方（と陪審員二号と三号を手で示して）がどれくらいご経験されてるかはわかりませんけど……」陪審員三号「子どもの頃から散々覚えがありますよ。人種差別的な職務質問（レイシャル・プロファイリング）にはね」）[30]。これは非常に重要な発見だ。自分と同類ではない人々に囲まれているときのほうが、人は思慮深く行動するのである。サマーズはこう書いている。「メンバー構成によって異なっていた白人参加者の行いの一つに、多様性群の白人は、白人のみ群の白人に比べ、不正確な意見を言うことが少なかったという点がある。発言の数自体は、多様性のある環境で討議した白人のほうが多かったにもかかわらずだ。この結果が示唆するのは、民族的に多様な（ヘテロジニアス）集団と討議するとわかっていた白人陪審員は、裁判に関する情報をより体系立った方法で処理したということである」このように、多様性のあるグループに身を置くと居心地は悪いかもしれないが、思慮深い意志決定がなされやすくなる。この研究の場合、多様性によって、被験者はより多くの証拠や情報を考慮しようという気になったのだ。

フェイクニュースと身体化された思考

人間の考え方や思考内容の多くは、身体で感じ取られた主観的な感覚体験によって形作られているが、そのために私たちは、極めてでたらめ（ブルシット）の影響を受けやすくなっている。忌むべきでたらめの蔓延を最初に糾弾したのは、プリンストン大学の哲学者ハリー・フランクファートだ。フランクファートの哲学エッセイ『でたらめについて』（邦訳『ウンコな議論』山形浩生訳、ちくま学芸文庫）はニューヨーク・タイムズ紙ベストセラー一位を獲得し、人々の耳目を驚かせた(31)。同書はのっけから手厳しい。「だれに聞くまでもない。われわれの文化の最も際立った特徴の一つは、でたらめの多さである」。単なる「嘘つき（ライアー）」と「でたらめを言う人（ブルシッター）」の違いは、真実を考慮するかどうかにある。ブルシッターの発言は「真実への関心とまったく無縁である」とフランクファートは書く。ブルシッターは、自身の発言内容の「真理値に関心がない」のだ。寛容な見方をするならば、ライアーは少なくとも、覆い隠したいと思うほどには真実に敬意を払っている。ブルシッターは真実など気にもかけない。

二〇〇五年に同書を出版したフランクファートは、来る時代により明白に勢力を拡大するはずの動向を確実にとらえていた。でたらめ（ブルシット）（フランクファートはより上品な「たわごと（ハンバグ）」とも言い換えている）の台頭を実感する事例は多い。一例が、コメディアンのスティーヴン・コルベアが司会番組『ザ・コルベア・リポア』で作った造語「真実らしさ（トゥルーシネス）」だ。真実のように感じられるが、必ずしも事実の裏付けを伴わないものを表す造語である。

「真実らしさ（トゥルーシネス）」。この言葉は、「ポッドキャスト」「ライフハック」「数独」「サイバーマンデー」などの他の候補を打ち破り、わずか数か月後にはアメリカ方言学会が選ぶ二〇〇五年ワード・オブ・ザ・イヤーに選出された。この造語が広まったのと時を同じくして、〈実証可能な証拠〉と〈事実と受け取られるもの〉との乖離が始まる。その流れを一層推し進めたのが、報道機関の衰退と、拡大し続けるソーシャルメディアの流行だった（二〇〇五年にソーシャルメディアを使用していたアメリカの成人はわずか七％にすぎなかったが、二〇一五年には六五％に達している）[32]。二〇〇四年に立ち上げられたフェイスブックが、その一二年後にでたらめ（ブルシット）、たわごと（ハンバグ）、真実らしさ（トゥルーシネス）の巨大な温床となり、アメリカ大統領選の結果を左右する大きな一因になろうなどと、だれが予測しただろうか[33]。流暢性を好むという傾向があるために、私たちはでたらめに対して脆弱だ。正しいように感じられるものは、正しいことになる。その脆弱性がメディアにまで拡大した際に生じるのが、真実らしさに満ち満ちたフェイクニュースである。

でたらめを生み出すそもそもの要因は、説明責任があまりないか、皆無であるという状況にあるらしい。ウェイクフォレスト大学の心理学者ジョン・ペトロチェリは、オンライン上で五〇〇人の参加者を募り、ジムという名の架空の地元政治家に関する質問に答えてもらうという実験を行った[34]。ジムはつい先日市議会議員選挙から撤退したが、撤退の理由は何だと思うか、五つ挙げよという質問である。ペトロチェリはいくつかの方法で、でたらめを言わせる条件に手を加えた。一部の被験者は、自伝的事実という形で、ジムに関する具体的な予備知識を知らされた。別の被験者は、気が進まなかったら答えなくてもよいと言われた。さらに別の被験者は、回答はジムをよく知る複数の審査員によってチェックされると聞かされた。被験者は回答後、自身の主張を述べるに当ってどの程度根拠の有無を気にしたかという、でたらめ度自己診断スコアを報告するよう指示された。実験の結果、前述の因子はいずれもでたらめの出現に影響することがわかった。ジムにまつわる予備知識のなかった人や、撤退理由を挙げる責務からは逃れられないと感じた人ほど、でたらめを言いやすかった。知識がほぼ皆無である事柄に関して情報交換しなければならないと感じたとき、人はでたらめを言うのだとペトロチェリは説明している。周囲の賛同が得られそうだから大丈夫だろうと踏んだ人も、でたらめを言う。他の多くの人間行動と同様に、でたらめも高度に社会的なふるまいなのだ。言っても非難されないと思うと、言いやすくなるのである。だがさまざまな社会的手がかりから、どうも許容されなさそうだというシグナルを受け取ると――回答が専門家の審査を受けると告げられた被験者がそうだったが――作り話をする確率は大幅に減る。

継続実験では被験者に、核兵器やアファーマティブ・アクションなどの物議を醸す問題についての意見を、論理的根拠を示しつつ述べるよう求めた。一部の被験者は、意見は社会学の教授によって評価されると告げられた。この実験では、教授による評価があると告げられなかった被験者や、他の参加者も同意見だと聞かされた被験者がでたらめを言う率が高かった（説明責任なし条件群の回答の中には、「アファーマティブ・アクションは失業問題の解決にある程度役立つ」「無期懲役には死刑と同じ効果がある」などが含まれていた）。そうした条件のもとでは、ペトロチェリが「でたらめ許容しやすさ仮説」と名付けたものが成り立ったのだ。でたらめの生成を可能ならしめる条件もまた、流暢性だった。話者がでたらめを言いやすいと感じると、でたらめを言う確率が上がるのである。

流暢性は、知覚者がでたらめの罠にはまるかどうかを決める要因でもある。学術的心理学では、これは「真理の錯誤効果」と同一視される。虚偽の意見を何度もくり返し目にしたり耳にしたりすると、次第にそれが真実らしく思えてくるという錯誤である。被験者は研究室環境で、真実（「プルーンは乾燥スモモである」）と虚偽（「デーツは乾燥スモモである」）が混ざった、さまざまな雑学が書かれた文の音読を聞かされた。二二日間の間隔を空けたのち、被験者にはふたたび雑学文の真実性を評価するという課題が与えられたが、文には以前目にするか聞くかしたものが含まれていた。すると、以前聞いた文はほぼ確実に、真実性が高いと評価されたのである。[35]「知識の無視」に関するある関連研究では、査定する事柄に関する知識が被験者にあるかどうかすら無関係であることが示唆されている。虚偽の文を二度音読されると、新規の文よりも真実性が高いと評価される場合が多かった。二度目の文と新規の文が、ともに事前の知識に反する内容であった場合でもそうだったのである。とはいえ、希望の持てる研究成果もある。被験者に、この文が真実または虚偽である理由を述べてくださいと頼むと、真理の錯誤効果は消えるのだ。リサ・ファジオと共同研究者は、論文の結論でこう書いている。「流暢性から真実だと推断する方法は正しい場合も多く、また認知的にコストのかからない戦略であるために、人はときに知識を探ることなく、この経験則（ヒューリスティック）を採用してしまうのである」[36]私たちは流暢性によって、容易さを真実と取り違える過ちを犯しやすい。その脆弱性は人間が自らの思考を知覚する仕組みから生まれている。だがほんの少し知識を探索するだけで、呪文は解けるのだ。

　これまで見てきたように、思考は身体化されたものである。私たちの知覚世界——環世界（ウンヴェルト）——に現れる思考は、身体の内部で生じる感情や感覚の影響を受ける。思考には、直感、努力の感覚、感情、情動などが伴う。理性と情動はまったく別個の、分離可能な心的能力ではない。むしろその二つは、意外な形で絡み合っているのだ。情動に関して言えば、私たちは「やるかやらぬか」――新たな試みに乗り出すか、やめるか――を決める際、感情的感覚の穏やかだが熱心なはたらきかけを受ける。どの株を買うか、だれを恐れるか、どの政党に投票するかに結論を下すとき、そこにはじつは感情や感覚が絡みついているのである。

第五章　感じる

以下のかぎかっこ内に示すのは、意図的に嫌悪感をもよおすよう作られた文である。

これはいずれも嫌悪尺度（ＤＳ）から取られた文だが、ＤＳはその名が示す通り、不快なものと直面した際の個々人の嫌悪経験の違いを評価するために作られた尺度だ。[1]そのなかには、以下の意見にどの程度強く賛同するかを答えよという箇所がある。「私は状況によっては、サルの肉を食べようとするかもしれない」「嘔吐している人を見ると、吐き気がしてくる」「たとえ空腹であっても、大好物のスープが、よく洗ってはあるが使用済みのハエたたきでかき混ぜられていれば、私はそのスープを飲まない」別の箇所には、以下の経験をする羽目になった場合、どの程度の嫌悪感を抱くかを答えよという設問もある。「屋外のごみバケツの中の肉に、うじ虫が湧いているのが見えた」「線路のガード下を歩いていると、尿の臭いがした」「友人が犬の糞の形のチョコレートをくれた」「公衆トイレに流していない排泄物が残っていた」気持ち悪く馬鹿げた調査に思えるかもしれないが、この評定尺度は二〇〇〇年代半ば以降、数多くの研究に採用されている。大半はアメリカの研究だが、その他の国々でも使われている尺度だ。こうした研究でわかったのは、嫌悪感の抱きやすさ（DSの測定による）は、回答者の政治的傾向を示す信頼できる指標になるということである。

嫌悪感を抱きやすい人は、政治的には保守派なことが多い。——この結論は、当の研究チームにとってすら驚きだった。研究は、当時コーネル大学に所属していたヨエル・インバー（現トロント大学）と、道徳がテーマの社会心理学者で、インバーの指導教官だったデイヴィッド・ピザロの共同研究として始まった。二人は道徳判断と嫌悪の関係に着目し、DSに加えて、政治的志向を調べるものなど、複数の評定尺度を用いて実験を行った。嫌悪と保守主義のあいだに際立った関連性が見出されたとき、インバーの頭にまず浮かんだのは、ゲイの人々への誹謗中傷に使われる用語がいかにおぞましいかということだった（その傾向は、本稿執筆時点でも総じて変わっていない）。

嫌悪と保守主義に関連性を見出したこの初期の実験を予備研究として、その後本研究が行われた。インバーとピザロのチームに、哲学者の心を持つイェール大学の心理学者ポール・ブルームが加わって執筆された本研究の論文は、大きな影響力を持つに至った。[2] アメリカの激戦州から一八一人の参加者を募って行われた本研究でも、やはり嫌悪感の抱きやすさと政治的保守主義とが関連付けられたのである。インバーが他の共同研究者と行った後続研究では、嫌悪感の抱きやすさは、「中絶賛成派」「同性愛者の権利擁護派」「銃規制派」の三者に対する否定的な感情とも結びついていた。[3] インバー、ピザロ、ブルームによる別の研究では、嫌悪感の抱きやすさと、二〇〇八年の大統領選挙におけるジョン・マケインへの投票とに関連性が見出された。この研究ではさらに、なんと世界一二一か国で、「汚染嫌悪」（細菌や病原菌など人から人へと感染するものに対する嫌悪感）が強い人ほど、保守主義の傾向のあることも示唆された。インバーらによる別の研究では、知らず識らずのうちに悪臭を嗅いでいた被験者は――研究室のゴミ箱に、いたずらグッズである臭いスプレーを散布するという方法がとられた――悪臭のない環境で同様の評価を行った対照群に比べ、ゲイの男性に対して非好意的だった。[4] これらの成果をさらに押し広げる研究が、他の研究チームによって行われている。バージニア工科大学の神経科学者による研究では、使用後のトイレやバラバラ死体などの不快な映像が惹起（じゃっき）する神経反応は、被験者の政治的傾向によって際立って異なり、わずか一枚の画像を見せただけで、被験者が保守派かリベラル派かを言い当てられることがわかった。[5]

なぜ嫌悪感を抱きやすい人は、そうでない人よりも政治的・社会的に保守的であることが多いのだろうか。まず考えられるのは、保守的な人は変化やイノベーションに対して警戒心があるという点だ。保守派は、時の試練に耐え抜いた伝統に重きを置く。壊れないかぎり、修理はするなという考え方だ。一方、リベラル派はそれほど伝統に心酔しているわけではなく、リスクを冒すことを厭わない。保守派とリベラル派のスタンスの違いは、食べ物の好みで考えるとわかりやすい。馴染みのある料理ばかり食べたがる人もいれば、新しい味に挑戦したがる人もいる。どちらの姿勢にも費用（コスト）と便益（ベネフィット）がある。馴染みの料理ばかり食べていれば、無難な食生活を維持できる。食べてがっかりすることも、食あたりを起こすこともめったにないからだ。だが用心深いスタンスをとっているせいで、じつは好きになれるのに食わず嫌いになっているものがあるかもしれない。一方、もっと好奇心の強い人は、リスクを厭わないことで新たな食べ物に出会う確率は高いだろうが、不快な味や消化不良、食中毒の危険に身を晒してもいる。どちらのスタンスも、環境や状況によっては好ましいものとなりうる。おいしくて安全な食べ物ばかりの世界では、効率的に多様な栄養を摂取できるリベラル派グルメが勝者となる。反対に、おいしそうだが馴染みのない食べ物によって食あたりを起こす可能性がある場所では、保守派グルメが勝ちを収めることになる。

嫌悪の対象となるのは、本来は特定の食べ物や排泄物など、私たちの健康を害するかもしれないものだ。食べ物で言えば、毒性のあるものを食べてからくも生き残った場合、以後はその食べ物の臭いをかすかに嗅いだだけでも吐き気を催し、強い嫌悪感が湧き上がってくるだろう。こうした学習された食物嫌悪は、再び食中毒にかかる危険から身を守るために自然が編み出した方法だ。嫌悪は、考えられるかぎり最も強い語調で叫ばれる「ノー！」である。嫌悪感は、有害なものから身を守るために進化の過程で獲得された、警察システムなのである。

狩猟採集民であった祖先に比べ、現代人はごく稀にしか食中毒を起こさない。だがその代わりに、両親や社会からの断固たる警告を通して、特定の対象に向けられた嫌悪を学習する。親が子に「さわらないで！」、あるいはさらに急を要するときには「口に入れちゃだめ！」と叫ぶものは、何であれ嫌悪すべきものだ。こうした両親や社会による警備体制の結果生じるのが、内なる警察システム——すなわち、情動である。

情動は心の警察官だ。「行け！　これはよいものだ」あるいは「止まれ！　これは悪いものだ」と告げることで、私たちの行動を取り締まっている。この警察機能は価値体系によって動かされており、ある種の不道徳なふるまい（たとえば近親相姦など）に対しては、耐え難い悪臭と同じような生々しく強烈な嫌悪感がこみ上げる場合がある。そのため、私たちは身体で感じ取った嫌悪感に基づいて道徳的に忌まわしいものを判断しているのだが、その嫌悪感は本来は健康を害するものから身を守るために進化したものである（「お前のやり口には反吐が出る（You make me sick!）」と言うのもそのためだ）。このあと詳しく見ていくが、人間には嫌悪、驚き、恐怖、喜びなどさまざまな感情的感覚を載せた〈感情のパレット〉があり、私たちはそれを使って自らの知覚世界に色を塗っている。意識的な気づきのないところで、情動は私たちが身を置く状況を査定し、巧みに私たちを丸めこんで、特定の人々や場所や物事から遠ざけている。情動が私たち一人一人の世界を形作り、その世界に迎え入れてもよい相手を選別しているのである。

過激な主張に聞こえるかもしれないが、これは必ずしも真新しい識見ではない。十八世紀半ばに著作を出したスコットランド人哲学者デイヴィッド・ヒュームは、当時の哲学者のあいだで人気のあった「理性主義（ラシヨナリズム）」に懐疑的だった。理性主義とは、感情といった邪魔な要素をしっかり排除しさえすれば、思考のみで真実に到達できると豪語する思想である。「悪徳と徳は理性のみで見出されるものではない」とヒュームは『人間本性論』（邦訳『人性論』ほか）に書いている。私たちは、感情や知覚を用いて善悪の見極めをしているに違いないのだ。「道徳的な正しさや堕落を判定しているのは、間違いなく知覚である」とヒュームは言う。「したがって道徳は、厳密には判断されているのではなく、感じ取られているのである」[6]

情動を知覚する

一九九九年、デニーは国防総省が資金提供する大学研究を一堂に集めた、連邦議会での研究展示会に招聘（しょうへい）された。国防総省が資金提供したデニーの研究は、当時はまだ新奇で珍しく、高額な費用がかかるテクノロジーだった、バーチャルリアリティ（ＶＲ）を用いたものだった。デニーの研究室一同（スタッフと院生）はかなりの日数を費やしてバーチャル世界を構築し、ＶＲトラッキングのアンテナを支える可動式足場を用意すると、必要な機材を詰め込んだレンタカーのバンでワシントンＤＣに乗りつけ、議会オフィスビルにＶＲ装置をセットした。彼らが構築したバーチャル世界は、ユーザーが断崖絶壁の端に立っているという、ＶＲでも最も人気のある設定を利用していた。この〈地獄の深淵〉シナリオはエンターテインメント目的のために作られたもので、デニーが国防総省の資金を使って行っていた研究そのものとは全く関係がなかった。研究内容の概略はＶＲ装置の隣の研究発表ポスターに記載されていたが、だれもポスターには目もくれなかった。ＶＲ装置が人気をさらっていたからである。

ＶＲヘッドセットを装着した連邦議会議員やスタッフは、まずワシントン、ジェファーソン、マディソンら、バージニア州出身大統領八人を顕彰したバーチャルな記念堂に降り立つ。その後議員らはバーチャル世界のエスカレーターに乗り込むよう促され、何階か上まで行く。エスカレーターを降りると、そこに地獄の深淵が口を開けている。警察が使う黄色の立入禁止テープの先の床が、建設途中で深い穴になっているのである。端からのぞきこむと、数階分の床がごっそり抜けている。現実世界なら、落ちれば命がない高さだ。この深淵を目にすると、議員はみな体をこわばらせたり、不安の声を上げたり、震えたりし、引きつった笑い声を上げる者も多かった。再び安全な場所に戻るためには、脇の壁沿いに突き出た細い通路を通って、反対側の下りのエスカレーターに乗るしかない。議員はデニーの案内に従って通路を歩き、エスカレーターで階下に下りると、ヘッドセットを取り、すごい体験だったと感嘆の声を上げた。本書の趣旨に鑑みたとき、この話の最も興味深いポイントは、自分がずっと安全な床に立っていることを知っていたはずの議員が、それでもなおバーチャル深淵に落下するかもしれないという強烈な恐怖と不安を味わった点である。現実にどこにいるかがわかっていれば怖がるはずがないように思えるが、実際には彼らは怖がった。なぜだろうか。

この疑問に答えるためには、機能神経解剖学を少しばかりかじる必要がある。情動を生み出す脳の領域は、主として進化的には古いシステムから成り立っている。一方、論理的思考を司る脳の中枢は、比較的新しい大脳皮質にある。古い脳の構造の上に、大脳皮質というヘルメットをかぶったような格好だ。情動を司る進化的に古い脳領域は、脊椎動物の生活の土台部分を形作っている。生存のためには、動物は自分にとって良いものに惹かれ、悪いものを警戒しなければならない。それは進化によって授けられた、最古の知恵の一つなのである。

高所は危険な場所だ。自己移動経験（ハイハイやベビーウォーカーの使用）を通して、乳児は視覚的断崖のような高い場所は危険であり、警戒しなければならないと学ぶ。成長するにつれ、高所への警戒心はさらに強まる。本章でこのあと見ていくが、高所恐怖症の人は高所が苦手でない人に比べ、断崖の縁に立ったときに断崖の高さを実際よりも高く見積もる。あなたは対象物の高さそのものではなく、自分の目に映る高さを見ているのだ。

バージニア大学でデニーの同僚であるジェラルド（〝ジェリー〟）・クロアは、見えや考え方を感情と結びつける情動理論を編み出した。要約すると、ネガティブ感情（悲しみや恐怖など）は行為をやめろという命令を発するのに対し（「その深淵から離れろ！」）、ポジティブ感情は行為を続けろと促す（「また安全な場所に戻ってきて気分がいいから、そのままそこにいろ」）。ポジティブ感情とネガティブ感情が、「やれ」「やるな」という命令を発する、青信号と赤信号になるのだ。

情動を生み出す脳領域には、皮質下構造と辺縁系が含まれる。人間の辺縁系と脳幹は、臓器、腺、代謝プロセスなどの身体の内部環境を調整する役目を担っている。感情的感覚や情動的感覚には通常、身体の内部環境の気づきが伴う。たとえば、強い不安が生じると心拍数の上昇に気づくことが多いが、そうした検出を管理するのは辺縁系や脳幹などの進化的に古い脳構造である。一方、意識的な気づきは大脳皮質の機能だ。心臓の中のセンサーが、心臓などの器官と脳をつなぐ、いわば神経のハイウェイとも言うべき迷走神経を通して心臓の状態を脳に知らせると、大脳皮質が心拍数を把握するという仕組みだ。内部環境の状態は古い脳構造によって調節されているが、それを人生の出来事として解釈し、評価するのは大脳皮質なのである。

ＶＲの〈地獄の深淵〉デモで体験者の大半が見せた反応は、脳の情動を司る領域と理性を司る領域の役割の違いを浮き彫りにしてみせた。議員たちが経験したのは、並行して作用する二種類の気づきだ。理性中枢は深淵が本物ではないと知っていたが、感情中枢は危険を察知し、驚きや恐怖心を覚醒させた。深淵をのぞきこんだ議員が感じた不安には、おそらくストレスが溜まって感情的になった人の症状である、発汗、震え、心拍数上昇などが伴っていただろう。身体的な不安症状を検知した心臓内のセンサー、肌、筋肉などは、その情報を大脳皮質に送った。人間が味わうほぼすべての情動的経験がそうであるように、議員が味わった不安もまた、情動脳が身体を通じて大脳皮質と行った情報伝達の所産だったのである。

これは昔ながらの情動の擬人化には合致しない説明だ。二〇一五年のディズニー／ピクサーの長編アニメ『インサイド・ヘッド』では、そうした類型通りに、さまざまな感情が頭の中に住む五つの異なるキャラクターとして描かれる。感情のキャラクターがレバーを押すと、その感情が主人公の少女の意識のステージに上るという設定だ。だがクロアにとっては、情動を異なる人物として描くというのは、人間の情動世界の正確な描写とは到底言い難い。情動は私たちがあらかじめ持っているものではなく、生み出すものなのである。情動は、その時々の状況が自分にとって良いか悪いかを評価した結果なのだ。クロアは書いている。「悲しみ、恐怖、怒りはどれもネガティブな感情反応だが、いずれも感情を引き起こす原因は異なっている。悲しみは過去の悪い結果に、恐怖は起こりうる悪い結果に、怒りは悪い結果を引き起こした非難に値する他者の行為に関係している。したがって、互いに異なる情動が存在する一番の理由は、情動という反応を引き起こした状況が、情動ごとにそれぞれ異なっているからなのである」[7] 情動は、頭の中の観念的な楽屋に常駐する精霊のようなものではなく、私たちが時々で身を置く生態環境への反応にほかならない。善悪入り乱れる世界で善と悪を見抜けるのは、情動があるおかげだ。情動は自然に湧き上がってくるように思えるかもしれないが、実際には私たちが生み出しているものである。情動には、最も古く、基本的な脳構造がもたらす叡智と危うさがともに宿っている。体の大きさや身体能力などと同様に、情動の状態もまた、世界の知覚の仕方を形作っているのである。――朝ベッドから出たくないと感じたことのある人にとっては、言わずもがなであるかもしれないが。

やれ、やるな

ローマに凱旋したユリウス・カエサルやアウグストゥスに、元老院は「インペラトル」の称号を贈った。皇帝（エンペラー）という単語とも密接に関わるこの語は、「命令を下す者」を意味する。文法において「命令法（インペラティブ）」といえば、「相手の行為に影響を与える意思を表明した法」を意味する。(8) 命令法が欠かせない領域には、子育て（「靴ひもを結びなさい」）、広告（「ジャスト・ドゥ・イット」）、取扱説明書（「エンジンを切ってください」）などがある。命令法は指示し、強要し、勧告し、命じる口調であり、単純な形での権力の表明だ。それはまた、感情が私たちに行っていることでもある。多くの場合、感情は行為を誘導するだけだが、ときには行為を命じることもある。

あらゆる感覚や感情の頂点に立つ皇帝は、痛みである。痛みの役割は、身体を損傷から守ることだ。「コンロから手を離せ。いますぐ！」オーストラリア国立大学の哲学者コリン・クラインは、著書『*What the Body Commands: The Imperative Theory of Pain*（身体が命じること——痛みの命令理論）』において、足首に痛みがある場合を以下のように考察している。「痛い。痛くて歩けない。どうして痛いんだろう。まだ捻挫が治っていないのかな。それとも筋肉が弱っていて、無理がきかないのかもしれない。原因はわからない。でも、原因はどうでもいい。どんなわけがあろうと、とにかく歩くべきじゃないんだ。歩かないでいたら、痛めたところも自然と治るだろう。でも歩いてしまったら、状態はもっとひどくなる。一生残る障害を負ってしまうかもしれない。ぼくの意思にゆだねてはおけないということで、必要のないかぎり歩き回らないよう、体が動機づけをしたんだ。そうすれば治るから。——これが痛みの機能である」(9)

感覚のなかでも、緊急事態において最も手腕を発揮するのが——「すぐに痛みを止めろ！」——皇帝たる痛みである。先天性無痛症という稀な疾患について知ると、痛みが生命にとっていかに重要かがよくわかる。痛みを感じないということは、触覚はあるのに「命令」がないのだ。先天性無痛症がある子どもは、つねに親が気を配って育てなければならない。さもないと、うっかりによる怪我が絶えないのである。[10]先天性無痛症がある子は、熱いコンロに手を置いて火傷を負っても、手をどけない。熱は感じるのだが、再帰的命令形――「手をどけろ。いますぐ！」――を伴う痛みを感じないのである。大半の子は、整形外科的疾患も抱えている。頻繁に姿勢を変え、関節にかかる圧力を軽減するということをしないからである。あなたや私は、立っているときも座っているときも寝ているときも、絶えず姿勢を変え、前後に体を揺らし、足を組んではもとに戻し、寝返りを打っている。こうした動きで圧力が分散され、関節が損傷せずに済んでいるのだ。いまの姿勢のままだとなんとなく居心地が悪いなと感じることが、姿勢を変える動機づけになっている。一つの姿勢をずっと無理強いされることは、責め苦にも等しい苦しみだ。だが先天性無痛症のある子は居心地の悪さを感じることができないため、いつまでも姿勢を変えない。その結果、関節が摩耗してしまうのである。

心理学者は痛みの経験を、相互に関連する二つの作用に分けることが多い。「痛み感覚」と「痛み感情」である。痛み感覚は痛覚の受容器で集められ、脊髄を通って脳に伝達される、組織の損傷に関する情報だ。[11]一方の痛み感情は、痛み感覚に伴って生じる不快感や、組織がいまにも損傷するという事態で掻き立てられる情動を指す。命令行為が生じるのは、情動においてである。痛くて嫌な避けるべきものがあるというシグナルを発し、不快を引き起こす刺激から逃げるか、刺激を減らそうとする衝動をもたらすのは、感情的経験だからだ。だが忘れてならないのは、痛みの感覚がなくとも痛み感情を覚えることはある、つまり組織の損傷なしに痛みを感じることはあるという点である。[12]人は裂傷を負う。同様に、胸が張り裂けることもあるのだ。

社会的痛み

スマートフォンやコンピュータならアプリをダウンロードするだけでいいが、進化において新たな機能を生み出すには、有機体のいまある生体構造に改造や付け足しを加えるしかない。たとえば哺乳類の耳が進化する過程では、小型爬虫類のあごの骨だったものが借用されている。人間の中耳には耳小骨という三つの小さな骨があるが、そのうち二つは先祖の爬虫類のあごの骨から進化したものである。これと同じように、人類の進化においては社会的つながりの必要性に対して選択圧がはたらいたが、その際社会に「フィットする」よう個体を促す方法として、感覚・感情の皇帝である痛みが借用されることとなった。その結果、人はフィットできないと——周囲から拒絶され、愛されないと——胸にパンチを食らったのと同じくらい、身体的にリアルな痛みを感じるようになったのである。

「社会的痛み」という概念を最初に提唱したのは、ヤーク・パンクセップだ。「感情神経科学」という造語を作ったエストニア系アメリカ人心理学者である。多くの著名な心理学者と同じく、パンクセップが心理学に惹かれた理由も、戦争を理解するためだった。第二次世界大戦末期、ソビエト連邦がエストニアに侵攻し同国を占領すると、パンクセップの一家は占領下の混乱を逃れ、アメリカに移住した。一九七〇年代後半、パンクセップは情動を調べる一連の動物実験を開始したが、なかでも母親や兄弟から引き離した子犬にモルヒネを与えるというパンクセップの共同研究の論文は、大きな反響を呼んだ。実験では、モルヒネの投与によって、子犬の鳴く回数が大幅に減っただけでなく、そわそわ動くといった不安を表す身体的なシグナルも劇的に減少した。パンクセップらはこの結果を受け、本来は痛みの知覚のためにあった神経回路が進化において変化し、分離不安を司る神経回路となったのではないかと推論した。(13) 体の痛みに効く苦痛緩和剤が心の痛みにも効く理由は、分離の苦痛が、身体的な痛みと同じ脳内のメカニズムから発生するからだと考えたのである。当時論争を巻き起こしたこの「社会的痛み」理論も、いまでは社会科学・脳科学両分野の研究者に広く受け入れられている。

「サイバーボール」というやや意地の悪いキャッチボールゲームを生産的に利用した、社会的痛みに関する脳機能イメージング研究もある。このゲームをプレイするのは簡単だ。被験者には自分のアバターである手と、他のプレイヤー二人の漫画風アバターが見えている。他のプレイヤー二人は自分たちだけでボールを投げ合うことも、被験者にパスすることもできる（実際には自分以外のアバターの背後に他のプレイヤーはおらず、すべてはあらかじめ実験者によって仕組まれているのだが、実験を成り立たせるためには「他のプレイヤー二人」という作り話が必要なのである）。この実験では、「暗黙的排斥」と「明示的排斥」の二つの排斥シナリオと、「包摂」シナリオが用意された。「暗黙的排斥」シナリオは、最初の脳機能イメージングスキャンの最中に起きる。被験者は、「機械の不具合により、あなたが横たわっているスキャナと他のプレイヤー二人のスキャナとを接続することができないため、他のプレイヤーたちのキャッチボールをただ見ていてください」と告げられる。「包摂」シナリオとなる二度目の脳スキャンでは、被験者を含めた三者でキャッチボールが行われる。三度目の脳スキャンが「明示的排斥」シナリオで、被験者は最初こそ七度ボールを受け取るが、残りの四五回は一切ボールが回ってこず、他のプレイヤー二人が被験者抜きでキャッチボールをする。[14]被験者の脳はその間もずっとスキャンされていたほか、スキャン後には被験者に質問紙に回答してもらった。結果は、初期の子犬の研究結果とたがわないものだった。暗黙的排斥と明示的排斥（後者では被験者は「仲間外れにされ、無視されたと感じた」と報告した）のどちらにおいても、包摂条件下に比べ、身体的痛みに関連した脳領域がより活性化された。社会的排斥によって苦痛を感じた際、それ以前に身体的痛みと関連付けられていた脳領域が活性化されたのである（母親が赤ちゃんの泣き声を聞いた際にも、同じ部位が活性化される）。しかもこれをさらに裏付けするように、被験者が社会的排斥のストレスから回復するにしたがい、身体的痛みの制御に関連する脳領域が活性化したのだ。

なぜ排斥されると苦しいのだろう。社会的痛みを経験することの、どこが適応的なのだろうか。第三部で詳しく見ていくが、人間は極めて社会的な動物である。ヒトや類人猿においては、社会に溶けこめているかどうかが生存を左右する。これを裏付ける霊長類学の研究結果も数多い。たとえばある研究では、ヒヒの母親の社会的優位性に調整を加えた場合でも、社会的なつながりの濃いメスの子のほうが一歳までの生存率が高かった。[15]これが社会的痛みが必要な理由である。寒さを厭う心が「コートを着ろ」という命令を生むように、社会的孤立を厭う心が向社会的なふるまいを生み、それによって群れは（ヒヒでもヒトでも）個体を温かく迎え入れるようになるのである。社会的痛みがあるために、人は受け入れられているという感覚が脅かされる状況を避けようとする。自分の行為が他者にとって不快だと知らされると、大概の人がその行為をすぐにやめようとするのも、このためである。そうすることで集団内にとどまれるからだ。集団や氏族全体の利益を考えれば、社会的痛みは構成員の行動規範を確立し、統制する方法でもある。長い歴史を通じ、排斥が厳しい懲罰の手段となってきた理由も、これでうなずけるだろう。排斥は塀で隔てられた牢獄という形のこともあれば、市壁外への追放という形のこともあった。

感情の誤帰属とうつ

一九八一年の春、ジェリー・クロアと共同研究者は、イリノイ大学アーバナ・シャンペーン校の学生名簿から九三件の電話番号を選び、晴れかまたは雨の、四月か五月の平日に電話をかけた。[16] まず質問者が自己紹介し、イリノイ大学シカゴ校の心理学部で行っている電話調査だと告げる（市外からの電話だと示唆するためだ）。質問者は続けて、三種類のシナリオに沿って会話を進める。一つ目は「間接的プライミング条件」で、質問者は「ところで、そちらはどんな天気ですか」という一見無関係な雑談をしたあと、以下のように話して会話を本筋に戻す。「では、調査に戻りましょう。私たちが関心を抱いているのは、人々の気分についてです。代表サンプルを得るために、ランダムな番号に電話をかけています。四つの短い質問にお答えいただけますか？」[17] 二つ目の「直接的プライミング条件」では、質問者は挨拶をし、シカゴから電話をかけていると言ったあと、「私たちは天候が人々の気分にどのように影響するかに関心を抱いています」とはっきり述べる。三つ目の「プライミングなし条件」では、質問者は天気に関する質問や言及を一切しない。そのあと、いずれのシナリオにおいても、質問者は被験者に四つの質問をし、一から一〇までの段階で答えてもらう。どのくらい幸福な人生だと感じているか。どの程度人生を変えたいと願っているか。人生にどのくらい満足しているか。いま現在どのくらい幸福な気分か、の四つである。

データを分析したところ、被験者の「一時的な幸福感」は、晴れの日のほうが雨の日より高いことが明らかになった。これは驚きではない。さらに、一時的な幸福感が高いほど人生全般に関する満足度が高く、人生を変えたいと願う気持ちも低いことが示された。こちらも驚きはない。いま物事がうまくいっていれば、人生全体をすばらしいと考えても不思議はないからだ。面白いのは、幸福感と晴天との関連性は、天気について考えるよう方向付け（プライミング）されなかった被験者で、最も高かったという点である。直接的にであれ間接的にであれ、天気について言及された被験者では、雨か晴れかは幸福感や満足度にあまり影響を及ぼさなかった。言い換えれば、現在の天気について尋ねられた場合には、天候は幸福感にさほど影響を及ぼさないが、天気に関する言及をされなかった場合には、晴れだと幸せな気分になるし、雨の日だと憂鬱になるということだ。クロアの研究が示唆するのは、いまの気分を引き起こしている原因に気づかないときには、私たちは現在の感情の状態を、自分自身のせいにしがちだということである。

日常生活に支障を来す感情の最たるものの一部は、うつ病に付随して生じる。うつ病は、生活全般における倦怠感や、無快楽症（アンヘドニア）によって診断されることが多い。アンヘドニアとは、楽しいはずの活動に従事しても楽しさを感じなくなる状態を言う。世界保健機関（ＷＨＯ）によれば、うつ病は全世界で生活障害の最大の原因であり、患者数は約三億二二〇〇万人に上る。ほぼアメリカ合衆国の人口に等しい数である。[18]

うつ病に取り組む多くの対処法のなかでも革新的な方法が、具体化訓練だ。ネガティブ感情の原因を自分自身ではなく、状況に帰属するよう、患者を支援する療法である。患者はカウンセラーの力を借り、うつが具体的に何に関して起きているか、何に対する反応なのか、何に起因するのかを明らかにしようと試みる。クロアの言葉を借りれば、このアプローチの目的は「漠然とした気分状態を特定の情動に」推移させることである。[19]それによって、ネガティブ感情の回避（論文の用語では「情動焦点型コーピング」）ではなく、問題自体に取り組むこと（「問題焦点型コーピング」）が可能となる。狙いは、患者にネガティブな気分の原因を、自分以外のところ――クロアの研究の雨天や、うまくいかなかった恋愛関係など――に見出してもらうことにある。意気消沈の責任をすべて自分に帰するのではなく、原因はほかにあると気づかせるのだ。

うつ病に関連した認知的習慣の一つが、反芻である。思考が何度も心配事に戻ってきてしまい、気分が落ち込む原因や意味をいつまでもくよくよと思い悩む傾向のことだ。[20]複数の縦断研究（特定の個人や集団を継続的に追跡調査する研究）が、反芻思考の傾向によって、うつ病のかかりやすさや重症度が予測できることを示唆している。[21]反芻を続けていると、過度の一般化に陥りやすい。ただ一つの出来事を普遍的な原理として過剰に敷衍してしまうことを指すが、これもやはりうつ病の要因となる。「代数のテストの点数が悪かった自分は、数学ができない」「思春期の娘とケンカをした自分は、悪い親だ」ここでも、情動を司る脳領域はポジティブな気分やネガティブな気分をもたらすのは得意だが、そうした感情の原因を突き止めるのは不得手なのである。原因はあなたかもしれないが、天気かもしれない。

エクセター大学の臨床心理学者エドワード・ワトキンスは、研究室環境と実際の患者において、具体化介入を行っている。ある実験では、具体化の反対である抽象思考のプライミングを行うため、被験者に「親友とケンカをした」「就職の面接がうまくいった」といった架空の社会的状況を想像してもらった。[22]被験者はその後、その出来事を以下の二つのうち一つの方法で分析するよう指示される。一部の被験者は、なぜその出来事がそのような結果になったのかを考察し、その出来事の意味・原因・影響などを解明するよう指示された。その他の被験者は、出来事そのものの流れだけに意識を集中するよう指示された。その出来事がどのように展開したかを、やりとりの「映画」を鑑賞しているつもりで想像してもらうのである。第一のプライミングは反芻と関連性が高い類の抽象思考を引き起こすのに対し、第二のプライミングは出来事の経過と内容に関する具体的な観察を促している。この実験研究と並行して、ワトキンスは同じ具体化訓練を臨床患者に対しても施した。すると訓練を受けたうつ病患者は、自分の抱える問題をより具体的に詳述できるようになっただけでなく、自己批判、反芻、別の抑うつエピソードによる再燃の危険性のレベルがいずれも低下したのである。確定的な結論を出すにはさらに大規模な臨床研究および実験研究が必要であり、心身の健やかさに関してはすべての人に当てはまる万能の解決法などは存在しない。だがワトキンスの研究は、原因をどこに帰属させるかということ自体が、精神的・情緒的健康を促進する手段となりうることを示唆している。ドレイクが話を聞いた際、ワトキンスは自身の診療における患者の多くが子どもを持つ親であるという点を指摘した。たとえば患者が子どもと衝突したときには、ワトキンスは何がどのように起きたかをより具体的に考えるよう助言するという。ティーンエイジの子と言い争いをすると、ネガティブで自己攻撃的な、堂々巡りの思考に陥りやすい。「どうして私はこんなにだめな親なの」「なぜおれたちはケンカばかりするんだ」「うちの家族の何がいけないんだろう」だが状況を脳内で「映画」として再生し、子どもの見方と自分の見方を整理し、その日あったすべての出来事を列挙し、自分が睡眠不足や空腹やストレス過多に陥っていなかったかを吟味し、宿題をやりなさいと言ったのに無視されて腹が立ったことを思い出したとしたら、どうだろう。一つ一つ具体的に考えていくことで、違ったやり方があったかもしれないと思えるようになる。たとえばもっと優しい声かけで会話を試みていれば、言い争いにはならなかったかもしれない。「状況（コンテクスト）に原因を探すのです」とワトキンスは言う。「わずかでも違った行動をとっていれば、そんなに激しいケンカにはならなかっただろう。そう考えられれば、『私はだめな母親だ』という考え方から離れられます。出来事が起きたまさにその瞬間に、原因があると考えるのです」[23]

情動がもたらす赤信号／青信号シグナルは、快い気分ならいましていることを続けるべきだが、不快な気分ならやめるべきだと私たちに告げる。だがやめて代わりにどうすべきかは教えてくれない。これがうつ病のジレンマだ。やむなく患者はしばしば引きこもりに陥り、物事に反応しなくなる。いましていることをやめろと命令されながら、代替策は示されないのでは、どうすればよいかわからなくなる。だがワトキンスを始めとする臨床心理学者の研究は、以下のような知見を示唆している。抑うつ状態にある人々は自分の性格や気質の一部を悪いことが起きた原因とみなすおそれがあるが、そうした過度に一般化する考え方をやめ、状況の詳細を吟味する方法を学ぶことが、治療を補完する手段として有効なのである。

原因の帰属を見誤りやすいという傾向は、メンタルヘルスの分野だけではなく、道徳においても問題となる。やはりクロアが行った共同研究で、被験者に意図的に劣悪な状態にした実験室に入ってもらうという実験がある[24]。スペースが限られているためにこの部屋しか空いていなかったと言い訳し、机に着席してもらうのだが、卓上は腐った食べ物の汁でべとついており、机の脇のゴミ箱は何日も前のピザの空き箱であふれている。おまけに部屋の状態を詫びた実験協力者が被験者に渡す鉛筆は、噛み跡だらけという始末だ。被験者はこの鉛筆を使って、道徳的なジレンマを生む問いがいくつも並んだ質問紙に回答しなければならない。一方対照群の被験者は、部屋の作りはまったく同じだが、きれいに掃除されたゴミ一つない実験室に入室する。質問紙の設問の一つは、路面電車問題（トロッコ問題）という、一九六七年にイギリスの哲学者フィリッパ・フットが考え出した古典的な思考実験だ㉕。学部生の多くにはお馴染みだろうが、それはこんなシナリオである。あなたは路上に立っている。向こうから路面電車が暴走してくる。軌道上では五人の作業員が作業をしているが、いまにも暴走車両に轢かれそうなことにだれも気づいていない。あなたの目の前には分岐器があり、それでポイントを切り替えれば、一人の作業員だけが作業中の軌道に暴走車両を引き入れることができる。「五人の作業員の命を救うためにポイントを切り替え、一人の作業員がいる軌道に路面電車を引き入れるという行為を、あなたはどのくらい間違っていると思いますか」というのが設問である。容易には答えの決められない問題だ。一般的には、「自分ならポイントを切り替え、気の毒な一人を死なせる代わりに五人を助ける」と答える人が大半を占める。

この質問紙とは別に、被験者には、自分の身体的状態にどの程度注意を払っているかを査定する標準的な性格検査も受けてもらった。実験の結果、ふだんから自分の身体に注意を払い、かつ劣悪条件下の実験室に入れられた被験者は、路面電車の分岐器のレバーを引くという道徳的に疑義の生ずる行為を、清潔な部屋にいた被験者や内受容感覚に注意を払わない被験者に比べ、より倫理にもとる行為だと判断することがわかった。身体的な気づきが鋭敏な人の場合、空間に対する反感が、道徳的ジレンマに対する反感に影響を及ぼしたのである。

恐怖を感じると世界が歪む

一六七五年、フランドル地方出身の神父で宣教師でもあったルイ・エヌパンは、ルイ一四世の意向を受けた修道会によって、内陸部の調査のためにヌーベルフランス（現在のカナダ）に派遣された。フランスの植民地周辺の教会で二年ほど奉仕したのち、エヌパンは奥地への探検に出立する。この旅において、エヌパンはヨーロッパの人間として初めてナイアガラの滝に関する記録を残した。上から滝を見下ろしたエヌパンは滝壺までの落差を六〇〇フィート（約一八三メートル）と見積もったが、実際の落差は一六七フィート（約五一メートル）にすぎない。いかに恐ろしい光景だったかをエヌパンは日誌にこう記している。「二つの滝の高さがあまりに桁外れなため、水流をじっと見つめているだけで震えが起きてくるほどだった」[26]

三三四年ほどの時を隔てて、この探検家神父の体験を研究したのが、デニーの指導院生であったジャニーン・K・ステファヌッチ（現ユタ大学教員）だ。ジャニーンの感じた疑問は、論文にこう記されている。「高所恐怖に伴う覚醒が、滝の高さの推測に影響したのではないか」。ジャニーンと共同研究者が行った四種の実験で、被験者は情動的覚醒水準が高い（つまり興奮したり怯えたりしている）とき、高さを実際より高く見積もることがわかった。初期植民地時代の神父の自己報告と同様の結果が得られたのである。[27] 実験では、二階のバルコニーに立った被験者にバルコニーの高さを推定してもらった。直前に情動的な反応を引き起こすさまざまな写真を見た被験者は、ニュートラルな写真を見た被験者よりも、バルコニーの高さを高く見積もった。だが深呼吸を行って覚醒を抑えると、過大視の効果は減少した。情動的覚醒は、私たちの見え方、考え方、感じ方を形作っている。ニューヨーク大学の心理学者エリザベス・フェルプスの研究によって、怯えている人々の視覚では、コントラスト感度が高まることがわかっている。恐怖を感じると視力が高まり、グレーの色調のわずかな違いを見分けられるようになるのだ。(28) どうやら人は、怯えているときには周囲の脅威に気づきやすくなるらしい。

バルコニーの実験でも急坂の傾きの実験でも、バルコニーや坂の上など高所にいる人は、下にいる人よりも、報告する推定距離が長くなるという実験結果がくり返し得られている。そのわけは直感的に理解できる。山の斜面をすべり落ちて死ぬことはあっても、すべり登って死ぬことはないからだ。関連する実験で、ジャニーン、ジェリー・クロア、デニー、バージニア大学院生のナジッシュ・パレクは、この恐怖と知覚の関係をさらに追究している。今回使われたのは、急坂のてっぺんに置かれた木箱とスケートボードだ。被験者（全員スケートボードの経験はない）に木箱またはスケートボードの上に立ってもらい、第二章で見た傾斜知覚課題で用いられたのと同じ三種類の方法で、傾きの推測を行ってもらった。口頭と、視覚マッチングと、可動板を手で傾ける方法である。結果はデニーの初期の研究と同様に、口頭と視覚マッチングでは大幅な過大視が見られたのに対し、可動板では推測が比較的正確だった。傾斜推測終了後、被験者には、この急坂を下ることにどの程度恐怖心を覚えるかを六段階で評定してもらった。スケートボードに立った被験者のうち、坂道に恐怖心を覚えた被験者では、坂道を怖がらなかった被験者に比べ、坂の傾きの過大視がより顕著になる傾向が見られた。(29) これらの研究結果は、臨床心理学者からの事例報告とも合致する。ある驚くべき事例報告によれば、高いところを極度に怖がる高所恐怖症の患者が、「橋に向かって車を運転していると、橋が危険な角度にまで傾いているように見えてくる」と述べたという。[30]

納得するまで少々時間はかかったものの、情動が坂の傾斜知覚に影響すると熱心に説くクロアに、デニーもやがて賛同するようになった。それをきっかけに、デニーは情動にまつわる知覚研究にも乗り出していく。デニーとクロアに、デニーの指導院生シーダー・リーナー（現ランドルフ・メイコン大学教員）が加わった共同研究がある。実験では被験者に、楽しい曲（モーツァルトの「アイネ・クライネ・ナハトムジーク」）か悲しい曲（マーラーの交響曲第五番第四楽章〈アダージェット〉）を聴きながら坂道を見てもらった。[31]すると案の定、マーラーの物悲しい曲に哀愁を掻き立てられた被験者は、モーツァルトの陽気な曲を聴いた被験者に比べ、坂の傾斜をきつめに見積もった。面白いことに、彼らの過大視の程度は、初期の実験でダンベル入りバックパックを背負った被験者と似通っていた（クロアはのちにある論文で、被験者は「悲しみという重荷」を背負わされたのだと洒落た）。[32]そこには奥深い相互関係が見出せる。悲しみという感情もまた、坂道を登る際に利用可能な資源（リソース）に関連する情報だったのだ。気持ちが落ち込んでいると、健康的でエネルギッシュに感じているときより、坂道を登るのが難しくなるのである。

おそらくこの分野で最も身の毛のよだつ類の実験と思われるのが、被験者にクモのそばで課題をやってもらい、クモをどのように知覚したかを調べる実験だ。高所恐怖の研究結果と同じく、クモに対する恐怖心を測定する検査で点数の高い被験者は、クモを実際より大きく見る傾向がある。[33]また恐怖心が強い被験者ほど、部屋の反対側にいる生きたタランチュラまでの距離を短く見積もる。デニーの元指導院生で共同研究者のジェシー・ウィットは、脅威に対する知覚と、脅威を防ぐ能力とは、どちらももたらす効果に共通点が多いという興味深い事実を突き止めた。実験では被験者にらってもらった。クモやテントウムシが登場する、一種のビデオゲームのような課題をやってもらった。クモやテントウムシはジグザグに動きながら被験者に近づいてくるのだが、被験者はさまざまな幅の仕切り板を設置し、その行く手を遮ることができる。結果はどうだったか。被験者はクモをテントウムシより動きが速いものと知覚し、使える仕切り板の幅が小さいときほどその傾向が強かった。知覚は、あなたと周囲のものとの関係の表れである。したがって私たち一人一人の知覚世界においては、脅威を感じるもののサイズは引き伸ばされ、大きく見えるのだ。[34] 重要なのは、恐怖の対象は崖やクモばかりでなく、人間の場合もあるという点である。

タランチュラ研究を行った研究者の一部は、クモの代わりに、金で雇った男性俳優に脅威を演じてもらう知覚実験を行った。[35]「脅威」群の被験者は、ハンティングが趣味で、銃を手にした感覚がたまらなく好きで、都会では自分の攻撃性を解放できる機会がほとんどないため、爆発しそうになると語る男の動画を見る。「嫌悪」群の被験者は、同じ若い男が、夏休みにファーストフード店でバイトした際、客に出す食べ物につばを吐いたり、ソフトドリンクに放尿したりといった不快極まる行為を数々行ったと話す動画を見る。「ニュートラル」群の被験者は、同じ男が落ち着いた物腰で、次学期で取る予定の授業についてのみ話す動画を見る。動画視聴後、被験者が案内される部屋には、動画で見たのと同じ男性が同席している。被験者は心拍数を計測されているほか、男性にどれくらい脅威あるいは嫌悪を感じたかを問う質問紙に回答する。最後に被験者には、男性と自分のあいだの距離を推測してもらう。実際の距離は三三五センチメートルだ。だが脅威群の被験者は、嫌悪群やニュートラル群の被験者に比べ、男性俳優との距離を短く見積もった。嫌悪群とニュートラル群では知覚距離の平均がそれぞれ約一九八センチメートルと約一八八センチメートルだったのに対し、脅威群では知覚距離の平均が約一四〇センチメートルだった。

ここでも、進化という揺るぎない光に照らして見ると、知覚が担う役目は客観的に正確な世界を表象することではなく、生存の確率を上げるような形で情報を提供することにあるとわかる。対象物や人や状況に接近すべきか避けるべきかの青信号、赤信号を点灯させ、それぞれに応じた知覚を形作るのは情動だということを、クロアの一連の研究は示唆している。残念なのは、一度ネガティブな偏見を抱くと、それに引きずられて、レッテルを貼った相手を破滅的な結末をもたらすような仕方で知覚してしまう場合があるということだ。この点に関する研究が、スタンフォード大学の社会心理学者ジェニファー・エバーハートによって続けられている。その業績によって、マッカーサー財団の天才助成金を勝ち取った研究者である。[36] エバーハートのある実験では、白人男性の大学生に二種類の動画のどちらかを見せた。一つはアフリカ系アメリカ人の男性の顔を矢継ぎ早に映したもの、もう一つは多様な人種の男性の顔を映したものである。その後画面には、テレビのホワイトノイズのような一面にぼやけた映像が映る。ホワイトノイズは程なく徐々にピントが合い、そこから物体の形が浮かび上がってくる。現れる物体は銃やナイフのような犯罪関連品か、ホチキスなどの犯罪とは無関係の品だ。実験の結果、黒人の顔の動画を見たばかりの被験者は脅威となる物体の検知をすばやく行ったが、ニュートラルな物体の検知スピードは対照群と変わらなかった。エバーハートはインタビューでこう語っている。「この実験結果からは、こう考えたくなります。人は黒人と犯罪をあまりにも密接に関連付けているために、黒人の顔を見たあとだと、白人の顔を見た際にはやらないほどすばやく、環境から犯罪関連品を検知しようとするのではないかとね」[37] エバーハートが共同研究者と行った別の実験[38]では、スタンフォード大学の学部生に一連の黒人の顔写真を見せ、どの程度典型的な「黒人らしさ」があるかを評定してもらった。被験者は知らなかったが、顔写真はすべて、極刑相当の犯罪で有罪判決を受けた死刑囚のものだった。エバーハートと共同研究者はその後、法制度が下した判決の厳しさの度合いと、スタンフォード大の学生が評定した典型的黒人らしさとを比較した。すると、最も典型的な黒人らしい顔と評定された人々は、死刑判決を受ける公算が二倍も高いことがわかった。黒人らしい見た目であればあるほど、判決が厳しくなっていたのである。シカゴ大学のジョシュア・コレルは、脅威となる物体かニュートラルな物体――銃か財布――を手にしたキャラクターが出てくるビデオゲームを、被験者にプレイしてもらうという共同研究を行っている。被験者は、キャラクターが銃を持っていたら「撃つ」というボタンを押し、持っていなかったら「撃たない」というボタンを押すよう指示された。実験の結果、被験者は黒人のキャラクターが銃を持っていると、白人のキャラクターが銃を持っているときよりもすばやく「撃つ」ボタンを押すこと、またニュートラルな物体を持った黒人キャラクターに対しては、銃を持たない白人キャラクターに対してよりも、誤って「撃つ」を押す確率が高まることがわかった（ただしこの研究では、被験者に黒人と暴力犯罪に関する新聞記事を読ませ、黒人を危険と結びつけるステレオタイプ的発想を強化するといった操作が行われており、人種的バイアスが実験者によって増幅されていた点は留意する必要がある）[39]。ここでもまた、物であれ人であれ、あなたが見ているのは客観的な世界ではなく、〈あなたの目を通して見た世界〉であり、あなたが一生のあいだに積み重ねてきた情動的な連想を通して見た世界なのだ。そして次章「話す」と第三部「帰属する」で詳しく見ていくように、私たちの経験の大部分は、社会的世界の経験から成り立っているのである。

第六章　話す

言語の発生に関する理論の大半は、手の動きが、言語を生み出す土壌としての役割を果たしたと推測している。(1) 身振り(ジェスチャー)によるコミュニケーションは、音声言語より先に、あるいはともに進化したと考えられている。もともとは外界の物に手を伸ばしてつかむ際、手の動きを制御するために進化した複数の同じ脳領域を、発話能力とジェスチャーがどちらも利用しているためだ。機能神経解剖学の知見も、このような発話とジェスチャーとのつながりを裏付けている。大多数の人の脳では、習熟した身振り動作および言語を、ともに左半球が司っている。* それだけではない。左半球の損傷が、しばしば失語症（話したり聞いたりする能力が損なわれること）と失行症（靴ひもを結ぶ、

＊　これはほとんどの右利きの人には当てはまるが、左利きの人には当てはまらない場合もある。左手を制御するのはつねに右半球だが、左利きの人も、言語処理はたいてい左半球で行っている。

シャツのボタンをかけるといった馴染みのある微細運動が困難になること）を同時に発症させることは、神経学者のあいだではつとに知られている。(2) 脳にはブローカ野という発声に関連した領域があるが、手を伸ばしたり物をつかんだりする行為、あるいは単にほかの人が手を使うのを見るというだけの行為にも、ブローカ野の活動が関わっているらしい。

およそ六五〇〇万年前、すべての霊長類の共通祖先が現れた。この原始霊長類はリスによく似ており、おそらくは現代のリスさながら、ちょこまかと木の間を走り回っていたに違いない。さて、あなたがリスで、木の実を巣に持ち帰りたいとしよう。木の実を運ぶには、口にくわえるしかない。四足動物はみなそうだが、移動中に自分の物を持ったり運んだりする唯一の方法は、口にくわえることだからだ。もちろん人間は両手で荷物を運べるが、口か手を使わねばならなかったというかつての運搬方法が、発話とジェスチャーとのあいだにいまも残る進化上のつながりを生んだのである。それは私たちの発話の仕方からも明らかだ。

あなたがヒトで、すでに両手が持ち物でふさがっているとしたら、さらにものを運ぶにはどうしたらいいだろうか。可能であれば口でくわえるはずだ。それが大きな物なら――リスならどんぐり、ヒトならりんごなどの場合は――口を大きく開けねばならない。逆に鉛筆のような小さなものなら、口を閉じ、唇か歯で押さえて運ぶだろう。同様の持ち方は手にも言える。りんごをつかむには手を開き、指でりんごを手のひらに押し付けるようにしなければならない。これを「握力把握」という。一方、鉛筆は手をこぶしに握り、親指と人差し指でつまむ形で持つ。「精密把握」という持ち方だ。この例で明らかなように、口と手のあいだには平行性が存在する。口の場合も手の場合も、大きなものは開いた形で、小さなものは閉じた形で運ぶのだ。

口と手のつながり

大小異なる対象物を言い表す言語音に、この口と手の平行性が見られるかどうかを調べるという独創的な研究を、ラリ・ヴァイニオ率いるフィンランドの研究チームが行っている。[3] チームの実験パラダイムは、単純なロジックに従っていた。すなわち、「二種類の異なる行動が、両者を支える同じ神経系に相容れない要求をしたとすると、そのうち一つの行動を実行すれば、もう片方の行動の同時遂行は妨げられるだろう」という論理である。人が難なく歩きながら話せるのは、歩くことと話すことに必要な脳領域が概ね重なっていないからだ。一方、話しながら人の話を聞くのは非常に難しい。話すことと聞くことに必要な脳領域が、かなりの部分重なっているからである。試しに、一八一から三ずつ引く暗算を行いながら、やはり頭の中でアルファベットを言ってみてほしい。または友人と会話しながら、携帯電話でニュース記事を読むのもいい。いずれも無理だとわかる。どちらの課題も、脳の言語領域をフルに動員しなければならないからだ。

ヴァイニオの研究では、二つのスイッチの付いた器具が被験者に渡された。片方のスイッチは指先（閉じた手）の精密把握、もう片方のスイッチは手のひら（開いた手）の握力把握をするとオンになる仕組みだ。どのような器具かというと、まず金槌の柄のようなものを握っているところを想像してほしい。柄には、同じくらい起動しやすいスイッチが二つ付いている。片方は手のひら（開いた手）の握力把握のスイッチで、柄を握りしめると起動する。もう片方の、柄の上方に据えられた小さなスイッチが指先（閉じた手）の精密把握のスイッチで、親指と人差指で挟んで押すことで起動する。被験者が見つめる画面には、青または緑の刺激が現れる。被験者はたとえば刺激が青なら精密把握スイッチを、緑なら握力把握スイッチを、いずれもできるだけ早く押し、スイッチを押すまでの反応時間が記録された。また、色とスイッチの組み合わせと順番を半数ずつ変え、グループごとの偏りが出ないようにした。これだけなら簡単な課題だが、被験者には刺激に対してスイッチを押すと同時に、やはり画面に現れる子音–母音の単音節を発声するという行為も課せられていた。みなさんも、できれば声に出して言ってみていただきたい。まずは以下の二つの音節だ。

ti（ティ）
pu（プ）

どちらの場合も、鉛筆をくわえるときのように、口が閉ざされた狭い形になるのがわかる。では、以下の二つの音節ではどうだろうか。

ka（カー）
ma（マー）

口が小さなボールやりんごをくわえるのに適したような、開いた形になるのがおわかりだろうか。つまり実験デザインをまとめると、被験者は閉じた手（指先）か開いた手（手のひら）の把握による反応時間課題に取り組むと同時に、閉じた口の音節（「ティ」など）か開いた口の音節（「カー」

など）を発声するよう求められたということだ。結果はおそらくもうおわかりだろう。手の把握と口の形が一致している（どちらも閉じているか、開いている）場合は、一致しない場合（閉じた手と開いた口、またはその逆）に比べて、課題への反応時間が短かった。手の制御と発話は、まったく異なる別々の行動でありながら、明らかに共通する神経系を利用している。手と口の形が一致するときは、一致しない形を作ろうとしているときよりも、互いの干渉が起きにくい。人間には、手と口で異なる動作を行うより、手と口を似た形にするほうがたやすいのである。これは、手と口と言語の進化の仕方に平行性が存在することを裏付けるものだ。多くの場合、単語の音には、その物の把握の仕方が反映されている。

この考え方に従えば、英語で「小さい」を意味する形容詞「little（リトル）」「tiny（タイニー）」「petite（プティィート）」がいずれも閉じた口の形で発音されるのも、「大きい」を意味する形容詞「large（ラージ）」「huge（ヒュージ）」「humongous（ヒューモンガス）」が開いた口の形で発声されるのも、単なる偶然ではない。カリフォルニア大学バークレー校の言語学者ジョン・オハラは、この傾向が他の言語でも見られることに気づいた。「小さい」と「大きい」はそれぞれスペイン語では「chico（チコ）」と「gordo（ゴルド）」、フランス語では「petit（プティ）」と「grand（グロン）」だ。[4] ギリシャ語では「μικρός（ミクロス）」と「μακρος（マクロス）」、日本語では「チイサイ」と「オオキイ」である。

こうした研究からは、「物の把握」が「口」から「手」へ、ふたたび口に戻って「発話」へと進化していったさまが見てとれる。対象物をつかむ際に、開いた把握と閉じた把握のどちらをとったかで生まれた相違が、数百万年ものあいだ保たれてきたのだ。そのおおもとは、四本足で歩き回っていた祖先の原始霊長類が、物を口にくわえて運んだことにある。六五〇〇万年前の祖先が「大きい」どんぐりを運ぶのに口を開ける必要があったことで、いまの私たちも、大きなサイズを言い表すのに口を大きく開けないとならないのだ。

長らく信じられてきた伝統的な考え方に真っ向から対立するこの主張は、賛否両論を巻き起こした。単語の音とそれが表す意味とは互いにつながりのない恣意的なものであり、記号表現（単語とその発音）は、記号内容（それが言い表す対象物や概念）とは無関係であるというのが、伝統的な考え方だった。この記号の恣意性という考え方は、一世紀以上前の言語学者フェルディナン・ド・ソシュールと、ソシュールが祖となった構造言語学の誕生にまで遡る。一方、この見解と対立するのが、「音象徴」や「音韻的類像性」だ。単語が意味内容に関連した音を持つという現象を、現代の用語で言い表したものである。こうした類像性は、あまりに当たり前すぎてかえって気づきづらい。鼻に関連した単語が「sn-」という鼻音で始まることが多いのは、その一つだ。「sniff（嗅ぐ）」や「snore（いびき）」に加え、偉そうにつんと鼻を突き出して歩く人物は「snob（スノッブ）」と呼ばれる。[5] やはり音象徴の一種なのが、「音感素」である。特定の音が、特定の物や感覚や概念と結びつきやすいことを説明した概念だ。たとえば「glimmer（ちらちら光る）」「glitter（きらきら光る）」「glisten（きらめく）」「glow（光り輝く）」「gloom（暗がり）」は、いずれも語頭に「gl-」がつく。[6]「gl-」で始まる光に関連した単語は、まだまだある。

手の器用さという進化が生じたのは、ヒトの祖先が二足歩行に移行したからである。二足歩行が可能になると、それまでは口でくわえて運んでいた物も手で持ち運べるようになった。それに従って、運搬という口の機能は手に移ることになった。発達途上の乳幼児は、まず口で、その後手で世界を探索する。そして乳幼児が世界について発見したことが、世界のそこかしこに潜む、〈口でしゃぶること〉や〈手で動かすこと〉のアフォーダンスとなる。乳幼児にとって、口と手は、世界の特性を発見するための相補的な手段にほかならない。その後、乳幼児のなかでことばが生まれ、育っていく過程においても、口と手は協働しつづける。私たちは話す際、口だけではなく、手も用いているからである。

手を使って話す

ジェスチャーは独特なものだ。それは手話とは異なる。個々の手の形態や動き自体が単語となり、それらが糸でつないだビーズのように集まって、ひと連なりの言語となるのが手話だ。だがジェスチャーはまるで違う。シカゴ大学の心理学者スーザン・ゴールディン゠メドウにとっては、私たちが言語を体験し、表現し、理解するありようの一端を担うもの、それがジェスチャーである。

一九九〇年代後半、ゴールディン゠メドウと共同研究者は、なぜ人がジェスチャーをするのかを探る研究に乗り出した。考えられる二つの仮説が研究のモチベーションとなった。（1）人は他者がジェスチャーを行うのを見て、ジェスチャーをするのかもしれない。あるいは、（2）自分の言わんとすることを聞き手にわかってもらうのに役立つから、ジェスチャーをするのかもしれない。もちろん、まったく別の理由が潜んでいたとわかる可能性もある。この問いに答えを出すため、先天盲児を被験者とする実験がシカゴ大学で実施された[7]。

先天盲児の年齢は九歳から一八歳で、いずれも先天的な視覚障害以外の身体的・認知的問題は抱えていなかった。実験では先天盲児群と、人口統計学的背景をマッチさせた晴眼児群とが集められ、晴眼児からジェスチャーを引き出すことが知られている一連の刺激に対し、それぞれが反応する様子がビデオ撮影された。刺激は、ゴールディン＝メドウと共同研究者が以前行った別の実験から採られていた。「ガラス容器の液体を別のガラス容器に注いでも、液体の容量は変わらない」ということを、子どもが理解しているかどうかを判定する実験である（幼い子どもはよくこの問題を間違える。液体が異なる形のガラス容器に注がれ、見た目の形が変わると、容量も変わると考えてしまうのだ）。その初期の実験では、「水を最初の容器に注ぎ直すと、水の見た目の形も前と同じになる」といったことを子どもたちに説明してもらった。[8] 説明の際、多くの子は、容器から容器へと水を注ぐようなジェスチャーをしていた。ゴールディン＝メドウらはその実験結果を念頭に置きつつ、先天盲児と晴眼児に同じ質問をし、子どもたちが答える様子をビデオ撮影した。その後、分析担当者がビデオテープを精査し、それぞれのグループのジェスチャーを評価した。

どちらのグループの子どももジェスチャーを交えながら話をしており、ジェスチャーをする割合は先天盲児も晴眼児とほとんど変わらなかった。しかも同じようなことを話す際には、どの子も似たようなジェスチャーをしていた。たとえば容器から容器へと液体を注ぐ話をしているときには、晴眼児も先天盲児も同じように、片手を空中でCの形にしてコップを持つ仕草をし、それを傾けて別の容器に注ぐジェスチャーをしたのである。これは、自分がジェスチャーをするのに、他者がやっているのを見る必要はないことを示唆している。ジェスチャーは、必ずしも観察による学習を必要としない。つまり第一の仮説は棄却されたのだ。

続く継続実験では別の先天盲児を集め、同じ説明課題をやってもらったが、今回の盲児には実験者も盲人であると告げられた。この実験の盲児は説明相手の実験者が「盲人」であると思っていたわけだが、それでも盲児たちは晴眼者に話すときと同じように、ジェスチャーを交えて話をした。つまりジェスチャーは、必ずしも聞き手の理解を助けるために行われているわけではないのだ。これで第二の仮説も棄却されたことになる。

「この研究結果は、会話におけるジェスチャーの頑健性を裏付けている」と論文の結論部でゴールディン＝メドウは述べている。「ジェスチャーは手本となる人物にも観察者にも依存せず、それゆえに発話過程そのものに不可欠な要素であるように思われる。この研究結果が留保するのは、以下のような可能性である。すなわち、会話に付随するジェスチャーは、発話の根底にある話者の思考を反映しているかもしれず、さらには話者の思考を助けている可能性すらある」[9]では、ジェスチャーがほかの人のジェスチャーを見て学習するものではなく、必ずしも言いたいことを伝えるための手段でもないとしたら、それはどのように生じ、何のためにあるものなのだろうか。私たちはなぜ話をするたびに、会話に必須ではないジェスチャーを行いたい思いに駆られるのだろう。この問いを数十年にわたって探究してきたゴールディン＝メドウは、自らの考えを以下のように語ってくれた。「ジェスチャーを発話と分離することはできません。ジェスチャーは完全に発話と結合しています。ジェスチャーは認知の一部です。ただの知性のない手の動きではありません」[10]正確なメカニズムを明らかにするまでには至っていないものの、ゴールディン＝メドウは、ジェスチャーには発話の「認知的負荷」を軽減するはたらきがあると考えている。私たちが手を使って話すのは、ジェスチャーを交えると、言いたいことが言いやすくなるからなのだ。

ゴールディン＝メドウは、ジェスチャーを他の動作とは入念に区別して考える。ジェスチャーは靴ひもを結ぶ、卵を割る、ボールを投げるといった実用的な行為ではない。ダンスや運動とも違う。ダンスや運動は、自己表現やパフォーミングアートや健康など、何か大きな目的に到達するための手段として、動作そのものを意図して行う動作だ。だがジェスチャーはむしろ、「物理的世界に直接の影響は及ぼさないが、コミュニケーションの幅を広げるという形で、間接的に世界に影響を及ぼす表象的行為」であるとゴールディン＝メドウは言う。[11] 会話に伴うジェスチャーは、身振りの研究者が「エンブレム（表象）」と呼ぶ動作とも区別される。エンブレムとは、グループの構成員に認知されている、文化的に特定の意味を持つさまざまな手の形を指す。たとえば親指と人差し指で丸を作ると友人に対する「ＯＫ」の意味になり、中指を立てると逆に相手を敵とみなす意味になるといったものだ。ゴールディン＝メドウはこう説明する。[12]「『オーケイ』と言いながら中指を立てることはできません。でも『上がる』ということを言うときは、手全体を使っても、親指を立てても、どの指を使っても構わないし、それを示すジェスチャーは一つではありません。エンブレムでは、取れる身振りは一つだけ。ある意味、単語みたいなものなのです。『しーっ！』と言うときの身振りは一つだけですし、スキューバダイビングをするときにも、潜る前にハンドシグナルの意味を確認しますよね」

発話が言語の構文規則に則って行われるのに対し、ジェスチャーは模倣的（ミメティック）である。つまり、表象する対象を真似ようとするのがジェスチャーだ[13]（「ミメティック」は、ジェスチャーゲームで行う「マイム」と語幹が同じである）。ジェスチャーは、ことばだけでは容易には伝えきれない類の情報を、対象の模倣によって伝達している。仮に、生まれたばかりの赤ちゃんを抱っこしているさまを相手に伝えたいとしよう。あなたは乳児を抱きかかえるような腕の形をとり、想像上の赤ちゃんを優しく、しっかりと胸元に抱き寄せるだろう。そのジェスチャーには感情や優しさ、かよわい者を保護しようとする心が表れている。手や腕は本来、赤ちゃんを抱くためにある。乳児を抱くジェスチャーは、この原始的な愛情行為を、話し声には得難い直接性をもって相手に伝達しているのだ。[14] 以上すべてが示唆するのは、ジェスチャーは根源的に身体化された事柄（赤ちゃんを抱く、など）をコミュニケーションする方法であり、そうした事柄を理解する方法でもあるかもしれないということである。

ジェスチャーがどのように、どんな場で私たちの思考を助けているのかを探るためには、ゴールディン＝メドウと共同研究者は巧みな実験デザインを考案する必要があった。ジェスチャーによる思考の補助は、かなり低年齢で始まるからである。幼児を被験者としたある介入実験では、実験群の子には対象物の名前を学習する際にその物を指差すように教え、対照群の子には教えなかった。すると指差しを教わった子は、保育者と話す際によりジェスチャーを多用したうえ、八週間のトレーニング後二週間経った段階で対照群の子よりも語彙の数が多かった。[15] ジェスチャーを使って数式を学習した小学生も、学習内容を応用して新たな一連の問題を解くという課題において、ジェスチャーを使わなかった子より好成績を収めている。[16]

ジェスチャー、とくに指差しは、乳幼児が言語を習得するための地ならしの役目も果たしている。まだ話せない生後九か月から一二か月ほどの乳児も、対象物を指差しするジェスチャーは行っている。[17] 指差ししながら名前を言うのは、人差し指（インデックス・フィンガー）に「索引（インデックス）」を入れる作業だ。[18] コップを指差しながら「コップ」と言う類の行為である。[19] 指差しにはじつは二種類あり、わずか一歳の子がその両方を行っている。要求の指差しと、叙述の指差しである。要求の指差しは、テーブルの向こう側にあるカップケーキがおいしそうだなというようなときに、欲しい物を指差すことだ。叙述の指差しはもう少し洗練されており、「あれ取って」ではなく、「あれ見て」を意味する。赤ちゃんにとって指差しとは、「共同注意」という保育者との注意の共有を開始する、一番初めではなくとも、最初期の機会なのである。指差しする赤ちゃんは、こう言っているのだ。「あの赤いぬいぐるみ、見えるでしょ。わたし／ぼくも、あの赤いぬいぐるみ見えるよ。いっしょにあの赤いぬいぐるみ見てるんだってこと、わたしたち／ぼくたち、わかってるよね」指差しはまた、知識の伝達をも可能にする。赤ちゃんがぬいぐるみを指差すと、ママは赤ちゃんと同じ注意を共有し、そのぬいぐるみを「エルモ」と呼ぶ。すると赤ちゃんはその発声音をまずはその特定の対象物に、やがてはそれに似たもの全般に結びつける。こうした注意の共有は、ヒトに特有の協働パターンだ。ヒト以外の霊長類は要求の指差しは行うが、叙述の指差しは行わない。

人差し指をインデックス・フィンガーと呼ぶのは、「示す」を意味するラテン語「indico（インディコ）」から来ている。だが私たちは指だけでなく、目でも示すことができる。幼い子どもと穏やかに話をしているときに、いちいち物を指差す必要はない。乳幼児は、相手が見ているものに自然に目をやるからである。類人猿は指差しと同様に、他者の視線の先にもあまり関心を払わないが、ヒトの乳幼児は関心を払う[20]。さらにヒトの目の外観も、とくに視線の方向がわかりやすくなるよう進化している。第一に、ヒトには白い強膜がある。眼球の露出部のうち、色の付いた虹彩をとりまく部分のことだ（一般には「白目」と呼ばれている）。類人猿はみな茶色い虹彩の周りに茶色い強膜があり、注意方向が識別しにくくなっている。第二に、ヒトの目を覆うまぶたや皮膚は、虹彩の両側の強膜を広く見せるような、横長のアーモンド型を形作っている。この水平に引き伸ばされた形のおかげで、視線が左右どちらに向いているかが、周りの人にもすぐにわかる。大型類人猿の目はいずれもヒトに比べて丸い形をしており、強膜はほとんど見えない。進化は、人間の手と目をコミュニケーションの道具に変えた。だからこそ私たちは他者と話す際に手と目を使い、聞き手の注意を一定方向に向けたり、伝えたい意味を作り出す助けにしたりするのである。

インデックスは音声でも作られる

指差しによって注意喚起や対象物に関する学習が促されるように、低月齢の乳児にとっては、耳にする声もまた、いま起きていることを学習するきっかけとなる。対象物がどのようなグループまたはカテゴリーに属するかに関する学習と、発声とのつながりを探る多くの実験で、以下のような実験デザインが踏襲されている。まず、同じカテゴリー（食べ物、動物など）に属する異なる対象物の画像を、乳児が見ているビデオ画面に連続して提示する。動物の画像なら、犬、馬、ゾウなどの画像を連続して見せるわけだ。この最初の馴化段階のあと、二種類の画像が、それぞれ異なるビデオ画面に提示される。一つは同じ動物カテゴリーの初めて出てくる動物の画像（トラなど）で、もう一つは異なるカテゴリーの画像（レタスなど）だ。その際、新しい二つの画像を乳児が見つめる時間が測定される。新しい動物画像（トラ）と非動物画像（レタス）に対する乳児の注視時間に全般的な有意差が生じれば、片方の画像は慣れ親しんだカテゴリー（この場合は動物）に属し、もう片方は違うカテゴリーに属するという事実に基づき、乳児が二つの画像の違いを認知しているのだと結論づけることができる（まだことばを話さない乳児も、「これはあっちの仲間」ということは理解できる)。この実験デザインの狙いは、特定のカテゴリーに属する画像に慣れてもらった乳児に、新たにそのカテゴリーに属する画像と属さない画像を見せ、反応を観察するところにある(ただし、単に片方のトラの画像がもう一方のレタスの画像より面白かったからという理由で有意差が生じるのを防ぐためには、予備実験を行ったり、画像を表示する順番を変えたりする必要がある)。

当時いずれもノースウェスタン大学所属だったアリッサ・フェリー、スーザン・ヘスポス、サンドラ・ワックスマンは、生後三か月の乳児を対象に、いま述べたような実験デザインの研究を行った[21]。馴化段階では恐竜の絵を使用し、非カテゴリーのテスト刺激には魚の絵を用いた。実験の結果、乳児はテスト中に提示されたカテゴリー画像、非カテゴリー画像のいずれにも選好を示さず、新しい恐竜の絵と同じくらい魚の絵も楽しそうに見ていた。カテゴリー学習の証拠は得られなかったわけである。だが馴化段階の際に、人間の声を流しながら恐竜の絵を提示すると、乳児はカテゴリー画像である恐竜の絵を、非カテゴリーである魚の絵よりも長く注視した。馴化段階で提示するカテゴリー画像に、小型霊長類であるキツネザルの鳴き声を加えると、乳児はやはりカテゴリーを学習し、恐竜の絵を選好した。だが馴化画像とともに電子音や逆再生した人間の声を流しても、カテゴリー学習はなされなかった。学習には、人間や他の霊長類の発声という喚起刺激が不可欠なのである。ジェスチャーと同じように、発声もまた、乳児が対象物に注意を払い、学習し、カテゴリーに振り分けるのを促す、身体化された社会行動なのだ。

生まれて一年のあいだに、赤ちゃんはより一層人間の発声に同調するようになる。生後六か月頃までにはヒト以外の霊長類の鳴き声に喚起されて学習することはなくなり、人間の発声のみに反応してカテゴリー学習を行うようになる。生後一二か月までには、新たな単語を使って、それと合致するカテゴリーを学習できるようになる。生後一二か月の乳児は、馴化画像に伴う音声が「あれを見て」といった慣れ親しんだ単語だとカテゴリーを形成しないが、「あの○○を見て」というように、○○にカテゴリー名と思われる乳児の知らない単語（たとえば「フォーナ（動物相）」など）を入れた音声を流すと、カテゴリー学習を行う。

身体化された語源と記号接地問題

ところで、そもそも単語の意味はどこから生じているのだろうか。単語に辞書の定義よりも深い意味があることは間違いない。そのことを如実に浮き彫りにしてみせるのが、記号接地問題、またの名を記号の堂々巡り問題という、一種の哲学的思考実験だ。あなたはたったいま、外国の都市に到着したところだ。空港内を歩き回ると、周囲の標識や案内がどれも見たこともない言語で書かれていることに気づく。現地語で書かれた辞書はあるが、あなたの母語には翻訳されていない。辞書で定義を調べてみても、わからない記号がさらに並んでいるだけだ。たとえばそこが中国の空港だったとしよう。あなたは漢字で書かれた、「出租车」という中国語の単語の意味が知りたい。中辞典でその単語を引いてみる。「出租车　载客的汽车，票价通常由行驶距离决定」。まるで役に立たない（「タクシー　通常、走行距離によって決まる運賃で乗客を運ぶ自動車」[22]と書いてある）。この論点をさらに強調するなら、第一言語――日本語でも、イタリア語でも、英語でもいいが――を習得するのに、単語の意味が辞書でしかわからないという状況を考えてみるとよい。記号から記号へ、ことばからことばへと堂々巡りするだけで、実世界にある事物自体にはいつまで経っても注意が向かない。堂々巡りから脱するためには、記号を、経験を通して知った事物と関連付けねばならない。その単語を、知覚された対象物と連動（インデックス）させる必要があるのだ。単語が意味するものをだれかに指摘してもらったり、システマティックな発声に促されて自らその意味を発見するのでないかぎり、どうやって単語を学習すればよいのか途方に暮れるに違いない[23]。中国の空港の例に戻るなら、あなたは「出租车」が空港の出口にずらりと並んだ、料金を払えばホテルまで連れて行ってくれる車のことだ、と発見する必要があるのである。

　具体物の語義を学ぶのはおそらくそれほど難しくはない。「タクシー」の意味は、タクシーを指差してもらえば理解できる。だが「時間」といった抽象的な概念はどうだろう。バークリー大学の哲学者ジョージ・レイコフによれば、私たちは抽象概念の意味を、馴染みのある具体的な物や事象に似たものとみなすことで理解しているという。たとえば「時間」という抽象概念の場合は、豊富な経験のある「距離」の概念に似たものとみなしている。いったんそのメタファーが定着すると、私たちは距離の語彙を使って時間の話をする。残り時間が「短くなる」、政治家のスピーチが「延々と続く」、話すのに「長い」時間がかかる、といったように。別の例を挙げよう。「理論」という抽象概念は、しばしば「構造体」のようなものとして考えられている。「基礎のしっかりした」理論、「危うい土台」の上に成り立つ理論、「包括的な」あるいは「狭小な」理論、理論が「瓦解する」あるいは「持ちこたえる」などである。同様のメタファーは他の言語でも用いられている。重要性を重さで言い表すのは、英語（「weighty＝深刻な」）とドイツ語（「wichtig＝重要な」、「gewichtig＝重大な」）に共通した表現である。また、概念が身体経験から引き出されることもある。「見え透い（レフトハンディッツ）

たお世辞」「右腕」などがそれだ。

レイコフによれば、行為を表す言語表現は、その行為を聞き手自身がシミュレーションすることで理解されている。研究結果もこの見解を支持している。たとえば責任の移譲に関する文を読むと、「皿を片付ける」などの物体移動に関する文を読んだときとほぼ同じように、両手の筋肉がかすかに動く。[24] 脳機能イメージングを使った研究では、蹴る、摘む、なめるといった行為に関する文を読むと、それぞれ足、手、舌に対応する運動野の領域が活性化することがわかった[25]（研究に参加した神経科学者は、この研究結果によって、脳にはあらゆる言語表現を理解する統合された「意味中枢」があるという想定は除外され、むしろ人は個々の単語の意味に応じて異なる脳の部位を使っているのだと結論付けている）。後続研究では、道具に関する文を読むと、手、足、口に関与する脳領域が活性化することがわかっている。[26] **あなた個人**の身体の違いがものをいう場合もある。第三章で紹介した、かさばるスキーグローブの実験を行ったダニエル・カササントの共同研究では、「つかむ」「投げる」などの動作動詞を読む際、左利きの人と右利きの人では、脳の運動野の逆側に活性化が見られることがわかった。[27]「ボールをテイラーに投げてください」という文を読むとき、「投げる」という単語の意味は、実際に投げる動作を可能にする運動野の脳領域（右利きなら左半球、左利きなら右半球）の活性化によって理解されているのである。近年の脳機能イメージング研究でも、抽象語によって運動システムの活性化が引き起こされることがわかっている。単に「愛」「思考」「論理」などの単語を読むだけで、通常顔に関与する運動野の活性化が生じるのだ。[28] 以上から導き出されるのは、言語の進化は前言語的な人類の祖先の神経構造を土台として成されたに違いないという結論である。だとすれば、進化によって人類が成し得るようになったこと——手を伸ばす、つかむ、動く、感じるなど——を用いて私たちがことばを理解することに、何の不思議もないのである。

概念メタファーに関する最後の考察として、次の問いを考えてみよう。「記号接地問題（シンボルグラウンディング問題）」について話すとき、私たちはそもそも何の話をしているのだろうか。記号の堂々巡りにおける、「意味は抽象的な記号以外のものに接地（グラウンド）されねばならない」という主張は、結局何を言わんとしているのだろう。ここで言う「地（グラウンド）」とは何なのか。経験を支える基盤となるのは、言うまでもなく、私たちの知覚世界——個々人の環世界（ウンヴェルト）である。言語の接地問題は、読んだり聞いたりした内容を、さまざまな〈身体化された経験〉と連動させることで初めて解決されるのだ。

ボトックスと読解力との関係

アリゾナ州立大学の心理学者アーサー（〝アート〟）・グレンバーグ率いる共同研究チームは、二〇一〇年の論文[29]で、ボトックス注射がもたらす驚くべき影響を示唆する研究を報告した。ボトックス注射とは、二〇一七年に全世界で三〇億ドル超を売り上げた、皮膚に施す美容施術である[30]。ボトックス製剤は、ボツリヌス菌が作り出す毒素からできている。ボツリヌス菌は麻痺を生じさせることもある神経中毒疾患、ボツリヌス症を引き起こす細菌だ[31]。ボトックス製剤は偏頭痛と顔面痙攣の治療に効果が期待できるとされているが[32]、一般には加齢で生じた顔のしわを伸ばす若返り効果で知られている。ボツリヌス毒素によって皮膚の下の表情筋を事実上麻痺させるというのが、しわ取りの仕組みだ。しかめっ面や渋面を作るのに使う、皺眉筋（その名の通り、眉間にしわを作る筋肉）などの表情筋を麻痺させるのである。実験では被験者に、ボトックス治療の施術前と施術後の二回、異なる情緒的性質を持つ複数の文を黙読し、意味を理解するよう指示した。被験者にはその後、注意深く読んだかを調べる理解度テストを受けてもらった。文には怒りの感情を伝えるもの（「あなたは頑固な相手との口論に心乱れ、音を立てて車のドアを閉める」）、喜びの感情を伝えるもの（「あなたはとうとう高い山のてっぺんにたどり着く」）、悲しみの感情を伝えるもの（「あなたは涙をこらえながら葬儀場に入る」）があった。実験の結果、ボトックス治療後には悲しみや怒りを表す文を読むのに時間がかかったが、喜びを表す文を読む時間には変化が生じなかった。

なぜだろうか。グレンバーグは行為の理解に関するレイコフの説を踏まえ、読解力はじつはシミュレーションの問題なのではないかと推察している。私たちの脳は文章に描かれている経験を、よりささやかな形ではあるが、自分の身体で演じるという方法でシミュレーションしているのだ。つまり悲しみや怒りを理解したり表現したりするためには、少なくともある程度は、眉根を寄せられねばならないのである。ボトックス治療を受けた人は、眉を寄せるのに必要な表情筋が麻痺し、顔をしかめられなかったり、しかめづらかったりして、悲しみや怒りに関する文章を理解するのに時間がかかってしまう。一方、ほほえむのは額の筋肉を使わずにできるため、喜びを表す文の読解力には影響が生じなかったのである。この原理を端的に言い表したのが、アリゾナ州立大学にあるグレンバーグの研究室のモットーだ――「我行動す、ゆえに我あり」。ことばの意味を理解するためには、私たちは絶えず演じ、視覚化し、把握せねばならないのである。

ボトックス利用者に関する別の研究では、大げさではないかすかな情動を示す顔写真を見せられた利用者は、表情の読み取りにより時間がかかることがわかった。[33] この結果は興味深い推論を示唆している。人間は身体化された経験があると、他者をより繊細に理解できるようなのだ。私たちは身体化された視点を用い、相手の立場に立って（あるいはこの場合、相手の眉の形を模して）他者を理解しているのである。ここまで本書を読んでこられたみなさんには当然の見解に思えるかもしれないが、これはじつは非常に論議を呼ぶ考え方だ。心の計算理論と同じく、言語もしばしば、抽象的な規則と記号の集合体にすぎないものと考えられているからである。

これまでに数々の研究によって、メタファーに宿る身体性が明らかにされてきた。いずれの研究も、言語と動作のあいだに見られるさまざまな一致に着目している。ある研究では、被験者に手を上げ下げしてもらいながら、上や下に関連した文を読んでもらった。[34] 一部の文には、「高圧ガスによって風船が上昇していった」など、文字通り空間的な上下動が描写されていた。また、「彼は政治的な才覚によって成功へと登りつめた」など、上下のメタファーを含む文もあった。三種類目の文には、上下のメタファーをそれとなく暗示する、抽象的な意味が含まれていた。たとえば暗に「上昇」の意味を含んだ、「仕事に有能だった彼は専門家として成功した」などである。被験者は、これら三種類の字義通り文、隠喩文、暗示文にある上下の意味と一致する手の動きか、または逆の手の動きを行った。実験の結果、三つの条件のいずれにおいても、文の意味と一致する手の動きを行った場合に、手の動きが速かった。この結果によって、字義通りの意味や隠喩的な意味を解釈するのに使われる神経系が、手の上下運動も司っていることが示唆された。本章冒頭で取り上げた口と手の平行性と同様の現象が、ここにも存在したのである。

動きによる読解

グレンバーグは「ムーブド・バイ・リーディング」という読解介入プログラムを開発している。グレンバーグは複数の研究で、小学一年生と二年生に、文を読みつつ、そこで描写されていることをおもちゃを使って演じてもらった。子どもたちは一度に一文ずつ文を音読してから、文で描かれていた活動を物理的なおもちゃでシミュレーションする。たとえば「のうふのおじさんが、トラクターをうんてんして　なやにいきます」という文なら、子どもは農夫の人形をトラクターのおもちゃに乗せ、トラクターを納屋まで動かすのである。すでに触れたように、子どもは自ら意図的に体験を作り出せたときに最もよく学習する。ピアジェによれば、子どもが物事をリアルに想像するためには、こうするのが一番の近道なのだ。「ムーブド・バイ・リーディング」を活用すると、文字による表現とその意味との関連付けを、意図的かつ直接的に行える。「対象が物理的に存在していることで、単語を発音するための下準備がなされると同時に、ことばが指し示し得る対象を絞りやすくなる」とグレンバーグは書く。[35] このプログラムでは、子どもは文中で起きていることを自ら演じなければならない。文で描かれる内容――何またはだれに対し、だれが何をしたか――を、身体を使った自分自身の行為という形で具現化しなければならないのだ。こうすることで、子どもは単語の意味を学習し、文章がどのように行為を表現しているかを学ぶ。実験では、この能動的な遊びを伴う読解を行った実験群の子は、おもちゃを目にはしたが遊びはしなかった対照群の子に比べ、文章の内容の想起テストで二倍以上の好成績を収めた。同じことをコンピュータ画面上に表示されるアニメのキャラクターで行ったグレンバーグの後続研究でも、じかにキャラクターを動かした子どもと同様の結果が見られた。この読解介入には、「子どもが文章読解を好きになるという副産物もある」とグレンバーグは言う。

「ムーブド・バイ・リーディング」の第二段階では、文で描かれる行為を頭の中でシミュレーションせよという指示が子どもに出される。何であれ私たちが文章を読む際には、おそらくこうしたシミュレーションが実際に行われているはずだ。頭の中でことば同士が響き合い、まとまり合って、その人だけの動的な想像の世界を生み出しているのである。筆の立つ作家はみな、抽象的な記号を身体化された経験へと結びつけているとグレンバーグは主張する。ここでまず、向心力に関する以下の抽象的な説明文を一読していただきたい。「等速円運動する物体に作用している力を向心力といい、物体の質量をm、速度をv、円の半径をr、求める向心力の大きさをFとしたとき、$F=mv^2/r$で表される」

では次に、日常語や明確なイメージを多用した、イマジズム的なグレンバーグの説明を読んでみよう(36)。

想像してみてほしい。あなたはローラースケートをはいて、駐車場で滑っているところだ。支柱をつかんで止まろうとすると、まだ止まりきらないうちに、あなたの体は支柱の周りを回りはじめる。この回転が等速円運動だ。つかんだ腕に感じる力が向心力で、要は等速円運動を引き起こしている力のことである。支柱をつかむ前に滑っていた速度（v）が、あなたが腕に感じる向心力に影響を与える。滑るスピードが速いと、遅いときに比べ、支柱をつかんだときによりぐいっと勢いよく引っ張られる。これが方程式にある「v^2」の意味だ。速く滑っていればいるほど、支柱をつかんだときの向心力が大きくなるのである（そしてそれだけ腕も痛くなる）。さて、今度はあなたが重いバックパックを背負っているとしよう（つまりあなたの質量は普段より大きい）。にもかかわらず、あなたは前と同じスピードで滑るとする。この場合、支柱をつかんだときに腕に感じる力は、バックパックがないときよりも大きくなるか小さくなるか、どちらだろうか。方程式の「m」が指し示すところによれば、大きくなるのだ。バックパックを背負って質量が大きくなると、背負っていないときに比べ、支柱をつかんだときに腕がより痛むのである。最後に、支柱をじかに手でつかむのではなく、先に輪がついた投げ縄を支柱に投げ、縄のもう一方の端を手でつかんでいるとしよう。投げ縄が短ければ、あなたは小さな円を描いて支柱の周りをすばやく回るだろうし、投げ縄が長ければ、もっと大きな円を描いて、ゆったりと回ることになるだろう。どちらのほうが投げ縄と腕がより引っ張られる感じがする（向心力が大きい）だろうか。方程式によれば、円の半径（r）が分母となり、投げ縄が長ければ長いほど、向心力は小さくなるのだ。このことは、短い投げ縄でくるっと支柱を回る場合と、長い投げ縄でゆったりと回る場合とを比べてみると、よくわかる。

読み手に伝わる書き方というものを、身体化を軸に解き明かしてみせたのがこのグレンバーグの小文だ。グレンバーグはどの描写においても、mやvなどの抽象的な変数（初めて目にする生徒にとっては、それ自体は無意味な記号だ）を、意味を例示する〈身体化された経験〉と結びつけている。これはじつのところ、農夫を乗せたトラクターのおもちゃを納屋まで動かす「ムーブド・バイ・リーディング」の、より洗練されたバージョンにすぎない。それどころか、一部の修辞学者や文章技法の専門家は昔から、こうしたイマジズム的明快さこそがわかりやすい書き方の代表例だと長らく主張してきたほどである。

脳のかなりの部分は視覚処理に関わっており、明快なイメージに満ちた文章は人間のそうした視覚的な特性にぴたりと合っている。人の視覚は、乳児期に世界の事物とどのように相互作用したかに応じて養われる。理解しにくい単語に比べ、視覚的でイマジズム的な単語は、健常者にとっても[37]、初期の認知症患者にとっても[38]、記憶しやすい。じつのところ、成人も含めたあらゆる読者にとって最もわかりやすいのが、身体性があり、具体的で、イマジズム的な文章だ。スティーブン・ピンカーが『*Sense of Style*（文章のセンス）』[39]で詳述するように、いわゆる「古典的（クラシック）スタイル」に則った文章の特徴は、読者の意識を絶えず世界に存在する具体物に向けることだ（ピンカーが心の計算理論に親近感を抱いているのはいただけないが、文章に関する助言には素直に従いたいと思う）。企業や学会でまかり通っているわかりにくい文章の多くは、書き手がその分野でしか通じない抽象的な業界用語をふんだんに用い、読者が身体化できる（あるいはできたと感じられる）書き方で具体的に物事を描写しないことから生じている。なかなか頭に入ってこない文章は大概、読者にしてみれば経験的に意味をなさない程度にまで抽象性が高いが、優れた文章は読者の心に絶えず豊かなイメージを浮かび上がらせる。ピンカーは言う。「知らず識らずのうちに染まっている専門分野特有の抽象語を避けるには、物事を描写する際、必ず具体的な用語を使うように心がけることです。また、読者と共有できそうな共通理解の上に立って物事を提示するようにします。たとえば心理学者の私が『乳児は刺激を呈示された』と言えば、仲間の心理学者以外には意味が伝わらないかもしれません。ですが『赤ちゃんにビッグバードを見せてあげた』と言えば、だれでもビッグバードが何かは知っていますからね」[40] 最も説得力のある散文とは、じつはシナリオに等しい。読んだ者が頭の中でそのシーンを演じられるように書かねばならないのである。

人間は言語によって、考えや感覚、感情を共有できるようになった。そうした交流が可能となったのも、私たちの環世界(ウンヴェルト)の大部分が他者と共有されているからだ。オーストリアの哲学者ルートヴィヒ・ヴィトゲンシュタインは、「仮にライオンが話せたとしても、われわれにはライオンの言うことが理解できないだろう」と述べている。[41] ヴィトゲンシュタインが言わんとしているのは、知覚世界が共有されていなければ、意味を成すコミュニケーションは成り立たないということである。ライオンと人間の身体、生態環境、関心事はあまりに違いすぎ、両者の知覚世界は種の違いを超えて経験の共有を伝達し合う場とはなり得ないとヴィトゲンシュタインは考えたのだ。人間の場合、個々人のウンヴェルトは、その人の身体や自然環境からだけでなく、社会環境によっても形作られる。私たちの知覚世界は、他者、および他者がこちらをどう思っているかをめぐる関心に満ちている。進化の歴史によって、人間であることは社会的であることと不可分になったのである。

第三部　帰属する

第七章　つながる

激動の嵐が吹き荒れた二十世紀前半、アメリカおよびヨーロッパ全土で、なぜか乳児が次々と謎の死を遂げるという危機的状況が生じていた。二つの世界大戦と大恐慌の煽りを食い、児童養護施設に収容される子どもの数は激増した。だが収容児の未来は暗かった。一九一五年、アメリカ東部の一〇箇所の孤児院では、二歳になるまでの乳幼児死亡率が三一％から七五％にも上った。一九二〇年のドイツの調査報告では、最も環境のよい養育院ですら、乳児一〇人のうち七人が一歳になる前に死亡していることが判明した。[1] ルイ・パスツールと細菌説がもたらした革新により、児童養護施設での衛生状態は大幅に改善されており、栄養管理もしっかり行われるようになっていた。にもかかわらず、乳児は異様に高い確率で死亡し続けたのである。最上級の施設であっても、乳児死亡率は一〇％を下らなかった。病みついた子どもたちは、赤ん坊らしい形でではあったが、意気消沈と他者からの離断といった、うつ病に非常によく似た症状を示した。観察者の目には、乳児たちは日増しにやせ衰え、衰弱していくように見えた。

これ以前にも、入院や施設への収容が長引くと乳児が健康を損ない、ときに命を落とす危険のあることは指摘されており、「成長障害」または「ホスピタリズム（施設症）」と呼ばれていた。一八九七年、フロイド・クランドルは『アーカイブス・オブ・ペディアトリックス』誌にこう記している。「総合病院においても、看護スタッフが勤務開始早々に気づくのは、一部の不治の病を除き、長期入院は通常患者の得にならないということである。この悪影響は患者が年少なほど顕著に現れる。あらゆる小児病院で、一歳未満児の死亡率は非常に高い」[2] クランドルは続けて、都市部の大きな小児病院ではどこでもこの現象が見られると報告する。ホスピタリズムは肺炎やジフテリアよりも危険だ。「病状が悪化した乳児は進行性貧血を発症し、マラスムス（栄養障害の一種）か、器官性疾患を伴わない単純な衰弱によりしばしば死亡する」だがこれは「いまに始まったことではない」。かねてより数々の医師がこの病態について書き記している、とクランドルは書く。十八世紀後半の施設における乳児の看護状況はさらに悲惨だった。パリ捨て子院での乳児死亡率は八五％、ダブリンの同様の施設では死亡率が九九％に上った。[3]

「ホスピタリズムや、見るからに快適そうな環境で乳児が衰弱死するという奇妙な傾向を研究すれば、その原因を探ろうとするのは自然なことだろう」クランドルはそう論じ、可能な介入として「ケア、食事（フェア）、空気（エア）」を勧めた。過度にならない適度な身体的接触、適切な栄養、風通しがよく動き回れるスペースのある部屋の三つである。だがクランドルも、自身や他の医療専門家が乳児の成長障害の対処法をいまだ見出していない点については、認めざるを得なかった。それは残酷な真実だった。来る年も来る年も、アメリカおよびヨーロッパ全土の病院、孤児院、捨て子院で、おびただしい数の乳児が死亡し続けた。

一九四七年、オーストリアから亡命したルネ・スピッツという心理学者が、ニューヨーク医学アカデミーに集まった心理学者や医師に、一本の短い無声映画を見せた。[4] タイトルは『悲嘆――乳児期の危機』。スピッツ自身の機材で撮影された映像には、さまざまな幼児がいずれも同じパターンの衰弱を見せるさまが映し出されていた。「乳児にとって、数週間ないし数か月にわたって母親から引き離される悲しみは、学齢期の子どもが両親の死によって突如孤児となり、別の大陸に置き去りにされ、だれも自分の言語を話さず、習慣も食べ物も異質な見ず知らずの環境に放り出されるのに等しい」と冒頭の字幕には書いてある。「乳児はみるみるよそよそしくなり、すすり泣いたり、泣き叫んだりするようになる」母性的養育の剝奪がさらに数か月以上続くと、乳児は心理的引きこもりの状態になり、身体的にも発育不全に陥る。観察した事例のうち三七％が「進行性の人格の荒廃によって、最終的には二歳までにマラスムスを発症し、死亡した」とスピッツは報告している。映画の上映について書かれた近年の書籍によれば、上映後ある著名な心理学者が目に涙をたたえてスピッツに近寄り、「なぜこんな悲惨なものを見せるのだ」と問いただしたという。[5]

脆弱な方法論とずさんな記録保管を批判されはしたものの、情緒的な力に満ちたスピッツの研究は、計り知れない衝撃をもたらすこととなった（これはドキュメンタリー映画が社会改革を促した、最初期の例と言ってもいいだろう）。スピッツの業績と、その後同分野で数世代にわたって続けられた他の研究者の成果により、以下のようなことが判明した。単に十分なカロリーを摂取し、保温がなされ、生存の必須条件が満たされただけでは、人間の乳児は成長できない。乳児が成長するためには、情緒的・社会的滋養も不可欠なのである。養育者は子に、温かい愛情と心遣いを与えなければならない。子どもの身体の健康は、養育者に愛情があるかどうかに左右されるのだ。

ヒトは極めて社会的な動物である。健康であり、心身を健やかに保ち、幸福になるためには、社会的なつながりが欠かせない。古人類学の知見は、友人や家族のいる社会環境にどっぷり浸かることが、人間の心のデフォルトの仕様であることを示唆している。私たちは帰属するよう生まれついているのだ。

社会的つながりの維持が欠かせないことは、今日では公衆衛生データによって裏付けられている。データによれば、友人や親しい知人が数人しかいないと、なんと喫煙や肥満といった明らかな健康上の危険因子以上に、発病や死亡のリスクが高まるという。これに関連するが、社会的に孤立した成人は喫煙率が高く、運動をあまりせず、フルーツや野菜をあまり食べない。サンフランシスコのベイエリア居住の成人七〇〇〇人弱を対象とした大規模調査では、九年以上にわたる調査期間において、社会的つながりが最も少なかった人々は、最も多かった人々に比べ、全死亡リスク（どのような死因であれ死亡するリスク）が二倍以上も高いことがわかった。[6]同様に、ソーシャルサポート（周囲の人とのつながりによってもたらされる物質的・精神的支援）が弱かったり、不幸な結婚生活を送るなどして社会的関係が希薄な人は、がん、糖尿病、循環器疾患の発症リスクが高かった。[7]

ブリガム・ヤング大学のジュリアン・ホルト＝ランスタッドの近年の研究で、孤独の悪影響に全国的な注目が集まることとなった。[8]二〇一〇年の画期的な研究で、ホルト＝ランスタッドの共同研究チームは、平均七・五年間にわたって追跡調査された三〇万人以上の死亡データを調べた。社会的ネットワークに属すなどし、十分な社会的関係を保持していた人は、社会的関係が欠如した人に比べ、調査期間中に生存している確率が五〇％高かった。社会的関係が濃密な人は、社会的関係が希薄な人に比べ、平均三・七年長く生きた。それどころか孤独は、喫煙、過度な飲酒、運動不足、肥満、大気汚染よりも死亡リスクが高いことがわかったのである。ホルト＝ランスタッドと共同研究者は、論文にこう書いている。「年齢、性別、調査開始時の健康状態、追跡調査期間、死因といった数々の因子をそろえても、全般的な孤独の悪影響は消えなかった。これは社会的関係と死亡率との関連が普遍的であることを示唆しているかもしれない。そうであるならば、孤独のリスクを減じる努力は、高齢者といった特定の下位集団のみに限るべきではない」数年後、ホルト＝ランスタッドのチームは世界各地の三四〇万人を対象とした分析の追跡調査を行ったが、結果として得られた死亡率はやはり同等だった。世界のどこにいても、どのような人口統計学的属性を備えていても、人は孤独によって死ぬのである。「私たちが知りたかったのは、国によって違いはあるか（ありませんでした）、死因によって違いはあるか（ありませんでした）、性別によって影響が出やすいかということでした（男女どちらでも強い影響が見られました）」とホルト＝ランスタッドはインタビューで語っている。[9]「人生とは何かを垣間見せてくれる結果でしょう？　実際に健康を左右する要因が何か、その手がかりが得られたんです」

二十世紀に生まれた捨て子院の幼児と同じように、二十一世紀を生きる成人も、是が非でも愛し慈しまれる必要があるのだ。かつてホスピタリズムとそのメカニズムが発見され、絆の形成と愛情という対処法が見出されたことで、パラダイムシフトが起きた。ホルト＝ランスタッドはそれを引き合いに出し、社会的孤立の害悪を訴えている。「思い出したいのは数十年前、孤児院などの児童養護施設において、持病のコントロールや治療が行われている場合でも、乳児の高い死亡率が観察されたことである。人間的なふれあいの欠如が死亡率の高さにつながったのだ。社会的相互作用のない乳児は死に至ると知り、医療従事者は衝撃を受けた。このいまから見れば当たり前のように思えるただ一つの発見により、実践と政策が大きく様変わりしたことで、児童養護施設における死亡率は著しく減少した。同様に現代の医学界も、データの示唆するところを認めることで得るものがあるかもしれない。それはすなわち、社会的関係が成人の健康状態に影響を及ぼすという推論である」

欧米、とくにアメリカの文化では、一匹狼の個人主義と自己表現がよしとされているかもしれないが、これまでの人類史でつねにそうだったように、現代社会でも、人は生存のために他者に頼らざるを得ない。「個人」というのはどちらかといえば近代にできた概念で、中世のキリスト教哲学者聖アンセルムスやオッカムのウィリアムらの著述にその萌芽が見てとれる。おそらく最終的な形態として固まったのは、自由思想を標榜するヨーロッパ啓蒙思想においてだろう。[10]「個人主義」という用語自体は、一八一五年まで考案されなかった。[11]人類史を通じ、社会集団、氏族、教会、国家などは、社会の基本要素であり続けた。私たちの生は他者に依存している。人間は核家族だけでなく、より大きな共同体に依存する存在なのだ。

本書では一貫して人間生態学について考察し、私たちはどのように環境に適応しているのか、環境は私たちに何をアフォードするのか、環境と人間の相互作用がどのように知覚に現れるのかを探ってきた。だがアフォーダンスには身体的なものばかりでなく、社会的なものもある。他者は、よい可能性（愛、好意、支援）と悪い可能性（脅威、虐待、対人不安）をもたらす。人間の脳は、こうした社会的アフォーダンスに反応するようにできている。進化の過程で身体的痛みの構造を土台とした社会的痛みの構造が生まれ、それによって、生きるうえで最も根本的な命令の一つが発せられることとなった。——帰属し、愛されたいという動因である。身体のうちに生きるというのは、「石をつかめる」ということだけではなく、「手を握れる」ことをも意味している。最も親密な類の社会的関係は、ふれあうことを通じて築かれていく。

心地よい接触がないと生きられない

ウィスコンシン大学の伝説的心理学者ハリー・ハーロウは、ふれあいの重要性を探究し、多大な影響力を及ぼすこととなった一九五八年の論文の冒頭で、日常生活において中心的役割を果たしている愛情が、学術的心理学においては研究されず、大きな断絶が生じていると論じている。一九五〇年代の心理学者は、ヒトを含む動物は、基本的な生物学的動因（飢え、渇き、痛みなど）に動機づけられ、生存に必要な行動（食べる、飲む、痛みの原因を避けるなど）をとっていると考えていた。では愛情や、社会的つながりを求める欲求はどこから生じるのか。当時の心理学者は、子どもは滋養を与えてくれる養育者に惹かれ、愛情を学習するのだと推測した。乳児がミルクを欲する。養育者がミルクを与える。それをくり返すうちに、乳児は養育者を求めることを学習する——そう考えたのである。

だがその理論は、ハーロウが研究室で観察した結果とは符合しなかった。ハーロウはアカゲザルの仔を使った一連の研究で、アカゲザルがケージの床に敷いた布おむつに愛着を示し、布おむつにしがみついたり、掃除のため布おむつを片付けると癇癪（かんしゃく）を起こしたりするようになることに気づいた。逆に、金網がむき出しになったケージに入れられたアカゲザルの仔は、「生後すぐに死亡するか、生後五日間を生きのびるのもやっと」という状態に陥った。これを見たハーロウの脳裏に、ある考えがひらめいた。乳児が心身の健康を保つためには、基本的な生物学的欲求と同じくらい、心地よい接触が重要なのではないだろうか(12)。

のちに心理学の象徴ともなった実験を行うに際し、ハーロウの研究チームは、アカゲザルの仔の代理母となる二つの偽物の母親を用意した。片方の代理母は木製の人形で、スポンジゴムを巻いた上からパイル地の布で覆ってあり、背後に設置された電球でほんのり温かい。もう一方の代理母は、針金と電球でできている。片方は温かくてふわふわしているが、もう片方は温かさはあるものの金属質だ。四匹のアカゲザルの仔では布の母親に哺乳瓶を、別の四匹の仔では針金の母親に哺乳瓶を取り付けた。結果は驚くべきものだった。どちらの条件群でも、一六〇日にも及ぶ実験期間中、アカゲザルの仔は毎日一二時間以上布の母親と過ごしたのに対し、針金の母親とは一時間に満たない時間しか過ごさなかった。針金の母親からしか食物が得られない状況下でもそうだったのである。

これは、それまで心理学の叡智としてまかり通ってきた、「栄養が行動の動因となり、愛情は授乳の結果として獲得される」という理論に真っ向から対立するものだった。伝統的な考え方に反し、アカゲザルの仔は食物の供給源かどうかは意に介さず、触り心地のよさを強く欲することが明白に示されたのである。「愛着や愛情における重要で基本的な変数が接触の心地よさであることを発見したのは、驚きではなかった」とハーロウは記している。「だがそれが重要度において授乳という変数をこれほどまでに圧倒しようとは、予想だにしないことだった。二者の差があまりに大きいため、愛情の変数として考えたときの授乳の主要な機能は、乳児と母親との頻繁で密な身体的接触を保証することにあるのではないかとさえ考えられる」アカゲザルで真なことは人間にも当てはまるに違いないとハーロウは結論付け、こう付け加えている。「まさに、人はミルクのみにて生くる者にあらずと言えよう」[13]他の霊長類と同じく、人間もまた、生まれ落ちた瞬間から触れてもらわねば生きられない存在なのだ。

皮膚は社会的器官である[14]

他の霊長類と同様に、私たち人間も、最も親密な類の愛情を表現する際には相手の身体に触れる。ヒト以外の霊長類は一日のうちかなりの時間を使って、仲間の身体に触れるグルーミングを行う。たとえばヒヒは、起きている時間の一七％ほどを群れの仲間のグルーミングに費やすが、単に衛生を保つための毛づくろいであれば、必要な時間は日中のわずか一％ほどである。[15]余剰のグルーミングの時間は、社会的絆を強化するのが目的で行われている。おそらくこの心づくしのふれあいは、受け手にとって非常に心地よいのだろう。ヒヒを始めとする人間以外の霊長類は、片手で相手の毛並みをなでるようにかき分け、もう片方の手でごみなどを取る。このかきわける仕草は、人間の愛撫によく似ている。哺乳類は皮膚に、こうした社会的な接触用に調整された特殊な触覚受容器を備えている。

人間の身体は毛で覆われているようには見えないかもしれないが、実際には私たちは進化上の近縁種と同じくらい毛深い。ヒトの体毛には二種類ある。すぐに見分けられるほど太い剛毛と、細くて短く、遠くからでは見えにくい軟毛だ。男性も女性も、顔に生える毛の量は同じである。男性のひげは剛毛だが、女性の顔は軟毛で覆われている。手のひら、足の裏、唇、生殖器*を除けば、身体の残りの部分には毛が生えており、その多くは軟毛だ。毛包（毛穴）の基部には、愛撫を感じ取る受容器が巻きついている。だれかの手があなたの皮膚をなでると、それによって生じた毛の動きを受容器が検出する。なでてくれたのが愛する人だった場合、この接触はこの上なく心地よく感じられるかもしれない。

愛撫の受容器は、神経系におけるカメだ。脊髄を通して、非常にゆっくりと脳にシグナルを送る。伝達速度が遅いため、ゆったりとした愛撫を一、二秒の中断をはさみながら受けたときに、最も強いシグナルが送られる。スウェーデンの研究者たちは、起きている被験者の愛撫の受容器に電極をつけ、受容細胞にとって最適な愛撫スピードを正確に知る実験を行った。受容器上部の皮膚を、柔らかな刷毛（はけ）を使い、異なる速度で優しくなでるという方法である。実験の結果、秒速一センチメートルから一〇センチメートルの速さでゆっくりと皮膚をなでるのが、愛撫の受容器から最大限の反応を引き出せる理想的な速さであることがわかった。研究者たちはまた、刷毛でなでる速度を変えながら、被験者に心地よさの程度を評価してもらった。すると最も心地よいなで方は、秒速一センチメートルから一〇センチメートルであることがわかった。愛撫の受容器が最も強く反応する速度が、最も心地よく感じる速度と合致したのである。

私たちはみな、このことを直観的に知っている。愛する人を愛撫するとき、相手の腕をせわしなくこする人も、のっそりと手を這わせる人もいない。『三びきのくま』のゴルディロックスではないが、愛撫には速すぎず遅すぎず、最も満足のいく速さというものがあるのだ。他者に触れ、他者から触れられることで愛を分かち合うとき、私たちはだれしもこの最適なスピードを見出しているのである。

痛みは、けがの場所を告げると同時に、痛みの原因を取り除くための動機づけにもなっている。同様に、触覚受容器が伝達する情報にも二種類ある。第一に触覚受容器は、どんなものがあなたに触れたか（とがっている、とがっていない、硬い、柔らかい）、また接触があなたの身体のどこで起きたかを知らせてくれる。第二に触覚受容器は、動機づけに関する内容（やり続けろ／やめろ）を伴う、感情的なメッセージ（快／不快）を伝える。第一の情報は反応のすばやい触覚受容器によって伝達され、第二の情報は愛撫の受容器などの反応の遅い細胞によって伝達される。二種類の情報はそれぞれ平行して伸びる経路を通って脳に伝えられ、最終的に第一の情報は体性感覚野に、第二の情報は島皮質（とうひしつ）に送られる。体性感覚野は接触を識別し、場所を突き止める役割を担う。一方の島皮質は、感情や動機づけに関連した脳領域だ。愛するスウィーティーの優しい愛撫でうっとりした夢見心地になれるのは、島皮質のおかげである。機能的磁気共鳴画像法（ｆＭＲＩ）を使用した脳機能イメージング実験では、ちょうどよい速さで愛撫された被験者の島皮質には、高レベルの活性化が認められた[16]。ほかの人が速すぎず遅すぎない〝ゴルディロックス速度〟で愛撫されるのを見ているだけでも、脳に同様の報酬反応が現れることもわかった。したがって、今度好きな人に寄り添うときには、ぜひ以下のことを覚えておいていただきたい。愛撫は深い情緒的な意味を伝える、身体化されたメッセージなのである。

＊　性的に重要な強い匂いを発する剛毛に縁取られてはいるが、ヒトの生殖器自体には毛が生えていない。

MRIで手をつなぐ

現在デニーとともにバージニア大学で教鞭をとるジェームズ（〝ジム〟）・コーンは、トゥーソンのアリゾナ州南部退役軍人病院で臨床心理士のインターンシップを経験したが、その際、ソーシャルサポートが患者の治療にいかに重要かを痛感したという。コーンはPTSD（心的外傷後ストレス障害）を高齢で発症した第二次世界大戦の退役軍人の治療に当たっていた。人生の大半の期間、男性には何の症状も表れなかった。いまになって急に症状が悪化したのもあって、男性は通常の治療を拒否していた。あまりに強いトラウマのせいで、トラウマについて話すことすらできなかったのである。コーンはリラクゼーションセラピーを試み、患者にただ深呼吸するよう頼んだ。だが男性にとっては、単にリラックスしようとするだけでもストレスだった。するとここで男性が、人の心理に関するコーンの考え方を根底から覆すこととなる質問をした。「わかりました、先生。ですが、うちの女房をセラピーに連れてきてもいいでしょうか？」(17)

コーンはもちろんいいですよと答え、男性は次の診察に妻を伴って現れた。コーンは患者にリラクゼーションエクササイズを始めるよう頼んだが、男性はまたも抵抗を示した。すると奥さんが椅子ごと男性ににじり寄り、夫の手を取ったのである。「まるで、電気のスイッチが入ったかのようでしたよ」とコーンは言う。患者はエクササイズをやり始め、最終的には身の毛のよだつ従軍経験を打ち明けるまでになった。だが男性が話をするのは、奥さんが手を握っていてくれるあいだだけだったという。

コーンはこの経験にヒントを得て、情緒的相互依存を探る研究に乗り出した。被引用件数の多いある共同研究では、異性愛者の既婚女性に脳スキャン装置に入ってもらう実験を行った。コーンらは被験者に、いまから三つの条件下で弱い電気ショックを流しますと告げ、ストレスのかかる状況を擬似的に作り出した。三つの条件とは、被験者が一人きりの場合、赤の他人の手を握っている場合、夫の手を握っている場合の三つである。実験の結果、手を握っている二群では脅威に関連する脳活動があまり見られず、とくに夫の手を握っている条件下でその傾向が顕著だった。最も驚くべきは、結婚生活について満足している被験者ほど、恐怖に関連する脳活動が少なかった点である。

数年後、コーンはさらに多様な関係性の相手を伴った被験者を対象に、より大規模な後続研究を行った。この手つなぎ実験では、一一〇人の被験者全員に異性の親しい人を連れてきてもらった⒅。同伴者の種類は、友人、デート相手、同棲相手、配偶者にほぼ四分されていた。被験者は電気ショックの試行を受けたが、その際同伴者の手を握るか、赤の他人の手を握るか、または一人で脳スキャン装置に横たわっていた。この実験でも、被験者が配偶者の手を握っていた場合には脅威に関連した脳領域の活動がさほど見られず、とくにソーシャルサポートを感じている人、つまり配偶者に支えてもらっていると感じている人ほど、その傾向が顕著だった。だが新たに驚くべき発見もあった。脅威が軽減するというこの効果は、配偶者のあいだだけでなく、恋人同士やプラトニックな友人関係においても生じることがわかったのである。ただし、赤の他人は話が別だった。赤の他人の手を握っていた場合には、脅威への反応がかえって増す結果となったのだ。

愛する人の手を握ると、何が起きるのだろう。コーンによれば、「リスクと負担の社会的調節」が生じるという。何やら抽象的で思弁的に聞こえるが、じつはこれはだれもが深く共感できる内容を言い表している。言い換えるなら、人生で遭遇する数々の問題の精神的負担が、仲間がいるおかげで和らぐということだ（ここでもやはり、「手を取り合って頑張ろう」「手を貸すよ」といった言い回しにこのことが反映されている）。数ある発見のなかでも、人間同士のふれあいの持つ特別な力を見出したコーンの功績は大きい。愛する人の手を握っていると、恐ろしいことに直面しても、人は安心感を抱けるのである。こうした研究成果をまとめ上げた理論的枠組みによって、人間が歴史的にどのように進化し、今日どのような機能を備えているかに関する想定の一部は再考を迫られることになった。この理論的枠組みを、ソーシャル・ベースライン理論という。ソーシャル・ベースライン理論の中核をなす主張は、ヒトという種の自然状態は、社会的文脈に体現されるというものである。資源（リソース）を共有し、努力を要する困難にともに立ち向かってくれる他者に囲まれていることが、人間の自然状態なのだ(19)。ソーシャル・ベースライン理論はさらに、人間の自然状態は「脳が『自己』と解釈するものを変化させ、自己像を、社会的ネットワークや人間関係を結ぶ他者をも含んだものへと拡張する」と説く(20)。ソーシャル・ベースライン理論が言わんとしているのは、私たちはだれしもみな、社会的な世界に生きるはずの存在だということだ。周囲に他者がいるというのが、人間にとっては当然の、本能的な想定である。周囲に他者がいるかどうか、いるとしたらどのような他者かということが、私たちが知覚する個々人の世界を形作っているのである。

友の存在が重荷を軽くする

ギブソニアンの用語を用いて考えてみても、ソーシャル・ベースライン理論は理にかなっている。

物理的にであれ感情的にであれ、重荷を担ってくれる仲間がいるときには、アフォーダンスは変化するのだ。この考え方は、箱を一人で持ち上げるときと二人で持ち上げるときとで箱の知覚重量がどう変わるかを探った研究によって、実証されている。[21] 実験ではまず被験者に、じゃがいもを入れた箱の重さを推定してもらう。箱の重量は、じゃがいもの数を増減するという方法で、試行のたびに変えられている。被験者は重量推定のあと、一人で、あるいはもう一人と一緒に箱を持ち上げる。被験者にはその後、再度箱の重さを見積もってもらうという実験である。実験の結果、持ち上げる前の重量推定の際、一人で持ち上げると思っている場合には、手伝う人がいるとわかっている場合に比べ、推定重量が重くなることがわかった。それだけではない。箱を持ち上げたあとの重量推定でも、一人で持ち上げた場合に比べ、この重労働を分かち合う仲間がいた場合には、推定重量が軽くなったのである。とりわけ独創的なある実験では、手伝う人が健常者か、明らかな身体障害者かの二つの条件が設けられた。すると障害者に手伝ってもらう場合には、健常者に手伝ってもらう場合に比べ、事前の推定重量が重くなった。これらの研究結果からは、重荷を担ってくれる人がいると、つらさが半減するというだけでなく、実際に重荷の知覚重量が減ることがわかる。

本書の前半で紹介したデニーの研究に、重いバックパックを背負った人は、バックパックがない人に比べ、坂の傾斜をきつく見積もるという研究があった。ではバックパックを背負った被験者の隣に、友人がいたらどうだろう。支えとなってくれる友人がそばにいると、坂の傾きは実際より緩やかに見えるのだろうか。二〇〇七年のある日、シモーン・シュノール*がデニーの研究室に持ち込

＊　当時のシモーンはバージニア大学のポスドクだった。現在はイギリス、ケンブリッジ大学の教員である。

んだのがこの疑問だった。当時のデニーはまだジェリー・クロアやジム・コーンの影響を受けておらず、当然ながらシモーン・シュノールの思想にも染まっていなかった。友人の存在が坂の傾斜知覚に影響を及ぼすわけがない、とデニーは頑として譲らなかった。だがその考えは、とんでもなく間違っていたことが判明する。

この疑問を契機とする研究は、二つの実験からなる。(22) 被験者が一人で、または友人と一緒に坂の傾斜推定を行う第一の実験では、友人がいると傾斜が緩やかに見えることがわかった。第二の実験では、被験者に友人のこと、ニュートラルな人のこと、または嫌いな人のことを考えてもらった。するとまたしても、友人のことを考えると、ニュートラルな人や嫌いな人のことを考えたときに比べ、知覚される坂の傾きが緩やかになった。ニュートラルな人か嫌いな人のことを考えるという二つの条件下での結果には、さほどの差は見られなかった。まだある。これはコーンの手つなぎ実験を連想させるが、付き合いの長さ、親しさの度合い、感じる温かみの度合いといった社会的関係の質が高いほど、坂の傾斜は緩やかに見えた。

「友の存在は重荷を軽くする」とよく言われるが、これは比喩として当たっていると同時に、文字通りの意味でも真実なのである。坂の傾きの知覚に関して言えば、友人はあなたの背中を押して坂を登らせてくれるわけではない。むしろ友人の存在には、好機や困難が訪れた際に、助力やサポートを当てにできるという意味がある。坂を登るのに資源(リソース)を費やさねばならない点に変わりはないが、使える資源の総量が、友人の資源を含んだものへと拡張されるのだ。

労力と忍耐を要する大仕事と言えば、子育てだろう。子どもの養育と教育に地域社会の積極的な関わりが欠かせないことを如実に示す言葉に、「一人の子を育てるのに村人全員の協力がいる」ということわざがある。このことわざの起源がアフリカなのかアメリカ先住民なのか、はっきりしたことはわかっていない。NPRのブログ記事には、ウィリアム・パターソン大学のアフリカ地域学教授ローレンス・ムボゴニが記した言葉が引用されている。「実際にアフリカのことわざだったかどうかはともかく、『一人の子を育てるのに村人全員の協力がいる』という言葉には、アフリカの片田舎で育った私のような人間にはたやすく首肯できる、現地の地域社会のリアリティが反映されている。子どもの頃には両親だけでなく周囲の大人全員が、私の行いを、なかでも私が悪さをするかどうかを気にかけていた。悪さをすればどの人からも叱られたりお仕置きをされて当然だったし、みな私のいたずらを両親にも知らせ、その結果両親からもお灸を据えられるのが常だった。大人たちが気にかけていたのはもちろん、地域社会の道徳的健全性を保つということである」[23] 子育てに必要なソーシャルサポートを巧みに言い表したこうした金言は、世界各地でそれぞれ別個に編み出されている。人は親だけでは子育てをしない。いや、できないのだ。人間の赤ちゃんは、あまりにも長いあいだ、あまりにも手がかかりすぎる。保護者には周囲の助けが不可欠である。

母親と他者[24]

初期人類の家庭生活を考えるにあたって、私たちの社会に深々と根を張った男性中心主義的な決めつけの一端を打破してくれたのが、カリフォルニア大学デイヴィス校名誉教授サラ・ブラファー・ハーディである。おそらく古人類学創成期のヴィクトリア朝時代にあった先史時代への思いこみから生まれたものだろうが、従来の説では、人間の祖先系統の社会的単位は男女のカップルであり、男性は狩猟をし、女性は食べられる植物の採集とともに、子育てを単独で担っていたと考えられてきた。だがハーディは自らの研究と著作、とくに『*Mothers and Others: The Evolutionary Origins of Mutual Understanding*（母親と他者――相互理解の進化的起源）』において、初期人類のありようをこうした孤立無援の個人主義的なものだったとみなすのは甚だ間違っているという、説得力のある主張を行っている。それどころか、進化生態学と単純な計算から考えても、そのような家庭生活を維持するのは不可能であったはずだというのである。

狩猟採集民の女性は、三、四年ごとに子を産む。これは大型類人猿の約二倍も多産だ。親になった人ならばわかるだろうが、人間の乳児は養育者への依存度が極めて高く、成長が遅く、育てるのにコストがかかる。子育てにはおよそ一三〇〇万キロカロリーの損失が生じるという試算もある。[25]つまり狩猟採集民の両親が他者からの援助なく子育てをするのは、どうやっても不可能だったのだ。親族や非親族と協力して子育てをすることを、「アロペアレンティング（共同養育）」という。霊長類の半分ほどの種は何らかの形で共同で育児を行うが、大型類人猿を含むヒト科のなかで共同養育を行うのは、ヒトだけだ。オランウータンやゴリラやチンパンジーの場合、母親以外は子どもの世話をしない。「たとえばオランウータンの母親は、他の個体には自分の赤ん坊を触らせません」とハーディは言う。[26]「生後六か月までは赤ん坊を肌身離さずそばに置いていて、片時も離れることはありません。しかも七年間も授乳します。とても一途で献身的で、排他的な子育てを行うのです」

現代の狩猟採集民に関する研究結果を知ると、アロペアレンティングがいかに重要かに得心がいく。アフリカ南部に住むクン・サンの研究では、乳児が泣くと母親と一緒に他の村人もやってくること、泣いた場合の三分の一では、実際に乳児の世話をするのは信頼できる他人であることがわかった。[27] 同様のパターンは、コンゴ共和国に住むピグミー系狩猟採集民エフェにおいても観察されている。平均的な乳児には一四人ほどの養育者がおり、中心的な役割を果たすのは母親だが、祖母、父親、おば、兄弟、姉妹もみな乳児の世話をするほか、血縁関係のない村人も子育てに関わる。こうしたアロペアレンティングは、乳児の生後すぐに常態化する。新生児は生後一日目からグループメンバーの手から手へと回され、生後三週間で四〇%の時間を共同養育者（アロペアレント）と過ごし、生後一八週間では六〇%の時間をアロペアレントと過ごす（残りの時間は母親と過ごす）。同様のパターンは、他の狩猟採集民でも観察されている。

ヒトの乳児は、兄弟姉妹との競争にさらされたことと潜在的な養育者が幅広かったことで、自分を養育してくれるのがだれで、どうしたら養育してもらえるかを、かなり幼いうちに確定できるよう進化したのではないかという仮説をハーディは立てている。養育者が乳児と感情を同調させる「情動調律」がなされる方向へと、自然選択がはたらいたのだろう。ハーディはこれを、ある思考実験のなかで詳しく説明している。「まずは、知的で二足歩行をする霊長類を思い描いていただきたい。この霊長類には現代の大型類人猿に見られるような、かなり発達した認知力や手の操作性、原始的な〈心の理論〉もあるとする。この霊長類が育つ新たな発達の文脈においては、母親の育児が周囲のソーシャルサポートの有無に左右され、子の生存は複数の養育者からどれだけの養育を引き出せるかにかかっているとしよう。このような環境下では、特定の社会的選択を受けやすい、新たな表現型の霊長類が生じる。そうして何世代も経たのちには、他者に気に入られるのが得意な子のほうがより手厚い育児や多くの食物を得られ、生存の確率が上がることだろう」[28] 第一、赤ちゃんの姿を目にして、心がとろけない大人などいるだろうか。脳機能イメージング研究でも、知らない乳児の顔を見た際には、まず間違いなく七分の一秒以内に、報奨や美に関連した脳領域である内側眼窩前頭皮質に脳活動が生じたが、知らない成人の顔を見てもそうはならなかった[29]。じつのところ、赤ちゃんが赤ちゃんらしい顔つきをしている場合ほど――つまり輪郭が丸っこく、額が広いほど――血縁関係のない被験者はその赤ちゃんをかわいいと思い、世話をしようという気になる[30]。乳児にとってかわいらしさとは、人間の生態環境に合わせた進化的適応の中核であり、世話を焼いてもらうために備わったアフォーダンスなのである。

ハーディの研究によって、ヒトの祖先が暮らした太古の時代が現代につながった。子育ては複数が携わる大仕事として進化したのであり、家庭の一翼はつねに働く母親が担ってきたのである。それどころか、二十世紀半ばのアメリカ社会においては〈稼ぎ手と主婦からなる孤立した核家族〉が主要な家庭モデルだったが、この形が主流をなしていたのはこの時代だけかもしれない。これは歴史的には奇異な家庭の様態であり、自然な通例どころか、むしろ非常に稀な例外なのだ。今日、広範囲の先進諸国で見られる人口動態の傾向が、母親以外による支援の重要性と、仕事と子育てを両立させる必要性の証左となっている。保育事業という形でのアロペアレンティングに国が本腰を入れて取り組んでいるフランスやスウェーデンなどは人口置換水準に近い出生率を保っているが、働く母親へのサポートが十分でない国は人口減少のリスクにさらされているか、すでに人口減少に見舞われている。スペインやイタリア、多くの地中海沿岸諸国に加え、韓国や日本もこれに相当する。日本では近年、小さな市町村の学校が廃校になることが珍しくない[31]。アメリカにしても、出生率が急激な落ち込みを見せていない唯一の理由は、人口のかなりの部分を移民が占めているからにすぎない[32]。移民のあいだでは、母親以外による共同保育もより起こりやすいと考えられる。女性が専門職か母親業かどちらかを選ぶよう強いられる社会では、専門職につく女性も母親も、ともに数が減ってしまうのである。

絆の力

一九四〇年代、イギリスの心理学者ジョン・ボウルビィは、乳児が母親と築く絆がなぜこれほど特別なのかを見極めようとしていた。精神分析学による説明はどうもいただけなかった。さまざまな「動因」や乳房へのあこがれを持ち出し、栄養に主眼を置く見方である。といって、行動主義心理学の考え方もあまり助けにはならなかった。基本的な生物学的欲求を満たしてやれば、あと乳児に必要なのは十分な刺激だけだという見解である。母性的養育の剝奪が乳児に多大な痛手をもたらすのは、情緒的な絆が失われたからではない、と行動主義心理学は説く。そうではなく、乳児が夢中になるような経験を養育者が与えていないことが問題だというのである。

戦時下のイギリスで不適応児のための学校で働き始めたボウルビィは、人間の生きざまがじつに多様であることに驚きを覚えた。生徒が非行に走るのは、フロイト派の学者が主張するようなリビドーに起因する葛藤であるとは思えなかった。問題の根は、子どもたちが親と築いている関係性の質にあるのではないか。その後小児科病院に配属されたボウルビィは、患者である少年窃盗犯たちの研究を行い、彼らのほぼ全員が母親との関係に問題を抱えており、父親との関係が芳しくない者も多いことに気づいた。

父ジグムント・フロイトが創始した精神分析の流儀を受け継いだアンナ・フロイトは、母性愛を

「食器棚の愛」と呼んだ。フロイト派の見方によれば、乳児が真に欲しているものは食べ物だけだからである。ボウルビィはのちにこう述懐している。「私にはどうしてもそれが本当だとは思えませんでした。本当でないことはわかっていましたよ。母乳かミルクかに関してももっともらしい理屈付けが盛んに行われていましたが、私にはどれも無意味な空論としか思えませんでした。臨床での体験とはまるで一致していませんでしたからね。診察で顔を合わせた母親のなかには、粉ミルクで育ててはいるがとても愛情深い母親もいれば、母乳育児をしながら子どもにまったく愛情を注がない、非常に冷淡な母親もいました。私には授乳方法の違いはまったく無関係か、ほぼ無関係に思えました。ですから従来の見解には懐疑的だったのですが、代わりに標榜すべき理論はこれといってなかったのです」(33)

そんなときボウルビィは、たまたま友人に教えられて、オーストリアの動物行動学者コンラート・ローレンツの研究を知った。ローレンツの数多い業績の中でも、ことによく知られているのが「刷り込み」に関する研究である。カモやガンなど一部の動物が、孵化後最初に見たものを追尾するようになる現象だ（いまや古典となったある実験で、ローレンツはハイイロガンの卵を二群に分け、一群をガチョウに預け、もう一群を孵卵器に入れた。ガチョウのもとでかえった雛にはガチョウへの刷り込みが起きたが、孵卵器で孵化した雛が最初に見たものはガチョウではなく、ローレンツだった。ローレンツは念のため雛たち全員を集めて上から逆さにした箱をかぶせ、箱をどけてみた。すると半数はガチョウに、残りの半数は「ローレンツ先生」に駆け寄ったのである）(34)。

これ以前にも、動物行動学において「種特有の行動」と呼ばれるものの存在は確かめられていた。これは、種のほぼすべての個体に共通する一連の行動を指す。イヌがワンと吠え、ネコがニャアと鳴き、ヒトが言語を用いる点などがそうだ。種特有の行動の一部には、臨界期が存在する。つまり正常に獲得されるためには、幼い頃に学習されなければならないという制約があるのである。鳥はさえずりを父親から学習するが、特定の時期でないと学習は成功しない。ガンの雛には母親への刷り込みが起きるが、それも特定の時間枠のあいだだけだ。その枠を外れると、正常で機能的な絆は生じることがない。

ボウルビィは母親と乳児の絆を、臨界期のある、種特有の行動とみなすようになった。赤ちゃんは泣かずにはいられないし、親は慰めずにはいられない。そこにあるのは、欲求と愛情のやりとりを通して築かれる、相互の絆である。この絆がなかったり、機能不全の絆を構築してしまったりすると、他人とうまく付き合える、自信に満ちた大人になるための子どもの発達が阻害されかねない。「この母子の絆を表す学術用語としてボウルビィが使い始めたのが、『愛着（アタッチメント）』である」愛着理論の歴史を綴った独創的な著書で、ロバート・カレンはこう書いている。「ただし、一度だけの出来事を思わせる『絆の形成（ボンディング）』という用語とは異なり（中略）、『愛着（アタッチメント）』は複雑で発展の途上にある過程を示唆している。ボウルビィの言う愛着はむしろ、まったく同じではないにせよ、愛の概念に極めて近い」[35]

人は愛着が築かれることを想定して生まれる。愛着の状態は、他者が作る社会的世界のアフォーダンスを私たちがどう知覚するかをも形作っている。社会的痛みに神経解剖学的裏付けのあることが、その証左だ。人付き合いを求める人間の本能があまりに根深いために、その本能に従えとの命令が、感覚・感情の皇帝たる痛みによって発せられるのである。

ボウルビィの愛着理論は母と子の絆に限定されていたが、その後数十年のあいだに、愛着の対象が、人生で築かれる心の拠り所となる幅広い人間関係全般に広げられるようになった。安全な避難所や安全基地である人――つまり、傷つき、脅威を感じ、不安になったときに頼りにする人のことを、「愛着人物」という。理論的には、子どもは思春期になるにつれ親から自立しようとし、友人と愛着を結ぶようになるとされている。成人する頃には、愛着の対象は親からピア（仲間）へ、より具体的には恋人へと移る。

赤ちゃんが遊びを通してボールやガラガラのはたらきを理解するのとまったく同じように、子どもは乳幼児期の社会的関係を通して、〝人のはたらき〟を――さらには必要な愛情と養育を得るためにはどうふるまえばよいかを――学ぶ。ボウルビィとのちに共同研究者となったメアリー・エインズワースは、有名な「ストレンジ・シチュエーション法」実験を通して、愛着とそのスタイルに関する実証的な検証を行った。マジックミラーの向こう側で子どもと遊んでいる母親に、部屋を出ていき、また戻ってきてもらう。母親に出ていかれたときと再会できたときの乳幼児の母親に対する態度を、実験者が観察するという実験である。母親との分離と再会に子どもがどう対処しているかは、母親への愛着が安定しているかどうかの指標になる。正確な定義に関しては研究者と臨床医のあいだでも意見が分かれているが、子どもが示す愛着にはいくつかの異なるスタイルがある。安定型は、しっかりと安定した愛着だ。不安型は不安に陥りやすいタイプの愛着で、子どもは過剰に母親のそばにいようとする。子どもがよそよそしい場合は、回避型だ。のちに、愛着研究の新たな潮流の高まりを受けてエインズワースと共同研究者が同定したのが、子どもが想定外の反応や怯えた反応を示す、無秩序型である。こうしたスタイルの違いは、大まかに言って、母親のふるまいに応じた子どもの適応の仕方で生じている場合が多い。母親が子どもの自主性を重んじられず、わが子を一人遊びさせられない場合には、乳児自身も自律できず、つねに母親のそばにいたがる。一方、わが子の感情をはねつけるような母親だと、乳児は感情を抑えることを学んでしまう。

アメリカの成人の場合、およそ五〇から六〇％が「安定型」愛着を形成していると見られており、彼らは恋愛や結婚関係を築き、その関係に満足している可能性が高い[36]。それ以外の人々は、恋愛や結婚関係において何らかの（多くの場合表には出ない）ストレスを抱えている。相手を息苦しくさせるほどパートナーにべったりでないとだめな人もいれば、相手が弱さを見せたとたんに怖気づいて逃げ出す人もいる。なかには親密さにネガティブな連想しかはたらかず、どんな恋愛関係も持とうとしない（あるいはどんな関係も長続きしない）人もいる。ぜひとも覚えておきたいのは、こうしたカテゴリーは運命とは違うということだ。何らかの理由で不安定な人間関係の中で育った人も、同じ相手と長く付き合ったり、セラピストの助けを借りたりすることで、より安定した自我を持てるようになる。これが「獲得安定型」である[37]。

ソーシャル・ベースライン理論には、自分自身を社会的世界に埋め込まれた存在として理解するという、ヒトという種特有の本能的な性質が反映されている。こうした社会的世界を特徴づけるのが、愛着だ。あなたが経験しているのは、恋人や友人、家族の客観的なリアリティではない。あなたはどのような人にどのように育てられたかという自身の養育環境のレンズを通して、恋人や友人や家族を感じ取っているのである。人間はどのような動物か。社会的動物だ。人間は何を知覚するか。社交の機会とコストに満ちた世界を知覚するのだが、そこには個人の愛着生活史に応じた偏りが加えられている。安定型愛着スタイルの人は、そこにより多くの機会を見る。不安型愛着スタイルの人は、そこにより多くのコストを見る。こうした偏りは、それ自体が自己成就的である。

近年の研究によって、かつて（少なくともある一時期）は価値のない愛着スタイルと考えられ、治療されるべき疾患とみなされていた不安型と回避型に、じつは進化的適応性のあることが明らかになってきた。独創的な実験デザインによってこの問題を研究しているのが、イスラエルの心理学者ツァヒ・エインドールだ。被験者の集まった部屋に少しずつ毒性のない煙を充満させるという実験では、「愛着不安」が高い人を含む実験群のほうが、よりすばやく危機を回避できた。関連するエインドールの実験で、被験者にコンピュータがウイルスに感染したと信じこませる実験では、「回避型」の人を含む実験群のほうが、技術担当者への連絡をよりすばやく行った。[38] これらの実験結果によって、エインドールの仮説を支持する証拠が得られた。すなわち、愛着スタイルが不安型や回避型の人には、仲間に危険を知らせたり、すばやく行動をとったりすることで、グループに貢献し得る価値があるのではないかという仮説である。他の研究者による近年の研究では、ひとり親家庭ではない安定した養育を受けた子どもは、他者の考え方を受け入れやすいことがわかっている。[39] これはハーディの著作の内容とも一致している。安定型愛着は、研究者らの言う「適応の連鎖反応（カスケード）」の誘引となる。不安や悲しみを感じても大丈夫だと学習できた子どもは、統一学力テストを受ける際のプレッシャーにも対処しやすくなる。生後九か月で安定型愛着の徴候を見せた子どもは、一一歳で受けた統一学力テストの点数が高かった。愛着スタイルは、スマートフォンの使用法にも影響を及ぼすらしい。社交に不安を覚える人は、スマホがないと丸裸にされたような気分になる。社交を回避しがちな人は、着信音や通知音を鳴らさない設定にしたがる。そうすることで、他者との交わりを柵の向こうに遠ざけているのである。

認知的加齢と社会的ネットワーク

歳をとるにつれ、身体能力と知的能力は低下していく。これはだれでも知っていることだが、意外にも認知力の低下は高齢になってから生じるわけではない。驚くべきことに、認知機能は青春真っ盛りの二十代で徐々に低下しはじめ、五十代後半から六十代にかけて大幅に減退する。だが加齢の仕方は人さまざまだ。定期的に運動する健康な人は、健康に問題を抱えた座ってばかりの人より、認知力を保ちやすい。また特定の人生経験を積んでいると、認知機能低下に歯止めをかけるのに役立つ。そうした経験のなかでも重要なのが、強固な社会的ネットワークを築いていることだ。

認知機能低下は加齢による自然な変化の一つである。白髪や肌のしわが増えるのと同じように、年齢とともに記憶力と論理的思考力が落ちていくのは、避けがたい成り行きだ。一方、認知症やアルツハイマー病は、歳をとると発症しやすくはなるものの、脳でひそかに進行していた病変に起因する疾患である。にもかかわらず、アルツハイマー病が原因の認知機能障害も、友人や家族と強い絆を築いていると、軽減することがあるのだ。

アルツハイマー病に関する最も包括的な研究の一つが、アメリカ国立老化研究所の助成金を受け、シカゴ都市圏から参加者を募って行われた、ラッシュ大学の記憶・加齢プロジェクトである[40]。そのうち、ソーシャルサポートとアルツハイマー病患者の認知機能に関するある研究では、認知症の診断を受けていない高齢者八九人に参加してもらい、死亡するまで何年にもわたって追跡調査を行った。参加者は毎年、認知機能を評価する複数のテストを受け、社会的ネットワーク（人間関係）の深さと広がりについて面接で質問された。死亡時には脳の病理解剖が行われた。その結果、死後の脳剖検で判明した病変の広がりと、晩年の認知力の低さが関連付けられたが、これは予想の範囲内だろう。意外なのは、参加者の社会的ネットワークの大きさが、深刻な認知機能障害の少なさと関連付けられたことだ。幅広い交友関係があった人は、脳の病変が広範囲に広がっていても、依然高い認知機能レベルを保っていたのである。

この希望が持てる驚くべき発見は、ぜひとも覚えておきたいポイントだ。脳の病変が同程度であっても、人によって、認知機能レベルには雲泥の差が出る場合がある。明暗を分けるのは、どれだけほかの人とつながっているかだ。アルツハイマー病にかかったとしても、友人や家族と交流することで、症状を軽度に抑えることが可能なのである。

健康、寿命、幸福、認知機能――このどれもが、ソーシャルサポートによって維持され、よりよいものへと変えられている。愛する人の手を握ると、不安が和らぐ。友人と登る坂道は、それほど急坂に見えない。こうした発見が教えてくれるのは、人間の環世界（ウンヴェルト）――知覚世界――は他の人々であふれており、彼らは私たちの幸福や健康を気にかけ、困ったときには手をさしのべる存在として知覚されているということだ。そうした他者への期待は、幼少期から大人になるまでに各自が味わった、愛着の経験によって形作られる。ヒトという種は、社会的動物となるよう進化した。人間の赤ん坊を育てるには膨大な手間と時間がかかり、親一人では到底無理だ。社会的動物である私たちは、世界を、社交の機会とコストに満ちたものとしてとらえる。そして自分を、仲間と形作る特定の集団、すなわち「内集団」に属する一員とみなす。その外側にいる人々は、「外集団」だ。

第八章 同一化する

二〇一七年八月十一日から十二日にかけて、数百人の白人至上主義者がバージニア州シャーロッツビルに集結した。南軍の二人の将軍、ロバート・E・リーとトーマス・ジョナサン・〝ストーンウォール〟・ジャクソンの銅像の撤去に抗議するためである。クー・クラックス・クラン（KKK）やネオナチを始めとする極右団体の構成員が、松明を掲げて行進し、人種差別的なスローガンを叫び、「お前らに乗っ取られてたまるか。ユダヤ人に乗っ取られてたまるか」とくり返した。参加者はセミオートマチックライフル、南軍戦闘旗、鉤十字を振りかざしていた。現地には集会に抗議する人々も集まっていたが、そこに二〇歳の白人至上主義者の運転する車が突っこみ、シャーロッツビル在住のヘザー・ヘイヤー（三二歳）が轢き殺された。

家族や友人知人と同様に、デニーもこの事件に衝撃を受け、悲しみに胸を締めつけられた。愛する地元で、なぜこれほどの憎しみと暴力に満ちた事件が起きたのか。一週間ほどのあいだ、デニーはこの憎悪と暴力を外部の人間のせいにすることで、苦しみを紛らわせていた。よその町や州から、騒ぎを起こしてやろうとシャーロッツビルに乗り込んできた連中が悪いのだ。だがすぐに、この自己奉仕バイアスのかかった説明は間違いであることがわかった。事件から一週間後、バージニア大学芸術科学部の学科長とセンター長が参加する学部長会議が開かれた。その席上で、同大カーター・G・ウッドソン・アフリカ系アメリカ人およびアフリカ研究センターのセンター長、デボラ・マクダウェルの話を聞いたことで、事件の背後にいかに根深い大きな問題が横たわっているかが、ようやくデニーにも飲み込めた。バージニア大学は人種差別的な状況のもとに創立された大学であり、そうした状況はその後も維持され、現在に至るまで当地にはびこっているとデボラは語った。「邪悪さを軽々しくよそ者のせいにすることはできません。悪はつねにこの町に巣食い、私たちの中に息づいてきたのです」

白人至上主義者がシャーロッツビルでデモ行進することになったきっかけは、南軍将軍の銅像の撤去を求める決議案が市議会に提出されたからだった。いずれの銅像も南北戦争終結から五〇年以上経って制作され、除幕式の際には式典の一環としてＫＫＫが市中心部を練り歩き、それに合わせて白人市民が賛美歌「見よや十字架の」を合唱した。今日シャーロッツビルで暮らすアフリカ系アメリカ人にとって、これらの像が現存していることは何を意味するだろうか。撤去が提案されるまで、デニーはこの問いを考えてみたことがなかった。バージニア大学の創立者は、奴隷にされた人々を使用していたトーマス・ジェファーソンである。バージニア大学を建設したのも、奴隷にされた人々だ。創立後何年ものあいだ、学生は身の回りの世話をさせる奴隷の使用人を伴って入学した。二〇一七年の段階で、バージニア大学の敷地内には、こうした奴隷にされた人々が大学内で生き、死に、埋葬されたことを示す銘板や記念碑などは一つも存在していなかった。だがあの夏に一連の出来事が起きて以来、黒人奴隷に対するこうした無関心は急速に変わり始めている。デボラ・マクダウェルの話を聞いてからというもの、デニーはにわかに人種差別的表現（リーやジャクソンの銅像もその一例だ）に気づくようになった。こうした表現はシャーロッツビルの至るところで目にするにもかかわらず、それまではまったく気づいていなかったのである。

偏狭さは利他主義の裏の顔でもある。これはブルース・スプリングスティーンの曲名にもなっている、「ウィー・テイク・ケアー・オブ・アワ・オウン（自分たちの面倒は自分たちで見る）」[1]という原則から派生したものだ。分かち合う資源には限りがある。「内集団」対「外集団」、「うちの部族」対「よその部族」――こうした分け隔ては、偏見や暴力の温床であるというだけでなく、協力や利他主義の基盤でもある。ヒトは社会的にならざるを得ない種である。親だけでは子を養育できないがゆえに、子の生存を確かなものにする社会集団が必要となる。繁殖率や子が自立するまでの成長期間といった、純粋に生物学的な理由によって、親単独での子育ては到底無理なようにできているのだ。だが、もし資源が不足していたらどうか。まずは「アワ・オウン」、つまり自分の家族や仲間の面倒を見ることを優先し、外部の人間に対しては多少物惜しみするようになっても不思議はない。ではどのように特定の相手を「外集団」、つまり利他主義やソーシャルサポートを授けるに値しない相手として区別するのか。私たちがとっているのは、「彼ら」と「我ら」の相違点を際立たせるという手法だ。「あいつらのやり方はああだが、おれたちのやり方はこうだ」と対比するのである。心理学の文献では、このような対比のパターンを「偏狭な利他主義」と呼ぶ。偏狭な利他主義仮説では、外集団への攻撃性と内集団への協調性という二つの特性が、ヒトのあいだでおそらく共進化したのだろうと考えられている。[2]「自分たちの面倒は自分たちで見る」という信条に固執しすぎると、多くの場合「他人の面倒は見なくてよい」という考え方が生まれる。その根底には、「利他主義を無条件に推し進めると、自分たちが貧困や飢餓に苦しむことになるだろう」という推論がある。こう仮定しているからこそ、「何もかも取られるのが嫌なら、サポートする相手を選り好みしなければならない」という考えが生まれるのである。限りある資源を守る必要性に駆られた人々は、自分たちが属し、互恵的利他行動を期待できる内集団を他とは区別し、自他の集団を上下関係（ヒエラルキー）で見るようになる。通常こうした内集団には、家族、地域共同体、宗教、国、人種などが含まれる。

この「内集団」対「外集団」というダイナミクスは、市民や公民としての義務を果たす場合によく発生する。人間は複雑に絡み合った関係性の中で生きる存在であり、それゆえに公共の利益のためにわが身を犠牲にすることがある。共同体のため、宗教のため、あるいは国のために自分の命を危険にさらすこと――私たちは時に、これをヒロイズムと呼ぶ。こうした英雄的行為がなされるのは、野蛮な異国人（バーバリアン）と映る存在が間近に迫った場合であることが多い。唾棄すべき外集団が、愛する内集団を危険にさらしているととらえるのだ。

集団間の争いは歴史を動かす原動力の一つだが、これまでにどれほどの苦しみがそこから生み出されてきたかを思うと、背筋が凍る思いがする。一万年前の遺物ですでに、集団間暴力を示す初期の証拠が見つかっている。ケニアの湖の近くで、虐殺されたと見られる二七人の人骨が発見されたのだ。集団間の争い自体は、化石記録が示すよりはるか昔からあったのだろうと想像がつく。[3]二十世紀だけ取ってみても、二億三〇〇〇万人以上の人が、戦争やジェノサイド、その他の集団間の争いで命を落としている。[4] 引きも切らぬニュース報道で明らかなように、集団間の争いは非常に今日的な問題でもある。二〇〇二年から二〇一一年にかけて、世界では一〇万四〇〇〇件のテロ事件が発生した。[5] 南部貧困法律センターの集計によると、二〇一八年にアメリカで活動していたヘイトグループの数は、一〇〇〇団体以上に上った。ドイツやアメリカ、ルワンダで奴隷制やジェノサイドが引き起こされた遠因は、特定の集団を外集団としたことである。こうした外集団化は、移民排斥主義の原動力ともなる。EU離脱（ブレグジット）しかり、シャーロッツビルでの白人至上主義者の集会しかり。二〇一〇年代、ブラジルやポーランドを始め、各国の選挙結果を大きく揺るがした極右勢力の復活も、背景には外集団化による移民排斥主義があった。だが他者が自分と同じ内集団の仲間か、外集団に属すかを同定するということは、単にあなたが相手をどう思うかという問題ではない。そこには、自分だけが持つ対人関係（ソーシャル）の世界の中で、あなたが相手をどう見ているかが関わってくる。内集団／外集団の同定は、知覚の問題なのだ。*

帰属する集団でものの見え方が変わる

一九五一年十一月のある肌寒い土曜日、プリンストン・タイガースがダートマス・インディアン

＊　本章では一貫して、「identify（同定する、同一化する）」という語を「社会的アイデンティティー」に関わる意味で用いている。本来のアイデンティティーという語の定義には、言うまでもなく人格、天職、好悪などにまつわる、より幅広い意味が含まれるだろう。

ズを迎えて行われたアメリカンフットボールの試合は、スポーツ史に残る波乱の一戦となっただけでなく、心理学の歴史においても重要な分岐点となった。両チームとも、これがシーズン最終戦だった。それまで全勝のプリンストン・タイガースはこの時点で首位を独走中で、その立役者がディック・カズマイアーだった。カズマイアーは全米代表チームにも選ばれたハーフバックで、つい先日タイム誌の表紙を飾ったばかりであり、このあとカレッジフットボール最高の栄誉であるハイズマン賞を受賞することになる選手である。

試合は、キックオフの瞬間から荒れ模様だった。レフェリーがしきりに笛を吹き、フィールドにペナルティフラッグを投げる。スター選手のカズマイアーは鼻を骨折し、第二クォーター中に交代を余儀なくされた。第三クォーターではダートマスの選手が脚を骨折し、担架で運ばれた。試合は13対0であっけなくプリンストンが勝った。スコア以上に凄まじいのは、反則による罰退が両チーム合わせて一〇〇ヤード以上だったということだ。

ただちに舌戦が始まった[6]。両校の学生新聞は、試合後の数号で、互いに相手チームが汚い試合運びをしたと非難しあった。デイリー・プリンストニアン紙は「スポーツとは名ばかりのこれほど不愉快なショー」は見たことがないとし、「そのとがは概ねダートマスにある」と書いた。これを受けてザ・ダートマス紙もやり返し、チームの要の選手を痛めつけるという、「プリンストンが非難したまさにその汚いやり口を、タイガースは他チーム相手に見事にやってのけている」と断じた。試合が報復合戦に堕したのは間違いない。だが、最初に始めたのはどちらなのか。

意見の相違に基づくこうした非難の応酬は、当時もいまも、観戦型スポーツではおなじみの光景だ。だが心理学者のアルバート・ハストーフ（ダートマス大学所属）とハドリー・キャントリル

（プリンストン大学所属）にとっては、これは知覚の衝突（衝突における知覚とも言える）を研究するまたとない機会だった。試合の一週間後、二人は両校の心理学部の学生にアンケートを取った。プリンストン大生の大半は、最初に汚いプレーをやり始めたのはダートマスだと考えていたが、ダートマス大生の過半数は、試合が荒れたのは両チームの責任だと思っていた。継続実験では、バイアスや記憶違いをなくすため、どちらの大学の学生にも実際の試合のフィルムを見せ、上映中から、反則だと思うプレーや試合の印象を書きとめてもらった。プリンストン大生は、ダートマスがプリンストンの二倍に上る反則を犯していると考えた。一方のダートマス大生は、ダートマスの反則数は、プリンストン大生が挙げた数の半分にしか達していないと考えた。しかもダートマス大生は、自チームが犯したとされる反則の大半は、ハイズマン賞候補のカズマイアーを守ろうとしたレフェリーが過剰にコールした結果だと考えていたのである。

これはどう解釈すればよいのだろうか。ハストーフとキャントリルにとって、敵チームが自チームより多くの反則を犯しているように見えるというバイアスは、ある事実を指し示していた。すなわち、人間が二人いれば、彼らはまったく同じ客観的な「もの」自体を経験するのではなく、むしろ自分たちの願望や視点というフィルターを通して、物事を見ているのだということである。論文の結論で、ハストーフらはこう述べている。「アメリカンフットボールの試合であれ、大統領候補であれ、共産主義であれ、ほうれん草であれ、異なる人にとっての『もの』は決して同じものではない」[7] スポーツに限らず、出来事の経験は経験している人にしかわからない。完璧に客観的な視点などというものはないのである。これは哲学などに限らず、もっと日常的なレベルに関しても言えることだ。私たちは自分にとって重要な意味を持つものに注意を払う。ダートマスのファンなら、プリンストンの反則とダートマスの優勢を期待するだろうし、逆もまたしかりである。試合に限らず、何らかの対立関係を知覚する際、私たちの見聞きするものは、整合性があって客観的とさえ言える、事実そのままの描写であるかのように感じられるが、実際にはそうではないのだ。このことを、ハストーフとキャントリルは鮮やかなまでに簡潔明瞭にこう述べている。「つまりこのデータでわかるのは、ただ『観察』すればいいだけの、『そこ』にある『試合』という『もの』は、存在しないということである。各自おのおのの『試合』が『存在』するのだ。その『試合』も、その人の目的にとって重要性を持つ出来事としてのみ、経験されているにすぎない。人はまず、世界の座表軸の中で自分が中心を占める座標に立ち、そのうえで、周囲で起きているあらゆる事象の中から、自分にとって何らかの重要性を持つ出来事を選択しているのである」[8]これを本書の言葉で言い換えてみよう。あなたは世界を見ているのではない。「あなたが見る世界」を見ているのだ。「あなた」の立ち位置は、あなたの身体や現在の感情の状態によって決まるが、あなたが属している社会集団によっても左右される。あなたは自分に最も関わりのある物事に注意を払う。すなわち、自分が属している社会集団に、より大きな注意を払うのである。

このダートマス・プリンストン研究は、「動機づけられた推論」と呼ばれているものに関する、いまも続く、非常に啓発的な一連の研究の嚆矢となった。こうした研究から浮かび上がってきたのは、知覚や思考は、バイアス・情動・欲求・信念などで満たされた心的世界の内側で起きているのではないかという仮説である。私たちは感覚的知覚（アメフトの試合を見るなど）を、頭の中で漂っている無関係な思考や感情からは独立したものと思っているが、そうではないと指摘したのが、イェール大学法学部教授ダン・カハンだ。むしろこうした一見無関係な思考が、特定の偏った見方で世界を見てしまう動機になるのだという。そして重要なのは、これらは伝統的な意味での「動機」ではないという点である。カハンは言う。「通常『動機』という言葉に伴う、〈行為における意図的な目的や理由づけ〉という含意はこの場合には当てはまらず、そこを見誤ると混乱が生じかねない。［ダートマス対プリンストンのアメフトの試合を見た］学生は、自分の大学のチームとの連帯感を経験したいとは思ったが、その連帯感を、見たいものを見るための意図的な理由づけに用いたわけではなかった。自分の知覚がこのようにねじ曲がったものになろうとは、彼らは知るよしもなかったのである（少なくとも、そう考えるのが妥当なように思える。本当にそうかどうかを確かめるには、巧みにデザインされた実験を行わねばならないだろう）」[9]「見れば信じられる（百聞は一見にしかず）」という慣用句があるが、これにひねりを加えるならば、実際にはむしろこう言うべきなのだ――「信じれば見えてくる」と。

動機づけられた推論の説を用いると、なぜ人々、とくに支持政党の異なる人々が、まったく違う世界に住んでいるかのように思えるのか、またなぜ同じものを見ているのに、そこからまるで異なる事実を読み取るように思えるのかがわかってくる。カハンが近年行った共同研究では、人は自らの政治的見解と相容れない事実に関しては、有り体に言って、なかなか論理的に考えられないということがわかった[10]。カハンの実験には、さまざまな経歴を持つ一一一一人のアメリカの成人が参加した。参加者には、架空の治療法研究データを分析して回答する必要のある問題がいくつか提示された（たとえば、病気の罹患者と非罹患者の人数が示され、その横に、そのうち予防接種を受けた人が何人いたかが示される。そのデータに基づいて、ワクチンが病気の効果的な予防手段になっているかどうかを判断する、といった問題である）。実験ではほかに、参加者の政治的志向と、数学的推論能力も評価された。実験の結果、数学的能力が高いほど問題解決能力も高い傾向のあることが示唆されたが、この実験における問題解決には少なからぬ数学的スキルが必要とされることを考えると、これは意外ではない。だが数学的能力の高さがこのように明らかに有利にはたらいたのは、解決すべき問題に政治色がない場合だけだった。たとえばデータを使って、スキンクリームが乾燥肌に有効かどうかを見定めるといった問題の場合である。だが、拳銃の秘匿携帯禁止が犯罪抑止に役立つかどうかをデータを使って見定めるというように、解決すべき問題が、解決法は似ているものの、参加者がすでに抱いている強固な政治的信条と関わりのあるものだと、結果はまるで異なっていた。自分の世界観と相反するデータが示されると、参加者はせっかくの数学的推論能力を、いわば窓の外に投げ捨ててしまうらしい。たとえば銃規制派の参加者は、拳銃の携帯禁止に犯罪抑止効果がないことを示すデータを提示されると、とたんにスコアが下がり、数学的スキルの高さが問題解決に結びつかなくなった。同様の推論能力の鈍麻は、銃擁護派の参加者が、銃の携帯禁止が犯罪抑止に有効なことを裏付けるデータを見せられた場合にも起きた。これとは反対に、正しい解決策が参加者の政治的志向に沿ったものである場合には、全体のスコアが再び上昇し、数学的スキルの高低で問題解決の成否を予見できるようになった。数学的スキルに乏しい参加者は、解決策が自分の政治的志向に合致している場合には、正答率が二五％高かった。一方、高い数学的スキルを持つ参加者は、自分の見解に合う解決策が正解の場合、正答率がなんと四五％も高かったのである。

この研究を紹介したジャーナリストのエズラ・クラインは、「政治はいかにわれわれを愚かにするか」と題された記事で、以下のように述べている。「正しい解答が自身の政治的傾向に反していた場合、数学が得意な人のほうが、正解率が低かった。人々は論理的に考え、正しい答えを見つけようとしていたのではない。自分は正しいと思わせてくれる答えを見つけるために、推論を行っていたのだ」[11]

これは、クラインの言う「情報不足仮説」を粉砕する実験結果だった。たとえ世論を二分するような問題であっても、十分なデータさえあれば、人は理性の光に導かれ、事実を受け入れるはずだ――という、おそらくアメリカで根強いと思われる考え方がそれである。十分な研究と話し合いを尽くせば、次第に増えていくエビデンスによって、世論と政策を十分動かすことができるというのだ。意見を変えるのに必要なのは正しい情報だけというこの考え方は、あっぱれではあるものの、事実だけで人を動かせると信じている点で、いささかナイーブであることは否めない。カハンの共同研究はむしろ、私たちが情報を取捨選択し、すでに抱いている信条と一致する事実を探し出していることを示唆している。カハンはこれを「アイデンティティー保護的認知」と呼ぶ。私たちは自らのアイデンティティーを肯定してくれる物事に関しては容易に納得し、自らの社会集団の価値と対立する概念については考えることを避けようとするのである。たとえば原理主義を信奉するコミュニティで育ち、いまもそこで暮らす人にとっては、信仰を変えることは社会集団からの追放を意味する。だとすれば、築き上げた社会的地位を保つために、現在の信仰を維持しようとしても何ら不思議はない。敵対する側からの視点で物事を見るのは簡単ではない。カハンの研究が示唆するように、自らの信条に反する事実を理性で受け入れようとすれば、私たちの認知力は低下してしまうのだ。思考は――数式の計算でさえも――それ自体で独立して起きるプロセスではなく、個人の考えや集団のアイデンティティーの内部に組み込まれたものである。「アイデンティティー保護的認知」は短いフレーズながら、多くの意味をまとっている。それは狭義では、私たちが理性や知覚を、自尊心を守る手立てとして用いていることを意味している。だが守ろうとするものは自尊心だけでなく、自分と深く結びついた組織（教育機関・宗教団体・競技団体・市民団体など）の尊厳である場合もある。

筆者は「はじめに」で、アメリカ国内の政治の分極化についてこう書いた。「一部の人の目にはアメリカの価値観を見事に体現すると思える政治家が、ほかの人にとっては最悪の無知の化身と映る現象が起きた。同じ社会に暮らす分別のある人々のあいだでこれほどの意見の不一致が生じるとは、いったいどういうことなのか」これを読んだみなさんの多くは内心異を唱え、アメリカ人がみな同じ世界に生きているわけではないではないかと思ったかもしれない。政治的信条が異なる人々は、リベラル派はＭＳＮＢＣ、保守派はＦＯＸニュースというように、それぞれ別個の政治的バイアスのかかった情報源でニュースを見る。世界の事象に関して異なるストーリーを受け取るのは、それが原因だというわけだ。たしかにそのとおりだが、動機づけられた推論に関する研究結果は、同じ情報を提示された場合でも、人々が下す解釈は異なることを示唆している。私たちは自らの社会的アイデンティティーを脅かす事実を突きつけられると、大げさでなく混乱して麻痺状態に陥り、知的能力を存分にはたらかせることができなくなるのである。

他人種効果と没個性化

支持政党や国籍、宗教などと違い、人種は遺伝的に決定される生物学的事実だと多くの人が思っている。だが生物学者は、決して「人種」という言葉を用いない。ウッドチャックという種をそれ以上細かい分類に分けることがないのと同様だ。ある群れが長期にわたって完全に孤立化したために、同種ながら個体群間に地域差が生じた場合、そうした遺伝的分化を生物学者は「亜種」と呼ぶ。チンパンジーの亜種分化は、これまでに四度か五度起きている。チンパンジーが巣から三キロメートル以上離れることはめったにないことをご記憶だろうか。巣にとどまりたがるというチンパンジーの特性を考えると、一度個体群間に一定の距離が生じてしまうと、群れ同士はそのまま離れ離れになる公算が高い。その後、孤立した個体群に独自の突然変異が起き、長い年月を経たのちに他の個体群とは明らかに異なる差異が生じれば、その個体群は生物学者に亜種と呼ばれるようになるのである。

チンパンジーと違い、ヒトは昔もいまも、絶えず動きまわる種だ。だが徒歩移動した遊動民が遠方に行ったことで孤立化し、グループ間の断続的な混合も起きなかったという例は、いまだかつてない。歩きまわる性質があるとはいえ、遠方に旅立った人類の祖先も、あとに残した人々と完全に交流を絶つことはなかった。そのため現生人類には、異なる亜種や人種という呼称を正当化できるほどの、はっきりした遺伝上の区別は生じなかったのである。

近年では、自分の祖先がおおよそどの地域の出身かが簡単にわかるようになった。少量の唾液を民間の研究所に郵送するだけで、遺伝子解析がなされ、祖先のルーツを大まかに知れるようになったのである（ただし注意すべき点もある。遺伝子検査企業は利用者の遺伝子データを自社の参照データベースと照らし合わせるが、このデータベースは世界の人々の理想的な代表標本とはなっていないのだ）[12]。デニーがこのサービスを利用してみたところ、近い祖先にイギリス、アイルランド、ドイツ、スカンジナビアの出身者がいることがわかった。ではこのように出身国が異なる祖先は、互いに違う人種だったということだろうか。もちろんそうではない。突然変異というものは良性の微小な変異が地域ごとに発生し、蓄積されていくが、こうした変異が全世界に広まるには膨大な時間がかかるため、利用者の遺伝子データにある突然変異を調べれば、近い祖先の居住地を知ることができるというだけだ。比較的最近の祖先の居住地がもたらす遺伝的差異はごくわずかであるため、生物学的に見るかぎり、人種の定義を裏付けるに足るほどの、はっきりした確かな遺伝的境界は存在しないのである。

人々の外見、とくに肌の色は、人種の指標であると受け取られることが多い。だが肌の色もまた、人類の遊動性がもたらす結果であり、祖先がどのような地域を移動したかによって決まる。赤道付近の日差しが強い地域（熱帯など）に数世代にわたって居住するならば、褐色の肌のほうが適応的だ。紫外線は浴びすぎると葉酸を破壊し、先天性欠損症を引き起こすことがあるが、褐色の肌はそれを防いでくれる。だが赤道付近から別の地域へ移り住む場合、褐色の肌はかえって都合が悪い。肌から日光を採りこんで、ビタミンDを生成しなければならないからだ。「ヨーロッパ人」における白い肌の発現は、比較的新しい現象である。約一万三〇〇〇年前までヨーロッパ北部を覆っていた氷河は、長らく人類の進入を阻んできた。人類は当初、最後の氷河期で居住に適さない地となったヨーロッパ北部には進出せず、約一万年前に氷河が十分後退して初めて、かの地に足を踏み入れたのである。当時の人々は褐色の肌をしており、くる病にかかりやすかった。くる病はビタミンDの欠乏が原因の骨の病気で、ビタミンDは肌が日光を浴びないと生成されない。日射量が少ない地域では、ビタミンDの生成に関連した選択圧がはたらき、やがてヨーロッパ北部の多くの人々に白い肌が見られるようになったのである。しかしながら、白い肌をもたらす遺伝子自体は、一〇〇万年以上前にアフリカにいたホモ・エレクトスの体内にすでに存在していた。[13] それどころかルーシー、つまり三〇〇万年以上前に生息していた、人類の祖先系統であるアウストラロピテクス・アファレンシスは、体毛の下の肌がおそらく白かったと考えられている。これは現代のチンパンジーと同様だ。チンパンジーの毛を剃ると、体毛の下の肌は白いことがわかる。アウストラロピテクス・アファレンシスのあとに現れたホモ・エレクトスは、分厚い体毛がなくなったことで、過度の紫外線から肌を守ろうとする選択圧の影響を受け、肌が褐色になった。肌の色に関する遺伝子は現生人類が誕生する前から存在し、そのうちどの遺伝子が発現するかは、最近になって私たちの祖先が緯度の大きく異なる地域に移住したかどうかで決まったのだ。

肌の色は、人種という分類の根拠にはなりえない。人種とはむしろ、人々の信念を土台として築かれた社会的構築物であって、人間の生物学的特性による裏付けを持たない概念である。社会的構築物としての人種は、いわば紙幣や、宗教団体の主張のようなものだ。程度の差こそあれ、一般に真の価値がある、あるいは真実であると受け取られてはいるが、それを裏打ちする科学的な根拠は存在しないのである。とはいえ、動機づけられた推論に関する研究結果で明らかなように、人種に科学的な根拠のあることがあなたにとって重要であるなら、これを読んだあとでも、あなたはおそらく科学的な根拠はあると思いこんでしまうだろう。

信念というのは、情報源や真実性などに関わりなく、信じている人にとっては本当のことだ。そして本書でくり返し論じてきたように、人間の知覚は、実際に信念や思いこみの影響を受ける。たとえば私たちのほとんどは、人種に関する信念に基づいて、新たに出会った相手を黒人、白人、アジア人などと分類する（どのような分け方をするかは、それまでの交友関係に応じて異なる）。こうした人種的分類は意識することなく自然と頭に浮かぶもので、さまざまなバイアスの原因になりうるが、なかでも問題なのが、いまから取り上げる「他人種効果」である。

スタンフォード大学の心理学者ジェニファー・エバーハートは、自身が人種的偏見に関心を抱くようになったきっかけが、小学校時代にあったとふり返っている。当時転校したことが大きな転換点となったのだ。エバーハートは幼少期、黒人しか住んでいないクリーブランドの一地区に居住しており、大切な友人や知り合いは全員黒人だった。だがやがてエバーハートは両親から、白人が多い郊外に引っ越すことになったと告げられる。転居先では多くの白人の同級生に囲まれることになったが、あるとき不意にショックなことに気づいた。彼女は白人の同級生の顔をうまく見分けられなかったのだ。どうしてそんなことが起きたのだろう。

「私たちの脳は、周囲のものに合わせて調節されます」近年のインタビュー記事で、エバーハートはこう説明している。[14]「私の場合、黒人の顔を弁別するのが非常に得意なので、相手が黒人ならちゃんと見分けられたのです。ですが、その後別の地区に引っ越したところ、突然周り中が、それまでこれといった交流のなかった白人の人だらけという状況になりました。転居先でも友だちを作りたいと思っていたのですが、どうしても白人の子の顔が見分けられませんでした。転居前に黒人しかいない地区に住んでいたためです。私の脳は、褐色の肌の濃淡を見分けるといった、別の特徴をとらえるように調節されていました。そのため、脳が新しい環境下で、白人の髪の色や目の色といった特徴をとらえて分類できるようになるまでには、かなりの訓練が必要だったのです」

これは「他人種効果」の代表的な例だとエバーハートは気づいた。人種的に均質(ホモジニアス)な環境で育った人は、他民族に属する人の顔を覚えたり、微妙な容姿の違いを見分けたりすること、言い換えれば

「個別化」をするのに苦労するという現象である（相手をその民族としてでなく、個々の人間と考えるのが共感のための近道なのは、偶然ではない）[15]。世界の受け取り方が内集団／外集団の区別で変わってくることを考えると、他人種効果という、名称からして問題を孕んだこの現象は、広い意味では外集団効果の一種であると言える。

大半の他人種効果の研究では、顔認識に関する調査を行う。これらの研究で研究者が探り出そうとしているのは、「一度会ったことのある人と再び出会ったときに、既知の人だと認識できるか」という問いの答えだ。基本的には、相手が内集団に属するほうが、外集団に属する場合よりも、はるかに認識しやすいという研究結果が出ている。

「はじめに」で論じたように、こうした社会化効果は非常に幼少の頃から見られる。自分と同じ民族が大多数を占める社会環境で育てられた乳児は、生後三か月ですでに、同じ民族の人を好んで見る[16]。他人種効果はおそらく、この社会化プロセスが最も極端な形で表に現れたものだろう。このプロセスを研究するシェフィールド大学のデイヴィッド・J・ケリーらは、「知覚狭小化」という仮説を立てている。乳児は日々の生活で最もよく見るタイプの顔に合わせて、知覚を調節するのではないかという説だ[17]。着目すべきは、その調節が「狭小化」であることだ。ある実験によれば、生後三か月の白人の乳児は黒人、白人、中国人の顔をどれも同じように判別できたが、同じ乳児が生後九か月になると、白人の顔しか判別できなくなっていた[18]。だが重要なのは、カギとなるのは民族ではなく、生い立ちや経歴だという点である。別の研究では、白人のヨーロッパ人の養子となった韓国人の子は、対照群の白人のフランス人と同じ顔認識パターンを示すことがわかった[19]。同様に、多民族の子どもたちを比較した研究では、他人種効果は、自分が見たり接したりしたことのないグループに対して起きやすいことが判明した。[20] 脳機能イメージングを用いた課題では、幼児期に外集団との交流が多かった人（たとえば中国系アメリカ人など）は、外集団との接触がほとんどないまま育った人（本土の中国人など）に比べ、外集団に属する顔をより自分たちに近いものとみなして処理することがわかった。[21] こうした研究が示唆するのは、「あんたたちはみんな同じ顔をしている」などと言うとき、話者が話しているのは、じつは自分自身の経験だということだ。個人的な人生経験に基づいて知覚が狭小化した結果、他のグループに属する人々のことを、身近で一緒に育った仲間ほどには、個々の人間として見られなくなっているのである。[22]

ステレオタイプに基づく没個性化と、深く根づいた「人種」に関する文化的先入観とが合わさると、人種的偏見が生まれる。何であれ、あなたがその文化に抱いた「あの連中はこうだ」という信念や思いこみに従って、相手を自動的に分類するようになるのである。エバーハートの研究が再三示してきたように、知覚は人種的ステレオタイプの影響を受ける。たとえばある実験では、黒人の顔写真でプライミングされた白人の学部生は、その直後に見せられた武器や犯罪関連物品の映像をよりすばやく認識した。[23]「はじめに」でも言及したが、本実験では白人学生に二種類の動画のどちらかを見せた。一つは多様な人種の男性の顔を矢継ぎ早に映したもの、もうひとつは黒人の顔だけを矢継ぎ早に映したものである。すると後者の条件群の学生は、テレビのホワイトノイズのような灰色の画面から徐々に浮かび上がってくる銃やナイフなどの犯罪関連品を、よりすばやく検知したのである。

こうしたバイアスを減らす秘訣は、人々に反射的な思考を抑制してもらうことだ。実際に効果を上げた例として、エバーハートがネクストドアに協力したケースがある。ネクストドアはアメリカの約一九万の地域で利用されている、近隣地域や小さなコミュニティ用の無料のソーシャルネットワークだ（住所ごとに所属グループが決まるフェイスブックと考えてもらえばいい）[24]。主におすすめの配管工や迷子の猫を探すといった、隣人同士の助け合いの場として使われるプラットフォームだが、「怪しい黒人男性がいる」といった投稿が多いことでも知られていた。こうした人種プロファイリングに対処するための協力を要請されたエバーハートは、二〇一六年二月にネクストドアの顧問に就任し、現在まで同職にある。ネクストドアはエバーハートの助言に従ってユーザーインターフェースに改良を加え、怪しい人物がいると思ったユーザーに対しては、もう少し具体的な情報を入力しないと投稿できないようにした。エバーハートはこう述べている。「〈犯罪と安全〉タブに『怪しい黒人男性がいる』と書き込もうとしても、できません。実際にどのような怪しい行動をとったのかを特定しないといけないのです。さらにユーザーは、怪しく見えた人物の外見を具体的に記述しなければなりません。あらゆる黒人男性が対象者に該当するのを防ぐためです」このように情報を特定させるという手間を設けたことで、ネクストドアにおける人種プロファイリングの報告は七五％減少した。その後同社は、バイアスや人種プロファイリングについて学べるオンラインの教育ポータルを設置したほか、「思いやりリマインダ」機能を追加している。他人を不快にさせたり傷つけたりするおそれのある書き込みをしようとすると、自動的に「コメントを編集しますか」というメッセージが出てくるというものだ。どちらもエバーハートの助言がもとで実装された機能である[25]。

幸いなことに、他人種の顔を覚えにくいという傾向は、ある程度矯正することが可能だ。訓練すれば他人種の顔を認識しやすくなるのである。ある代表的なトレーニング実験では、白人の被験者に、非常に似通った他人種（ヒスパニックまたはアフリカ系アメリカ人）の顔写真を見せた。一部の顔写真にはジョー、ボブといった固有の名前がつけられ、他の写真には名前がなかった。写真に名前がついているときは、被験者は識別するために人物の顔の特徴に周到な注意をはらい、その結果、他人種効果が大幅に薄れた[26]。他人種効果はまた、自分をどの人種だと思うかによっても現れ方に差が出るようである。黒人と白人のハーフの人に、自身を白人として認識するよう方向づけする（プライミング）と、自身を黒人と考えるようプライミングされたときに比べ、視覚探索課題でよりすばやく白人の顔を検知した[27]。

だが他人種効果に関するこうした研究は、人種に関する信念や思いこみが引き起こす結果を調べたものだという点は、よく肝に銘じておかなければならない。人種とはあくまで社会的構築物であり、民族国家の概念などと同様に、自然界の分類ではないのである。国境というものが歴史の変遷の中で変化してきたように（テキサスはかつてはメキシコの一部だった）、人種の境界も変化している。二十世紀初頭のアメリカでは、南イタリア人は黒人と考えられていた[28]。自然界における黒人と白人の境界線は、アメリカとカナダの国境が恣意的なのと同じくらい、曖昧模糊としたものである。それでいて、人種や他のグループのアイデンティティーに関する私たちの信念は、あらゆる社会的知覚に影響を及ぼしてしまう。私たちは世界を見ているのではない。「私たちが見る世界」を見ているのだ。

自分と異なる人々を異質であるとみなして排斥する「他者化」は、身体化された共感を阻む要因ともなる。第五章「感じる」で論じたように、脳機能イメージングによって、人は他人の痛みを（ある程度は）あたかも自分の痛みであるかのように感じ取っていることが明らかになった。だが、この傾向には顕著な個人差がある。認知的共感力が高い人（つまり、相手の身になって考えるということが日常的にできる人）は、他人の手に注射針が刺さる動画を見た際に、強い反応を示しやすいのだ。[29] いまでは古典とみなされるようになったある実験によれば、こうした動画を視聴しているとき、被験者の神経系はどうやら、自分の皮膚に注射針が刺される感覚をシミュレーションしているらしい。だがイタリア人研究グループによる近年の実験によると、人は外集団に属する他者に対しては、同程度の共感反応を示さないのだという。この実験では、イタリアで生まれ育ち現在もイタリアに住む白人と、イタリア在住だがアフリカ生まれの黒人に、腕に注射針が刺さる動画か、腕に綿棒が押し当てられる動画を視聴してもらった。動画に映る腕が同じ民族の場合には、まるで自分の腕が刺されたかのように、被験者の手の筋群が活性化した。だが違う民族の腕だった場合には、こうした共感反応は生じなかった。このような内集団限定の身体化された痛みの効果は、潜在的な人種的偏見を調べる一般的なテストのスコアとも結びついており、[30] 外集団に対する偏見がない人ほど、外集団に属する他者の痛みを感じ取れることが示唆されている。[31]

だがこれは、共感反応を感じたあとでそれを抑制しているということではない。むしろ、外集団の痛みに対して冷淡な反応しか示せないということなのだ。さらに言えば、こうした反応を引き起こす（あるいは反応が引き起こされない）原因は、人種だけにとどまらない。地元のサッカーチームのファンは、ライバルチームのファンが電気ショックを受けるのを見ても、同じような非共感的反応しか示さないことがわかっている。[32] 外集団の人々を痛い目に遭わせようと積極的に願っているわけではないのだが、外集団の人々にひどいことが起きても、あなたは気づかないのだ。逆に相手が内集団の人だと、あなたは相手が経験している痛みを、自らの身体的感覚として自動的に知覚してしまう。一九五〇年代のダートマス対プリンストンのアメフトの試合のように、自分がどのグループに所属し、どのグループに所属しないかによって、何に気づき何を無視するか、何を記憶し何を忘れるかが決まってくるのである。

物語が持つ力

特定の相手を他者化する、つまり外集団に属するものとみなしたり知覚したりすると、その相手は心情的に理解できない、不可解な存在となる。ある意味で客体化（モノ化）されるのだ。主体（人）ではなく、客体（対象）となるのである。

集団的アイデンティティーが、いかに多くの面で世界や他者に対する私たちの見方を誘導しているかを考え始めると、ともすれば暗澹たる気分にさせられる。だが集団的アイデンティティーの皮肉な側面（希望の持てる側面と言えるかもしれない）は、それが変わりうるということ、しかもときに急速に変わりうるということである。実験では、グループに分かれた子どもにそれぞれ違う色のTシャツを与えるだけで（このグループの子には青いTシャツ、あのグループの子には赤いTシャツ）、内集団びいきと外集団嫌悪を引き起こせることがわかっている。[33] その解決策となりうるのが、想像力だ。ある実験では、人助けをするさまをまざまざと想像するよう促された被験者は、実際に他人を助けたいという気持ちになった。[34] さらに、差別される側の内的体験をまざまざと想像する——被差別者の身になって考える——よう促された被験者は、共感が増したのである。[35]

こうした研究結果は、社会派小説が読者に及ぼす影響力が確かなものであることを証している。

ハリエット・ビーチャー・ストウの『アンクル・トムの小屋』は、奴隷制度廃止運動が広まる原動力となり、アプトン・シンクレアの『ジャングル』は、工業化時代のアメリカにおける移民の悲惨な労働環境に光を当てた。歴史学者デイヴィッド・S・レイノルズが指摘するように、ストウの作品群は、「南部で長らく奴隷制度の長所だと考えられてきた思いこみを打破する」という、明確な目的のもとに書かれている。それはすなわち、「アフリカ人奴隷は主人から家族の一員のように扱われている」という幻想だ。[36] 主人公トムは妻子と引き離され、ミシシッピ川下流に売り飛ばされる。紆余曲折の末にトムを買ったのが、サイモン・レグリーという本作きっての悪役だ。レグリーはトムに女性奴隷を痛めつけるよう命じるが、トムは拒む。

ニューイングランドの敬虔な家庭に育ち、十九世紀有数の著名な牧師となった人物を弟に持つストウは、自著の読者がクリスチャンであることを重々承知していた。そのためストウは、トムの体験を、気高き受難者の物語として描き出したのである。トムは家族と引き裂かれ、レグリーの農場で虐待されるが、命の瀬戸際にあっても、一度として信仰心を失うことも、周囲の者にひどいふるまいをすることもない。小説の最後でトムはレグリーになぶり殺され、イエス・キリストを思わせる受難の物語は全うされる。

当初ナショナル・エラ紙で連載されていた『アンクル・トムの小屋』は、全二巻の単行本として刊行されるやいなや爆発的な売れ行きを示し、一週間で一万部を売り上げた。その後一年間に、アメリカでは三〇万部、イギリスでは一〇〇万部を売り上げている。[37] 当時この小説を読んだ無数の読者がどれほど深い衝撃を受けたか、それを現代のわれわれが十分に理解するのは難しい。おそらくは観念的に奴隷制度はよくないと考えていた人々が、この小説を読むことで、奴隷にされるという経験の苦しみをありありと実感できるようになったのだ。しかもそれは、白人読者にとってそれまで最も遠い外集団の一員であった黒人奴隷の、キリスト教徒としての善良さを際立たせる物語だった。まさにこれは、アート・グレンバーグの「ムーブド・バイ・リーディング」（第六章）で説明されている現象の一例だ。知覚経験が描写された文章を読むと、読者の心は身体化された意味や体感された意味に満たされる。それが真実を理解する一番の方法なのである。このことを、ストウと運命の糸で結ばれていたエイブラハム・リンカーンは了解していた。それが窺えるリンカーンの言葉がある。「世論を形成する者は、法令を制定する者よりも深く、民心に浸透する」(38) ホワイトハウスでストウに面会したリンカーンが、真偽不明ではあるが以下のように語りかけたと広く報じられたのも、おそらくはこのためだろう。「あなたのような小柄なご婦人が、この大きな戦争を引き起こされたのですね」(39)

団結力の光と闇

想像していただきたい。世界有数の帝国の港湾都市に生まれるが、帝国はまもなく滅亡の憂き目に遭う。街は一度ならず二度までも外国軍に占領され、市内の建物の四分の三は破壊される。自国内で台頭する国家主義に抗い、教育を受けるため海を渡るが、そこで極度の貧困を目の当たりにし、帰国後は外国のスパイと疑われ、またも迫害を受ける。その後、社会心理学という分野の形成に最も貢献したうちに数えられる、いくつかの研究を発表する。

これがムザファー・シェリフの人生だ。シェリフは煌（きら）めくように美しいトルコのエーゲ海沿岸の街、イズミルの市内や近郊で、裕福な家庭に育った。滅亡寸前のオスマン帝国に生まれ、トルコ共和国の誕生に立ち会い、大恐慌時代にハーバード大学に通い、ドイツに渡って著名なゲシュタルト心理学者ヴォルフガング・ケーラーの講義を聴講し、台頭しはじめたナチズムの片鱗に触れた。博士号取得後、トルコに帰国したシェリフは、ユダヤ人学生の差別に反対し、反動主義を批判する本を書くなど、行動派の学者となる。一九四四年には親ナチのトルコ政府に共産党との関わりを咎められ、四週間拘束された。釈放後、シェリフは再度アメリカへ渡り、死ぬまで事実上の亡命生活を送った。アメリカ再入国の七年後には、共産党シンパとしてFBIの取り調べも受けている。[40]

余人がめったに経験しないほど多くの社会的葛藤や集団間葛藤の表出と関わりを持つに至ったシェリフは、私人としては不運だったが、研究者としては稀有な機会に恵まれたと見ることもできる。異なる集団というものは、社会情勢によっては互いに団結する場合もある。シェリフの研究は、その確かな証拠となった。FBIに尋問された直後の一九五三年、シェリフはロックフェラー財団から多額の研究助成金を得た。今日の米ドルに換算して、二五万ドルを優に上回る額である。[41] 研究計画は、少年たちをサマーキャンプに招聘し、さまざまな刺激や誘導によって対立させたのち、再び一致団結させることで、集団アイデンティティーの流動性を証明するというものだった。だがこの非常に意欲的な研究は、当初の試験段階ではあえなく失敗に終わった。始まって早々、少年たちが何かおかしいぞと感づいてしまったのだ。伝えられるところでは、「なぜ食堂の天井からマイクがぶら下がってるんですか」とスタッフに尋ねた少年もいたという。[42] どうやら、キャンプの開始時に少年たち（一一歳か一二歳）全員を交流させてしまい、その後グループ分けを行ったのがまずかったらしい。怒りに駆られた少年たちは、キャンプの先生（研究者たちはキャンプ指導員を装っていた）が何かよからぬことを企んでいるのではないかと疑心暗鬼になったのだ。

だが三回目の実験はうまくいき、教科書に載る代表的な研究となった。実験はオクラホマ州ロバーズ・ケーブ州立公園で実施され（このため泥棒洞窟（ロバーズ・ケーブ）実験と呼ばれている）、オクラホマ市各所から研究者によって選別された少年たちが被験者となった。選考基準は、抜群の運動能力があり、そのために競争心が旺盛なことだった。[43] 今回の実験では、キャンプ初日の顔合わせは行われず、少年たちはただちに二つのライバルチームに分けられた。「イーグルス（ワシ団）」と「ラトラーズ（ガラガラヘビ団）」である。綱引きに負けたイーグルスは、おそらくは研究者が与えたマッチによって、ラトラーズの団旗を燃やした。実験内の行為はさらにエスカレートし、器物損壊にまで及んだ。イーグルスの仕業と見せかけてキャンプ指導員がラトラーズのキャビンに落書きしたかと思えば、チーム間で食べ物をめぐるケンカが起きても、同席する大人はほとんど止めにも入らなかった。チーム間の敵愾心（てきがいしん）は煽り立てられ、少年たちは互いに「腰抜け野郎！」「くそったれ！」と口を極めてののしり合い、どちらが早くテントを張れるかなど、機をとらえては競い合った。だがその後、実験の最終段階で、シェリフら研究チームは少年たちを一致団結させることに成功する。シェリフらは、両チームのメンバーが、チームの別を問わず支え合わねばならないような目標を設定したのだ。大人たちが山の上にある貯水タンクにひそかに石を積み上げ、給水をストップさせたのである。少年が単独で、あるいは少人数のグループに分かれていては、給水停止という切迫した問題を解決することはできない。石を取り除くため、少年たちは団結せざるを得なくなった。同様に、映画『宝島』を観る資金を集める際にも、少年たちは協力して金を出しあった。

この実験結果は、シェリフの考えた「現実的葛藤理論」に合致していた。少ない資源をめぐって競争が起きると、〈われわれ対彼ら〉というアイデンティティーの対立が悪化する。だが共通の問題や共通の敵が現れれば、相争う派閥も団結するはずだ、という理論である。シェリフはこうした共通の目的を、「上位目標」と呼んだ。これはＳＦ作品における古典的モチーフだ。異星人の地球襲来を受け、人類はついに一致協力を果たすという筋書きである。共通の目的のもとで団結するというこの傾向は、市民の自発的な助け合いの原動力となっている。自然災害が起きると、何度となく市民や地域住民が自発的に集まって助け合うことは、とうに立証済みだ。その一例が、アメリカのメキシコ湾岸地域がハリケーン・カトリーナに襲われ、大規模洪水が発生した際、自発的に救助を行ったケイジャン・ネイビーである（ケイジャン・ネイビーは、メンバーを固定しない民間の救助ボランティア団体だ。主に男性のボート所有者が災害のつど集まり、救援活動を行っている。こうした活動は「自警団による災害救助」とも呼ばれる）[44]。また、共通の敵のもとで国民が団結した事例もある。二〇〇一年八月下旬のジョージ・Ｗ・ブッシュ大統領支持率は、五〇％台だった。だが九月十一日の同時多発テロ事件を受けて、ブッシュ大統領が対テロ戦争に乗り出すやいなや、支持率は九〇％台にまで急増した。第二次世界大戦終戦時のトルーマン大統領支持率より高い、歴代最高値を叩き出したのである[45]。

だが、ここにも危うさが潜んでいる。最も強力な上位目標が、じつはでっち上げられた共通の敵であったということが起こりうるのだ。現に、共通の敵という作られた虚像が非人間化（特定の他者を人間以下とみなすこと）へとつながった例は、歴史上数多くある。「ヘイトグループ」という言葉の肝は「憎悪（ヘイト）」だと思われるかもしれないが、「集団（グループ）」の持つ力も決して過小評価すべきではない。結束力を高める手っ取り早い方法は、スケープゴートを選んで糾弾することだ。国境の向こう側にいるか自分たちの社会に混在する、移民、貧困層、少数派の宗教、少数民族を槍玉に挙げるだけでいい。あいつらは見分けがつかない。どうせみな同じような連中だ――。こうすれば自分たちの結束力は間違いなく高まり、相手の人間性は軽視される。地球温暖化で人類が自ら滅亡への道を歩んでいるのも、これが原因だ。この地球規模の脅威に関しては、ただ一つの集団に罪をなすりつけることはできない。敵は私たち自身である。

私たちのアイデンティティーは、帰属する人々や集団に結びついている。

アイデンティティーの領域は、何層ものソーシャルサポートを通じ、次第に外へと広がっていく。家族や共同養育者（アロペアレント）から、隣人、学校、宗教団体へ、やがては母国、そして文化圏へと拡張されるのだ。どの国も、突きつめればその国にしかない地理的条件のもとに築かれており、特定の暮らし方だけをアフォードする生態学的地形を備えている。次章では、そうした地理的条件によって人類の祖先が採用せざるを得なかった生活様式が、いまに至るまで続く文化の違いの基盤を形作ったさまを見ていくことにしよう。

第九章　文化に同化する

いまから三〇年ほど前、心理学における気鋭の新星であったミシガン大学のリチャード・ニスベットは、殺人という行為とその原因を調べたいと思った。テキサス州西部に生まれたニスベットは、暴力的攻撃性の長い歴史を持ち、そうした攻撃性に傾倒しがちなアメリカ南部に興味を惹かれたのである。そこには職業的な関心と同時に、個人的な動機もあった。社会心理学の手法を用いた文化研究を志したニスベットは、まずは生まれ育った文化的環境を研究するところから始めることにしたのだ。南部における暴力の蔓延を裏付ける記録は多い。早くも一八七八年には、南部がいかに北部よりも暴力的であるかを複数の新聞記者が報じている。二十一世紀に入って久しい今日においても、深南部（ディープサウス）では北部に比べて、住民が殺人事件の被害者になる確率が三倍の高さに上っている。(1)

北部と南部で暴力犯罪の不均衡が生じる理由については、これまでさまざまな説明がなされてきた。奴隷制度の遺産とする説や、南部の貧困率の高さに起因するという説のほか、南部が年間通して高温な気候であることまでが原因とされた。奴隷制度だけでは説明がつかないことは、ニスベットにはわかっていた。奴隷制度が最も盛んだったのは、綿花などの換金作物が多く穫れた南部の湿潤な平原地帯だが、じつはこの地域の殺人発生率は、南部の山岳地帯や砂漠地帯と比べると、むしろ低かったのである。さらにややこしいことに、殺人発生率の差は調査地が都会かどうかで生じるわけでもないらしかった。大都市における暴力に関しては、北部でも南部でも差は見られなかった。だが小さな町の殺人発生率を比べると、北部より南部のほうが高かった。さらに、黒人が殺人を犯す比率は、南部も北部と同程度だった。北部に比べて殺人を犯す比率が高かったのは、南部の白人だったのである。南部の白人男性は、いったいなぜ暴力に駆り立てられてしまうのだろうか(2)。

名誉の文化

ニスベットは共同研究者だったイリノイ大学のドヴ・コーエンとともに、ＦＢＩがまとめた殺人事件の統計を調べた。統計データからは、加害者と被害者の人口統計データに加え、事件の背景や動機も知ることができた。たとえばその殺人が車両殺人だったのか、住居侵入窃盗の副産物だったのか、口論や不倫から生じたのかがわかるのだ。研究チームは、殺人事件を二つの大きなカテゴリーに分けた。侮辱を含むもの（三角関係や恨みがある場合など）か、含まないもの（放火殺人や強盗殺人など）である。調査の結果、南部の白人のあいだでは、アメリカの他の地域に比べて、侮辱に関連した殺人の発生率が高く、侮辱と無関係な殺人の発生率は他地域と大差ないとわかった。この傾向は、とくに南部の小さな町で顕著だった。小さな町の一〇万人当たりの殺人発生率が、南

部では四・七件、他地域では二・一件と、侮辱に関連した殺人が他地域の二倍以上にのぼったのである。(3)

だが人口統計データだけでは、説得力のある結論を出すのに十分ではない。そこでニスベットとコーエンは、統計から得られたこの調査結果に加え、侮辱に対する反応が北部出身者と南部出身者で違うかどうかを確かめる実験を行うことにした。被験者には実験の真の目的を知らせず、わざと対立が生じるように仕組むという方法がとられた。実験内容はこうだ。実験者が、北部あるいは南部出身の男性被験者に、長く狭い廊下の突き当たりにあるテーブルに書類を置いてくるように頼む。被験者が廊下を歩きだすと同時に、被験者には顔を知られていない俳優が被験者の前方で廊下を横切り、廊下のファイリングキャビネットで書類を探し始める。だが廊下が狭すぎるために、被験者がやってくると俳優はいったんキャビネットの引き出しを閉めて被験者を通し、被験者が通り過ぎたあとでまた引き出しを開けねばならない。被験者が書類を置いて引き返してきたら、俳優はキャビネットの引き出しを乱暴に閉め、被験者のほうに歩き、肩をぶつけ、すり抜けざまに被験者に聞こえる声で「くそったれ」とつぶやく。このプロセス全体を二人の観測者が観察し、被験者がどの程度面白がったり怒ったりして見えたかを評価するのである。結果は実験者の予測に違わず、肩をぶつけられたあとには、南部諸州出身の被験者のほうがより怒りをあらわにした。生理学的指標もこの結果を裏付けており、北部出身者の場合にはさほど変化しなかったコルチゾール濃度とテストステロン濃度が、南部出身者では侮辱後に二倍に上昇した〔コルチゾールは高レベルのストレスや不安、覚醒と関連しているホルモンで、テストステロンは攻撃行動や支配的行動と関連するホルモン〕。しかも実験の被験者となった南部出身者は、自ら希望して北部の大学であるミシガン大学に入学した学生だったの

である。(4)

他の類似の実験も含めたニスベットらの研究結果が裏付けているのは、南部は「名誉の文化」を守り続ける土地だという結論である。名誉の文化はアメリカ国内だけでもいくつか存在し、世界では数多く見られる文化だ。タフネス、評判、男らしさが交差する地点に、名誉が生じる。名誉の文化においては、個人の名誉が傷つけられると、すばやく、しかも確実に報復がなされる。「やり返せ。さもないと仲間うちでの地位を失うぞ」というのが、こうした文化で人々が則る大原則だ。これまでにさまざまな形態の名誉の文化が世界の歴史を彩ってきたが、いまもそれは世界各地に存在している。名誉の文化が生むドラマは、映画や文学の主要な題材となってきた。ドラマ『ザ・ソプラノズ 哀愁のマフィア』のトニー・ソプラノが、娘を侮辱した相手を再起不能なほど叩きのめすエピソードは衝撃的だが、実際の史実はそれ以上に残虐だ。中世のシチリア島においては、夫には不義を犯した妻を殺害する法的義務があった。(5) 封建時代の日本の武士は、武士道の掟に従って生きていた。武士道の掟はシチリアの法律よりはストイックなものの、血なまぐささにおいては引けを取らない、不退転の決意、忠義心、生き恥をさらすより死を選ぶ態度などがその特徴だが、なかでも際立っていたのが、切腹という儀礼的な自死だ。戦に負けた敗者は降伏せずに、自ら腹をかっさばいて死んだのである。(6) また、まだ正規の保安官がいなかった開拓期のアメリカ西部は無法地帯だったため、私的制裁を許容する「西部の正義」の実施を余儀なくされた。カウボーイズに弟を殺されたワイアット・アープが、下手人を探し出して殺し、仇討ちを果たしたのは、その好例だろう。名誉の文化は、西部劇ではおなじみのモチーフだ。法の裁きに頼れないときは、自らの手で法を執行するしかない。現代のアメリカの貧困集中地域でも、事情はさほど変わらない。「ストリートの規範(コード)」とは、結局のところ、仲間からの尊敬を勝ち得るための掟なのだ。[7] シカゴとボストンにおけるギャング関連殺人を調べた実証研究では、殺害の動機は、報復、出世争い、ギャング団に関する集合的記憶に分類された。いずれも、名誉に関連した象徴的な行為である。[8] そこにあるのは、「おれを怒らせたら、ただじゃおかねえぞ」という報復ルールだ。

だがそもそも、名誉の文化はどうやって生まれたのだろう。異論もあるが、ニスベットが提示した仮説はこうだ。私たちの祖先は、住みついた土地で生存し、繁栄するために、その環境に合った適応をしなければならず、そこから文化が形成された。つまり、地理的条件から文化が生じたというのである。

本書でも何度となく論じているが、人間は遊動する動物である。いまいる場所で思い通りにいかないことがあれば、荷物をまとめてしまえばよい。二足歩行する持久力動物というこの身体を役立てて、どこか別の場所へ移動すればよいのだ。現にそうやってヒトの一部は歩いてアフリカを去り、最終的には世界の隅々にまで進出することになった。ここはという場所にたどり着いたら、今度はそこで暮らしを立てていく方法を考えねばならない。約一万二〇〇〇年前に最初の農業革命が起きてからは、人間は狩猟と採集以外の方法でも食べ物を入手できるようになった。そしてその方法は、その土地の地形や気候によって違ったのである。作物を植えるのに適した、農業をアフォードする土地もあれば、牧畜や漁業などに適した土地もある。耕作可能な肥沃な土地で、降水量も十分なら、作物を植えるのが正しい選択だ。一方、動かせないほどの岩がごろごろしている土地なら、いくら作付けしても豊作は見込めず、牧畜をしたほうがよいということになる。

農業で暮らしを立てる場合、人手は多いほうが助かるが、他人がいればそれだけ、ある種の不正行為、たとえば盗みなどが起きるリスクは高まる。その土地の地形や気候が農業をアフォードするものだったとすれば、そこでの人間関係の築き方は、協働作業の利点を最大化しつつ、他者の不正行為は極力防ぐような方向へと発達していったと考えられる。こうしてその土地土地に合った社会規範が出来上がり、やがてそこから、文化的世界観――世界や他者をどのようなレンズを通して見るかという違い――が生じる。異なる地形が異なる産業の発展を支え、その産業がベースとなって、人間関係に関する文化的規範やルールが生まれる。そうした規範やルールのすべてが、人々の思考や知覚のパターンを形作るのである。このような文化的世界観は何世代もに渡って受け継がれ、遠い子孫がそうした世界観をもたらした生活様式を捨てたのちにも、まだ生き続ける。「いくら郷里を離れても、頭の中から郷里は消えない」という英語のことわざがあるが、まさにそのとおりだ。一部の文化、たとえば稲作文化などでは、どうしても村総出で刈り入れを行わなければならないため、人間関係が相互協調的になる。だがその他の文化では、人間関係はより相互独立的だ。たいていの場合、羊の飼育は一人でもできるうえに、近隣の住民に対しても、家畜を盗む者がいないか目を光らせていなければならないからだ。

歴史学者デイヴィッド・ハケット・フィッシャーは著書『*Albion's Seed*（アルビオンの種）』[9]の中で、アメリカの文化は、アメリカ各地に入植した四つの異なるイギリス人グループに遡れると述べた。北東部に入植したピューリタン、バージニアに入植したイギリス南部の騎士党員（王党派）、中部大西洋沿岸地域に入植したクエーカー教徒、極西部と南部に入植したスコットランド系アイルランド人である。このうち、名誉の文化を理解する鍵となるのがスコットランド系アイルランド人だ。アメリカにやってきた彼らは、当時はまだ辺境だった地域に進出していった。スコットランド系アイルランド人は、故郷であるアルスター地方（アイルランド島北東部）では牧畜に従事していた。牧夫は農夫に比べ、極めて窃盗の被害に遭いやすい。「家畜が盗まれやすく、警察が機能していない地域では、どこでも名誉の文化が生じます。世界中の牧畜文化で見られる現象です」とニスベットは筆者に述べている。[10] 農業従事者のあいだでは、名誉の文化は生じにくい。夜のあいだに一面の穀物を盗むのは、ヤギ一匹盗むほど簡単にはいかないからだ。あらゆる文化と同様に、名誉の文化も、社会的適応が最終的にもたらした結果だ。窃盗の被害に遭いやすい、だが保安官を呼べない、あるいは呼びたくないというときに、名誉の文化が根付くのである。[11] スコットランドとアイルランドのよく似た地形と気候は、どちらも牧畜には適しているが、岩石が多く、大規模な農耕には適さない。そのため、スコットランド人とアイルランド人は主に牧畜を生業とし、それによって必然的に、家畜泥棒の可能性がある他人を警戒するようになった。つまり、こうした他者への警戒心という形で表れる名誉の文化は、岩だらけの場所で生計を立てねばならない状況に、人々が適応した結果なのだ。その後、スコットランド系アイルランド人の牧夫の子孫がアメリカ南部に入植した際、彼らとともに名誉の文化が南部にもたらされ、現在に至るまで、その世界観が一定の住民のあいだに維持されているのである。

文化相対主義

何世代も前の人々が農耕と牧畜のどちらを行っていたかによって、自分の世界観が変わりうるという考え方は、ともすると直感に反するように思え、受け入れがたいかもしれない。人は自分の訛りにはなかなか気づけない。それと同じように、私たちは自分の考え方に文化が及ぼす影響力を軽視しがちだ。訛りはだれにでもあるが、気づくのは他人の訛りだけである。外国に滞在しているときでさえ、変な喋り方をしているのは自分ではなく、相手のほうであるように感じられる。同様に、自分の文化的世界観を客観的に経験することはできない。訛りと同じく、私たちは無意識のうちに自分の世界観を当然なものとみなし、他人のふるまいに違和感を覚えることしかできないからである。

だが思い出していただきたい。あなたはありのままの世界を見ているのではなく、「あなたが見る世界」を見ているのだ。本書で何度となくくり返してきたこの言葉(マントラ)こそ、ナイーブリアリズムへのアンチテーゼである（ナイーブリアリズムとは、自分の経験する世界はだれもが経験する世界と同一だと考えてしまう、困った思いこみのことだ）。自分自身とほかの人々をよりよく理解するためには、私たちは一人一人の経験が驚くほど個人的なものであることに気づかねばならない。ニスベットおよび世界中の共同研究者たちの研究によって、この考え方が文化の多様性にまで拡大されることとなった。心理学そのものも、ときに文化相対主義の視点に欠けていると思えるときがある。被験者を大学の学部生から抽出しておきながら、世界中のあらゆる人間の代表サンプルになると想定する態度などは、まさにそうだ。

心理学という学問は、ヨーロッパの知的伝統から生じたものだ。人間性の法則に関して心理学者が下しがちな推断を見ると、そこに欧米的な考え方の癖が現れている場合が少なくない。ニスベットもまた、自らの文化的バイアスに気づかされたことがあった。歩いていると、一面ガラス張りのドアにうっかり顔をぶつけてしまうことがあるが、それによく似た体験だったという。ドア(バイアス)が存在することに、自分ではまったく気づいていなかったのだ。ニスベットは一九八〇年に、『*Human Inference*（人間の推論）』という共著を出した（いま思えば大上段に構えすぎたタイトルだと本人は自嘲気味に言う）。これを読んだ認知人類学者ロイ・ダンドラーデは、「民族誌としてはよくできている」とニスベットに伝えた。つまり欧米人の世界観を見事に解き明かしてはいるものの、多文化の世界観に関する視点が完全に抜け落ちていると批判したのだ。二〇年後、あるレビュー論文でこの逸話に触れたニスベットは、以下のように記している。「彼の評を聞いた私はショックを受け、落胆した。だがいまでは共著者も私も、単一文化内で行われた研究には限界があるとするダンドラーデの意見に、心の底から賛同している。異文化間心理学をあえて行おうとしない心理学者は、心理学者であるよりは、民族誌学者となることを選んだと言ってもいいだろう」[12]

一世紀半前に産声を上げて以来、心理学は一貫して普遍的特性に関心を抱き、あらゆる人間に共通した人間性の様態を探ってきた。普遍性の発見にばかり傾注する心理学の姿勢は、心理学の祖である哲学から受け継いだものだ。ジョン・ロック、デイヴィッド・ヒューム、ジョン・スチュアート・ミルはいずれも、認知プロセスについて書くとき、自分たちの知る認知プロセスがあらゆる人間に共通のものであることを想定していた。二十世紀の心理学もやはり普遍性を旨とし、コンテクスト（文脈、状況）とは無関係に、どの人にも当てはまる心や脳の確固たる規則性を探すよう、研究者に促してきた。心理学では、一九六〇年代に始まる認知革命によって、心をコンピュータになぞらえる考え方が広まったが、そこでもやはり普遍性の存在が信じられていた。ニスベット自身、共同研究の論文で「脳はハードウェアに等しく、推論のルールとデータ処理過程は世界共通のソフトウェアに等しく、信念と行動はアウトプットに等しい」と書いている[13]。たしかに個人や集団に備わる入力データが異なれば、出力データとなる信念や行動も異なってくるだろうが、基本的な構造——ここでもコンピュータのたとえを使うなら、「ソースコード」——は同じだと研究者たちは考えていた。こうした「基本」プロセス、たとえばカテゴリー化や学習、推論などは、異なる集団間でも同一に違いない。生まれ育ったのがニューヨークだろうと上海だろうと、疑似コンピュータである脳の本質的な機能は同じはずだとされた。使用言語が異なろうとも、筐体の中に収まっているものは、互換性があると考えられたのである。[14]

だが心理学の親戚である人類学では、何世紀とは言わないまでも何十年も前から、人間の慣習や生活様式の驚くべき多様性が記録されてきた。とくにそれが著しかったのが、民族誌の分野である。民族誌においては、集団に関する基本的な仮説でも、長時間の聞き取り調査と参与観察を通して、明示的に立てねばならない。心理学と人類学の相互作用が進むにつれ、社会心理学の手法を用いた文化の実験的研究が、ニスベットら一部の研究者の手で行われるようになっていった。ニスベットも初期には認知プロセスは万人共通だと考えていたが、異論を唱える人類学者や哲学者の説に徐々に惹かれていったという。決定的な契機となったのは、東アジア系の学生と異文化間研究プロジェクトを行ったことだった。この研究結果を受けて、ニスベットは心のはたらきに関する理論の再考を迫られた。そして文化心理学の分野には、革命がもたらされることとなったのである。

分析的思考と包括的思考

文化心理学における古典的な研究材料といえば、三つ組課題だ。被験者に三つのものを提示し、最も似通っている二つを選んでもらう課題である。もしコッカースパニエルと、ラブラドールレトリバーと、キャベツの絵を見せられたら、おそらくみなさんはコッカーとラブラドールを選ぶだろう。違いはあれど、どちらも犬だからである。一九七二年に行われたある独創的な研究では、インディアナ州または台湾出身の小学四年生および五年生に、いくつかの異なる種類ごと——人、家具、道具、食べ物、乗り物など——の三つ組を見せた。被験者の子どもには、類似する二つを選ばせ、なぜそれらを選んだかを説明してもらう。男性、女性、子どもの絵を提示されたアメリカ人の子どもは、「どちらも大人だから」という理由で男性と女性の絵を選んだのに対し、台湾の子どもは「お母さんは赤ちゃんのお世話をするから」という理由で女性と子どもの絵を選んだ。同様に、鶏、牛、草の絵を提示されたアメリカ人の子は鶏と牛を組み合わせたが（「どちらも動物だから」）、台湾の子は牛と草を組み合わせた（「牛は草を食べるから」）。この実験により、ある法則がはたらいていることが明らかになった。アメリカ人の子どもは物事をカテゴリーで分類するのに対し、東アジアの子どもは関係性で分類しているのだ。⑮

他の研究では、被験者（大半は大学生）に「手、手袋、マフラー」の絵が提示された。ペアになるのはどの二つだろうか。手とマフラー？　手と手袋？　手袋とマフラー？　大多数の欧米人は、手袋とマフラーをペアにする。どちらも冬物の衣類だからだ。このように、手袋とマフラーが同じカテゴリーに属すると考えるのが、「分析的思考」の特徴だ。だが東洋人は、手と手袋を組み合わせる。手袋は手を保護するもので、手は手袋にぴったり収まるものだ。つまり手と手袋のあいだには関係性が生じている——と考えるのが、「包括的思考」である（後述するように、東洋と西洋という分け方は大雑把すぎるのだが、当初はこれらの実験結果がこのように解釈されていた）。

三つ組課題が優れているのは、じつに単純な課題でありながら、ペアを作るというシンプルな作業によって、複雑だが一貫性のある認知プロセスのはたらきや構造を見事に例示できる点である。これまで「認知スタイル」あるいは「思考スタイル」と呼び習わされてきたものと、自分が生まれ育った（あるいは深く関わってきた）文化が分析的な世界観を持つか、包括的な世界観を持つかによって、男性と女性、手袋とマフラーを組み合わせるか、女性と子ども、手と手袋を組み合わせるかが決まるのである。分析的思考と包括的思考は、私たちが心の奥底で現実世界の哲学的・形而上学的性質をどのようなものだと想定しているのかを明かすと同時に、見知らぬ他者とどのような関わり方をするかといった、最も基本的な私たちの日々の行動をも決定している。この二つの思考が、世界のありように関する基本的な前提となっているのだ。

包括的な世界観においては事物はつねに互いに混ざり合っているが、分析的な世界観においては「あれかこれか」で分かれている。西洋哲学の礎ともなっている排中律では、ある命題が真でなければ、その反対が真であるとされる。たとえば「デニーは赤毛だ」という命題であれば、これが真であるか、あるいは「デニーは赤毛ではない」という反対命題が真であるかのどちらかだ（実際のデニー・プロフィットは赤毛ではない）。アリストテレスにとっては、何事であれ物事を知るためには、「真である言明は矛盾してはならない」と主張することが絶対に必要だった。[16]だが東洋の思想においては、自己矛盾した言明が真実を言い表していることがままある。たとえば、大乗仏教を大成したインドの哲学者ナーガールジュナ（龍樹）はこう述べている。「あらゆる事物は有であり無であり、有かつ無であり、有でも無でもない。それが仏陀の教えである」[17]分析的思考を持つ読者にとっては、このような言明はわけのわからぬたわごとに聞こえるかもしれない。

ここで挙げた哲学者二人の名前からおそらくもうおわかりだろうが、分析的思考と包括的思考の根は、互いにほぼ接点を持たない二つの古来の文化、「東洋文化」と「西洋文化」にある。この二つの文化は、極めて異なる二つの世界観を支持している。西洋の個人主義（孤高の一匹狼）対、東洋の集団主義（出る杭は打たれる）である。

根底から異なる世界観を私たちに植えつけた二つの古代文化は、極めて異なる二つの生活様式を支える、極めて異なる地理的条件のもとに生まれた。ギリシャは、ほぼ全土が海に突き出した国だ。当時の主な生業は牧畜、商業、海運、漁業などである。アテネで仕事がうまくいかなくても、別の都市国家に移ったり、船に飛び乗って近隣の島々に行けばよかった。古代ギリシャでは、個々の人が（少なくとも土地を有する自由市民の男性は）古代文明の中でも珍しいほどに、自らが行為の主体であるという主体感を備えていた。戦場で、あるいは言葉を使った闘いの場である市場や議場で、ギリシャ人は個人の優れた力量を遺憾なく発揮した。こうした場所における個々人の対決が、ギリシャ文明の中核をなしていたのである。一方、古代の中国は、周囲を砂漠（ゴビ砂漠）と山々（ヒマラヤ山脈）と海（東シナ海と南シナ海）に取り巻かれた、「中央の王国」であった。ギリシャの地形は個人の自由をアフォードしたのに対し、中国の地形は人々に集団としての連続性を保つよう強いた。学者のあいだでは盛んな議論が交わされた時代もあったとはいえ、古来中国文化で重要視され、現在もなお概して重要視されているのは、調和である。「個人」はより大きな社会システムの一部であり、社会に存在する多くの義務を担う存在とみなされたのだ。人々は長きにわたって村や親元にとどまった。こうした社会的・家族的関係には、恩恵をもたらすと同時に、個人に義務を負わせるはたらきもあった。そうした相互協調的な人生を送った人は、関係性の力学におけるさまざまな様相に気づきやすくなるよう、ものの考え方が調節されていったのである。[18]

地形の違いから異なるアフォーダンスが生じ、それがやがては異なる自己観へとつながっていった。——相互独立的自己観と、相互協調的自己観である。近年、世界中の学者からなる研究コンソーシアムが論文を発表したが[19]、それによると、自己を「明確な境界を持ち、一つにまとまり、安定し、社会的文脈からは分離したもの」と見るという意味で、西洋文化はおそらく例外的な文化だ。世界の他の地域では、自己を「他者と密接なつながりを持ち、流動的で、社会的文脈に埋め込まれたもの」、つまり相互協調的なものとして見ている。この自己観の違いが、結果的に非常に異なる文化を生み出すこととなった。相互独立的自己観を持つ人は、自己表現し、自己実現し、他者との差別化を図ろうとする。一方、相互協調的自己観を持つ人は、周囲の人々にうまく馴染み、調和を保とうとする。前者の世界観は個人と私的な目標にとってプラスな行為を促進するが、後者の世界観は公共の利益にかなった行動をとるよう人々に促すのだ。[20]

東洋と西洋の哲学書には、それぞれの文化の集合知が反映されている。どちらの文化の賢者の言葉も、彼らが身を置いた社会を窺い知れる記録の役割を果たしている。実際、文化の違いを如実に表すかのように、孔子は人々が粛々と果たすべき社会的責任の体系を完成することに腐心したのに対し、アリストテレスは普遍的な真実の探究に関心を向けた。じつに驚くべきことだが、この二人の哲学者に体現される文化的な思考スタイルは現代の私たちにも受け継がれ、私たちが対象にどのように注意を向けるかにまで影響を及ぼしているのである。

ニスベットと共同研究者の増田貴彦は、日本人大学生とヨーロッパ系アメリカ人大学生の被験者に水中を模したリアルなアニメーションを見せ、内容を説明してもらう実験を行った。[21]するると、アメリカ人学生はまず魚について報告することが多かったのに対し、日本人学生は場面の状況説明から入った。たとえばアメリカ人学生は「大きな魚が左に向かって泳いでいきました」などと言い、日本人学生は「池のようなところでした」などと言ったのである。意外なことに、どちらのグループの学生も、魚の描写に関しては同じくらい詳細な報告を行っていた。だが日本人学生は、画面に映る背景的な要素と魚の関係についての観察（「大きな魚が緑の海藻に向かって泳いでいきました」などが）二倍の多さに上ったほか、背景に映るさまざまな細部に関する言及が、なんと六割以上も多かった。包括的思考の人は場面全体を見るが、分析的思考の人は焦点となる対象に注意を払う。そのため日本人学生は、同じ対象物が登場しても、背景が変わるとなかなか同じものだとは再認できなかったが、アメリカ人学生は背景の変化にそれほど影響されなかった。

ニスベットによれば、包括的文化においては、世界に対する注意の払い方が、社会的要請の影響を受けるのだという。「相互協調的な文化にいると、つねに視野を見渡し、部屋の隅々にまで注意を払うようになります」二度目の取材で、ニスベットはこう語っている。[22]「相互協調的な文化の人は、どの瞬間にも、個人主義的な社会ではありえないほどはっきりと、他者や他の事物の存在を意識しています。たとえばだれかを探しているときでも、遠くに見えるものや部屋の隅にあるものを何気なく目に留めてしまうのです。こうした知覚の癖が積み重なって、やがてはつねにコンテクスト（文脈、状況）を見る視点が築かれます。対して個人主義的な人は、会いたい人や使いたい機械だけを目に留めます。そうではなく、つねに視野を見渡して、他者や他者との相互作用に目を配っていると、とくに探してはいなかった人や物にまで気づくことになります。広く大きな知覚の網を放つことで、相互独立的な文化の人には気づけないような、微細な関係性までもすくい取ることができるのです。この際、注意を払う環境に多くの対象があればあるほど、多くの関係性を目に留めることになります」

東洋文化と西洋文化で、人々が気づきやすいものが異なる――東洋人は情景全体を、西洋人は焦点となっている対象物を目に留める――という違いは、それぞれの文化の歴史に明白にあらわれている。西洋医学においては、かなり昔から外科手術が行われてきた。「機能不全の」身体の部位を見つければ、そこに「メスを入れて治せる」はずだという分析的思考に、自然に従った結果である。だがより包括的なアプローチをとる東洋医学では、生体を傷つける侵襲的な手術は唾棄すべきものとみなされてきた。また、西洋の初期の自然科学者たちは、物体の運動はその物体の性質によって引き起こされると考えた。石が空気中を落下するのは石に「重さ」の性質が宿っているからであり、木片が水に浮くのは木片に「軽さ」の性質が宿っているからだと考えたのだ。一方、相互関係を重視する中国人は、早くから磁石や共鳴の仕組みに気づいていた[23]。

とはいえ、世界の文化を東洋と西洋という二つのカテゴリーで分けるのはあまりに単純すぎるうえ、いまではより微細な分類法がすでに考案されている[24]。たとえば、東アジアの人々に加えてブラジル人も、包括的思考の傾向のあることが研究によって判明している。ただし、ブラジル人は東アジアの人々よりも将来に関して楽観的で、感情表出が豊かだ。これはブラジル人（および、おそらくはラテンアメリカの人々全般）が東アジア同様に包括的でありながら、孔子に始まる儒教の伝統がなかったからではないかと考えられる[25]。ロシア人とマレーシア人も、カテゴリー化や視覚的注意などにおいて、アメリカ人やドイツ人より包括的であることがわかっている[26]。同じ文化内にも差異は生じる。たとえば日本の最北に位置し、厳冬で知られる北海道に在住する日本人は、本州以南に住む日本人より相互独立的だ。[27] 北部イタリア人は、より包括的な南部イタリア人よりも、分類学に則った分類を行う場合が多い。[28] 村で農耕に従事するトルコ人は、牧畜に従事するトルコ人より相互協調的だ。[29] アメリカ国内では、中流階級の成人よりも、労働階級の成人のほうが包括的思考を示している。[30] 私たちの知覚世界は、多くの点で、帰属する文化によって形作られているのだ。

中国――稲作文化と麦作文化

もし問題が生じたら、あなたはどうするだろうか。積極的に事態をコントロールしようとする？それとも起きている状況に合わせて自分の行動を変え、なるべくいざこざが起きないようにする？このように対応に違いが出るのは、一つには個人差があるからだが、文化によって異なる行動を促されるからでもあることが研究によってわかっている。協調的な人はより状況に適応しようとし、外向的な人はより自己主張しようとするのだ。古典的な考え方では、人間関係において最も相互独立的とされる個人主義者は、状況を自分の意に沿うよう改変しようとし、相互協調的な人付き合いをする集団主義者は、自分のふるまいを状況に合わせて変えるとされる。アメリカ人は事態をコントロールしようとする傾向があるのに対し、日本人は状況に適応しようとする傾向があるという研究結果も出ている。[31] この違いを見るかぎり、やはり東洋／西洋の区別は妥当であるように思える。だが近年の研究によると、どうやらそうとばかりも言えないらしい。

中国で六年暮らしたトーマス・タルヘルムは、東アジアの人々に関してよく言われる二つの特徴に、すべての中国人が当てはまるわけではないことに気づいた。第一に、周りに合わせようとしない中国人もいる。そして第二に、都会に住んでいても、地方出身者より個人主義的だとは言えない中国人もいたのである。現在シカゴ大学ブース・スクール・オブ・ビジネスの教員を務めるタルヘルムは、院生時代、フリーのジャーナリストも兼ねて中国に長期滞在していた。だがそのうちタルヘルムは、とくに南部の広州と北部の北京の二つの都市に関して、ある奇妙な点に気づいた。有力メディアの報道を見ても学術論文を読んでも、中国人の世界観は都会と地方とで異なっている、と書いてある。その説明どおりなら、かつて広東（カントン）と呼ばれた広州と、中国の首都である北京は、どちらも発展著しい超近代的な東アジアの都市であり、文化的には近似であるはずだ。都市化によって人々の世界観はより個人主義的になるという、一般に広く流布されたこの理論に従えば、広州と北京の人々は、ともに同じ文化的視点を共有していなければおかしい。だが実際にこの二都市で六年を過ごしたタルヘルムの実感からは、とてもそうは思えなかった。

広州に滞在中、タルヘルムは買い物に行ってあることに気づいた。広州の店は決まって通路が狭く、店内は大概混み合っていた。一二〇〇万の人口を擁する大都市であれば、それも当然だろう。タルヘルムも、うっかり他の買い物客にぶつかってしまうことがあった。だがそんなとき、ぶつかられた相手はさっと身をこわばらせて目を伏せると、恐縮した様子でそのまま通り過ぎていくのである。広州の人々はあえて対立を避けようとしているかのようだった。そうした協調的なふるまいは、中国北部に住んでいた頃はあまり見かけなかった。「初めて北京に到着した日に、空港からタクシーで市中まで来たときのことです」とタルヘルムは筆者に語ってくれた。「目的地に着き、運転手が私を下ろそうと、路肩にタクシーを停めました。ですが、そこは自転車レーンだったんです。自転車に乗ったおじいさんが通りかかり、文句を言いはじめました。私がトランクから荷物を下ろすあいだ、おじいさんはその場から動かず、運転手にどなり続けました。いまでも覚えていますが、おじいさんはさんざんどなったあと、ちょっと口をつぐんで、ほかにどんな罵声を浴びせたらいいだろうと考えるようなそぶりを見せたんです。私はいたたまれない気持ちでしたよ。運転手がこんなに恨み言を聞かなきゃいけないのは、一つには私が荷物を下ろすのに時間がかかりすぎてるからだという気がしてね。到着早々、中国北部の洗礼を浴びたという感じでした」[32]中国南部ではごく当たり前に生活の一部になっている「対立を避ける」生き方が、北部であまり重要視されていないのは明らかだった。

中国では、北京出身の人はおしゃべり好きで知られている。北京では客がタクシー運転手と政治談義に及ぶのが珍しくないが、他の地域では絶えて聞かない習慣だ。北京っ子はよそ者を歓迎し、厳冬のせいもあって、概してタフで大柄だ。[33]ステレオタイプなイメージで言うと、南方人は初対面の人に対してシャイであり、対立を嫌う。この北方人／南方人の違いは、東洋文化と都市化の効果という当時広まっていた説では、うまく説明できないことにタルヘルムは気づいた。決定的なひらめきが訪れたのは二〇〇八年、フリーのジャーナリストとして働きながら、授業を聴講していたときのことだった。教員が現代の中国語の方言の分布を示した地図を掲示し、ある地域では「手（シオウ）」は「手」だけを意味するが、別の地域では「腕」も意味すると述べた。この地図を見たときのショックを、タルヘルムはいまも覚えている。「ランダムに混ざり合ったり、飛び地になったりするのではなく、ほぼ完全に長江を境に分かれていたんです。長江の北側は『手』で、南側は『腕』の意味も含んでいました。こう思いましたよ。『ぼくが以前から実感してきた、北方人と南方人の違いを分ける境目も、ここに違いない！』ってね」同じ言語を話す人々は、おそらく文化的にも極めて似ているだろうとタルヘルムは考えた。「そのときは長江が何を意味するのかはまだわかりませんでしたが、自分が気づいた北方人と南方人の違いを解明する鍵がこの川にあるという気がしたんです」[34] チベット高原を水源とする長江は、六三〇〇キロメートルにわたって、中国の中央部を滔々と流れている。この川を境として、中国の文化は北方と南方に分かれる。長江の北の農業は麦作が中心だが、長江の南では稲作が多い。ずっと知りたかった南北の差異を生む原因は、この栽培作物の違いなのではないかとタルヘルムは直感した。

米の栽培と収穫にはかなりの手間がかかり、隣人の助けなしに家族だけで行うのは不可能だ。村総出の協働作業が必要となる点は、かつてアメリカの田舎でよく行われていた、納屋の棟上げと同様かもしれない。一人で納屋の棟木を持ち上げるのは無理なので、どうしても隣人に助けを求めることになるが、そこには「お礼に、今後あなた方に助けが必要なときには喜んでお手伝いさせていただきますよ」という暗黙の了解があった。稲作も同様だ。ただし、棟上げと違って一度ではなく年中人手が必要な稲作は、小麦の栽培の二倍も手間がかかった。実際に、米作りがいかに過酷な労働かを伝える中世中国の記録文書もある。十七世紀の農業の指南書に、「人手不足の場合には、小麦を栽培するのが一番よい」と書かれているのだ。[35] さらに稲作では、つねに水田に水を引かなければならず、灌漑が欠かせない。用水を引き入れる工夫だけでもイノベーションが必要になるのに加え、水を引くという行為自体が相互協調的だ。村人全員に行き渡る水の量には限りがあるため、各自の水の使い方が他の村人の使える水量に影響を及ぼすのである。灌漑用水路の設置や管理に人手が要るだけでなく、田植えや収穫などにも大勢の協力が必要だった。こうした問題を解決するため、インドからマレーシア、中国や日本にまで至る稲作地帯の村では、協力しあって米作りをする労働交換の慣行が始まった。隣家同士で田植えや稲刈りの日取りを調節し、互いに手を貸し合えるようにしたのである。このような極めて相互協調的な互助慣行においては、協力は必須条件だ。規範に抗うことは許されないのである。これに対し、小麦は雨任せで栽培でき、用水路の管理などはしなくてよい。村人同士の助け合いも米作りほどには必要でなく、たまに納屋の棟上げを手伝えばいい程度だ。そのため稲作農家に比べると、麦作農家は（羊飼いほどではないものの）そこそこ自主独立性が高くなるのである。

農業における慣行は、文化的に規定された性役割にも影響を与えた。たとえば種まきの前に大掛かりな耕起の必要があるかどうかで、穀物の栽培における男女の関わり方が変わってくるのだ。犂（からすき）による耕起が行えるのは、深い土壌があり、平坦で、岩石の少ない土地であり、そうした場所では短期間に広い田畑を起こす必要のある作物、たとえば小麦、大麦、ライ麦、水稲、テフなどの栽培が適している。重くて扱いづらい犂を使いこなすには相当な腕力が必要で、耕起は通常男性の仕事だった。一方、トウモロコシ、モロコシ、根菜類、果樹などは痩せた狭い土地でも育てられ、植え付け時期にも幅があることが多い。これらの作物の農地はそれほど力がなくても耕せるため、男女どちらでも従事できる。歴史的に、耕起の負担が大きい文化は性役割が厳格で、耕起の負担が軽い文化は男女がより平等だ。はるか昔に生じたこのような農業慣行の違いが、現代の性役割にまで脈々と影響を及ぼし続けているのである。たとえば耕起文化が根付くパキスタンでは働く女性の割合が一六％であるのに対し、不耕起文化のブルンジでは九〇％の女性が仕事をしている。[36]

地域ごとの自給農業の慣行から文化的世界観が生じたとするこの考え方こそ、タルヘルムの言う「コメ理論」の中核をなす主張だ。タルヘルム率いる研究チームは、中国各地――雲南、西安、北京、湖南――の一一〇〇人以上の中国人を被験者とする研究を実施し、この理論を裏付ける強力な証拠を見出した。まず行ったのは三つ組課題だ。「手、手袋、マフラー」のうちペアになる二つを選ぶという、前述の課題である。すると予想通り、稲作文化を継承する南方人はより関係性に基づく分類を行い、手と手袋をペアにした。一方、麦作文化を継承する北方人は分析的分類、つまりマフラーと手袋をペアにする傾向があった。次に実施したのはソシオグラム課題だ。被験者に、自分と友人数人を円で表し、円同士を線で結んで人間関係を図示してもらう課題である。被験者には明かされなかったが、じつは研究チームが知りたかったのは、被験者が友人を表す円に比べて、自己を表す円をどれくらい大きく描くかという点だった。自己を表す円の相対的なサイズの違いが、個人主義あるいは自己膨張の程度を示す指標となるからである（実際、アメリカ人は自己を表す円を友人を表す円より六・二ミリメートル大きく描き、ヨーロッパ人は三・五ミリ大きく描くが、日本人はやや小さく描くという他実験の結果は、各地域の個人主義の程度を如実に反映している）[37]。タルヘルムの研究では、中国の北方人は自己の円を友人の円より一・五ミリ大きく描いたが（どちらかと言えばヨーロッパ人に近い数値だ）、南方人は日本人と同様に、自己の円を友人の円よりも小さく描いた。

大学生の被験者から得られたこれらの実験結果が、本当に一般的な社会的パターンを反映しているのかを調べるため、タルヘルムは人口統計データに当たった。一九九六年から二〇一〇年までの、北部と南部における特許出願数と離婚率を調べたのである。一九九六年には北部のほうが特許出願数が多かったが（個人主義的なイノベーションの多さを示唆している）、二〇〇〇年代に入るとその差はなくなった。おそらく広州などでテック・ブームが起きたためだろう。だが驚くべきは離婚率だ。一九九六年には北部のほうが南部より離婚率が五〇％高く、全体的な離婚率が上昇した二〇一〇年になっても、南北の差は維持されたままだったのである。タルヘルムはこう述べている。「二〇〇〇余名の被験者のうち、実際に稲作や麦作で生計を立てている者が一人もいなかったのはまず間違いない。米や麦を栽培していた地域では、数千年にわたって稲作文化と麦作文化が伝承され、住民のほとんどが犂を使わなくなった現代においてもなお継承されているというのが、われわれの仮説である」[38] タルヘルムの研究は二〇一四年、科学ジャーナルのなかでも最高峰の『サイエンス』誌に掲載されたが、それだけではない。表紙を飾る特集記事にも選出されたのである。その号の大見出しはこうだ。「心を耕す――稲作がどのように人々の心理を形作ったか」

さらにタルヘルムは、単に客の通り道に椅子を置くだけという、極めて独創的な継続研究を、中国北部と南部の喫茶店で行った。何も知らない客が喫茶店にやってくる。はっきりと仕切られた通路はないため、客はテーブルのあいだを縫ってカウンターに向かう。タルヘルムは（いささか礼を欠いてはいるが）入り口とカウンターを最短距離でつなぐ通り道に空の椅子を置き、そのままでは通れないようにした。客は椅子をよけて遠回りのルートを選ぶか、椅子をどかしてまっすぐカウンターに向かうかしかない。実験の結果、自己主張の強い北京の北方人は椅子をどかすことが多かったのに対し、広州の南方人はその状況を受け入れ、邪魔な椅子をよけて遠回りすることが多かった。[39]

まだ未出版のタルヘルムの研究では、大学入学のために麦作文化の土地から稲作文化の土地へ移り住んだ学生は、移住先が上海のような大都市であっても、一学期の終わり頃にはより包括的な思考をし始めることがわかっている。東部と南部で稲作が、北部と西部で麦作がさかんなインドでも、同様の研究結果が得られている。これらの研究の示唆するところは明白だ。米や麦などの作物と、その栽培に伴う社会的制約は、後世に多大な影響を及ぼすのである。人間を文化的に大きく分けるのは、東洋と西洋の違いではなかった。むしろ文化的差異の原因は、その地域で初期の定住者がどのように生計を立て、それによってどのような文化的世界観が生じたか――他者と協力する必要があったか、おおむね一人で暮らせたか――だったのである。

社会的アフォーダンスと関係流動性

昔から、集団主義というのはどこか温かく、ぬくもりのある言葉だと考えられてきた。人情に厚くて義理堅く、周りの人間を大切にする人々というイメージである。つねに自分を優先する一匹狼という印象の個人主義とは、著しく対照的だ。だが、日常的な相互作用においては――とくに見知らぬ者に対する温かい接し方という意味では――その印象は逆転する。世界中を旅したドレイクは、一匹狼の個人主義がよしとされる国から来たはずのアメリカ人が、じつは会って二〇分もしないうちに身の上話を語りだす馴れ馴れしい人々として有名であることに気づいた。逆に韓国のソウルで新たな友人を作ろうとしても、親しくなれるのはおそらく韓国在住の同国人か、外国人好きの韓国人だけだろう。個人主義者の愛想がよくて集団主義者がよそよそしいとは、なんとも奇妙に思える。これはどういうことだろうか。多くの経済学者や心理学者、人類学者らが指摘してきたように、社会的関係は文化によって異なる。同じ国や州、都市の中でも、社会的関係はときにがらりと様相を変える。新しい友人を作ったり、転職したり、恋人を見つけたりするのが容易な場所もあれば、生まれたときから基本的には永続的な人間関係の網の目にとらわれてしまう場所もあるのだ。

新たな社会的関係の築きやすさを、「関係流動性」と呼ぶ。これまでのところ、この文化的次元に関する研究のほとんどは、友人関係に関するものだ。友人関係は世界各地の社会に存在するが、その様態は場所によってさまざまだ。関係流動性が低い地域では友人の人選は環境に左右され、幼なじみや同級生が友人となる。関係流動性が高い地域では、友人関係は環境よりも個々人の能動的な選択の結果として築かれる。同じ興味を共有する仲間が、いわば相互の契約として友人関係を結ぶのである。関係流動性が低い地域の人にとっては、安定した確実な友人関係が見込める一方で、そうした関係を解消し、新たな友人関係を築く（あるいは新たな恋人を見つけたり転職したりする）のは容易ではない。この張り詰めた関係性がことばに反映されている言語もある。ドイツでは、だれでも「Bekannte（ベカンテ）」（「知人」）という意味だが、ただの知り合いよりは温かみのある語）は多いが、長年の「Freunde（フロインデ）」（少数の親しい友人）は数えるほどしかいない。関係流動性は、友人や恋人の作りやすさが文化によってなぜこうも違うのかを説明する助けにもなってくれる。新たな友人を作るのが極めて簡単な地域に生まれた人は、知り合って早々に相手に自分の弱みを見せるのも当然と思えるだろう。そうした地域では互いに心を許し合うことで初めて親しさを感じ、長続きする絆を形成できるからである。だが人間関係の枠がすでに幼なじみで埋まってしまっている場合、自分から進んで新たな友人を探そうとはしないかもしれない。(40)

文化心理学の研究は大概そうだが、関係流動性に関する研究のほとんどはわずか数か国の国民を対象としており、なかでも東アジアと北米を対比するものが多い。この問題に対処するため、多くの研究者からなるチームが――そのうち、タルヘルムを含む二七人が論文の共同執筆者となった――真の意味で世界規模の研究に乗り出すこととなった。研究チームは二〇一四年から二〇一六年にかけて、三九か国のフェイスブックのニュースフィードに、友情や恋愛に関するアンケートへの回答を促す広告を投稿した。たとえば英語のフェイスブックの場合、「関係性に関する世界的研究」というバナーの下に、以下のような広告文を表示した。「親友との友情がどれくらいのスコアになるか、調べてみましょう。五分間のアンケートに答えると、すぐにフィードバックがもらえます。ぜひ友情アンケートにご協力ください」(41)対象となる国は、ソーシャルメディアの普及度と（これは十分な数の被験者を確保するためである）、できるだけ地理的また文化的に多様になるようにという観点で抽出された。その結果、初めて多彩な国々を網羅した、関係性のはたらきに関する世界規模のインデックスが作成されたのである。北米は関係流動性が高く、なかでもメキシコの流動性はアメリカやカナダを上回った。南米も関係流動性が極めて高かった。これは、他の研究でブラジルが包括的思考の国だと判明していたことを考えると、じつに興味深い結果である。包括的思考は昔から、相互協調的で関係流動性の低い文化と関連付けられてきたからだ。北アフリカと中近東に位置するイスラム圏のサンプル国は、いずれも他国に比べて関係流動性が低かった。やはり関係流動性が低かったのが東アジアで、なかでも最も低かったのが日本である。英語圏のうち、オーストラリアとニュージーランドは関係流動性が比較的高かった。おそらく最も意外な結果と思われるのが、ヨーロッパ諸国が極めて多種多様であった点だろう。ドイツ、エストニア、トルコはいずれも世界の関係流動性の平均をやや下回り、ハンガリーはかなり下回っていた。フランスとスウェーデンは関係流動性がかなり高く、スペイン、イギリス、ポーランド、ウクライナは平均を上回っていた。ポルトガルはちょうど平均に位置していた。

文化によって関係流動性にこれほど幅が生じるというのは、いったいなぜだろうか。研究チームは、厳しい気候、風土病、人口密度の高さ、貧困などいかなる形の脅威であれ、「脅威にさらされた歴史を持つこと」が関係流動性の低さと関連付けられることを突き止めた。台湾、モロッコ、フィリピンなどはその最たるものである。メキシコ、カナダ、スウェーデンなど脅威にさらされることが少なかった国は、関係流動性が極めて高かった。もう一つの要因は、自給農業のスタイルが相互協調的か相互独立的かという点だ。日本、台湾、香港は極度に相互協調的で関係流動性が低く、メキシコとブラジルは非常に相互独立的で関係流動性が高い。ここでもまた、因果関係の連鎖反応（カスケード）が起きている。歴史、地理的条件、気候などによって特定の生活様式が選ばれ、その生活様式によって特定の人付き合いの仕方が生まれる。その土地の生態環境で生存し、繁栄するために必要な適応は大昔に獲得されたものだが、それがいまに至るまで、私たちがどのように社会的世界を知覚するかを形作っているのである。

私たちはどこにいたのか

いまからおよそ三億七五〇〇万年前、ティクターリクという魚が（イヌイット語で「大きな淡水魚」という意味だ[1]）河口の浅水域で頭をもたげ、胸びれを使って陸上に体を押し上げた。それから悠久の年月ののち、その胸びれが四肢へと進化したことで、ティクターリク（かティクターリクによく似た魚）から次々と進化の連鎖反応（カスケード）が起き、陸生脊椎動物が生まれた。爬虫類、両生類、恐竜（鳥類を含む）、哺乳類らが次々と誕生していったのだ。ひれが四肢になった動物は、陸に上がると我先に走りだした（あるいは這い、駆け、飛び立った）。新たな環境での新たな動きで新しい選択圧が生じ、遅れを取り戻せとばかりに脳が進化を始めた。だがその先鞭をつけたのは、身体だったのである。

時間を一気に、いまから二〇〇万年足らず前まで進めよう。その頃、脊椎動物の系統樹のひと枝が、直立二足歩行でアフリカ大陸を移動しはじめた。最終的にヨーロッパとアジアにまでたどりついたこの直系の祖先こそ、ホモ・エレクトス――「直立するヒト」である。彼らは驚くほど私たちに似ていた。身長はほぼ等しく、同じように長い足があり、姿勢は直立で、手も器用だった。現生人類に瓜二つの身体を備えていたのである。だが脳の大きさは、私たちの脳の六〇%ほどしかなかった。ホモ・エレクトスの身体は、やがて脳が大型化したときに実現するはずの、さまざまな行為の可能性を生み出していたのだ。本書で見てきたように、人類の脳が進化したのは、置かれた環境で身体がアフォードする行為可能性を巧みに活用するためだった。すでに述べたとおり、まず大きな脳が進化し、脳の望みを叶えるために手が進化したのではない。そうではなく、まず手が進化し、その後、手のポテンシャルを活用する必要に駆られた神経機構が発達したのである。人間の脳は、身体のために進化したのだ。「賢いヒト（ホモ・サピエンス）」に先立って「直立するヒト（ホモ・エレクトス）」がいたことには、ちゃんとしたわけがある。直立二足歩行をしなかったなら、人類はいまの私たちのような、利口で賢い生き物にはおそらくならなかったに違いない。

第二章で論じたように、二足歩行によって自由になった手は、さまざまな操作を行える器用な道具となった。しかし自由な手の持ち主のホモ・エレクトスは、遺物となる物をほとんど作らなかった。大型動物を狩るときも、先の尖った枝が唯一の武器だった。だがホモ・エレクトスは持久狩猟を行っていた。真昼の照りつける太陽のもと、自分たちより足の速い大型の獲物を何時間も追いかけられたため、最後には疲れきった獲物が地面に倒れこんでしまい、ただの尖った枝でも簡単に仕留められたのだ。ホモ・エレクトスは狩りの獲物に比べて足は遅かったが、すばらしい冷却システムを備えていた。体表のほぼすべてに汗腺があり、熱を閉じ込める被毛が見事にないという冷却システムは、毛深い獲物にはなかった特徴だ。二足歩行はまた、持久力動物の人類に別の恩恵ももたらした。しつこく獲物を追いかける持久狩猟のハンターは、地球上でも有数のはた迷惑な動物、言うなれば「迷惑なヒト（ホモ・ヴェクサス）」となったが、ホモ・エレクトスで全面的に進化した発汗の仕組みは、別の思いがけない結果も生んだ。この冷却システムがあるおかげで、このときはまだ小型だった脳がその後進化で大型化しても、オーバーヒートする心配がなくなったのである。脳は大量のエネルギーを消費する。そのため脳が大型に進化するためには、それに先立って適切な冷却システムが用意される必要があったのだ。

現生人類ホモ・サピエンスはおよそ二〇万年前、ホモ・エレクトスから進化した（おそらくハイデルベルク人をあいだに挟んでいただろう）。ホモ・エレクトスやハイデルベルク人は、最終的には現生人類と同じような行動をとるようになった。周囲の環境に手を加えたり、よりいっそう複雑で実用性の高い遺物を作ったり、音楽・言語・芸術といった人工的な方法で新たな知覚経験を生み出すやり方を学習したのだ。やがてホモ・エレクトスと同じく、現生人類もアフリカを離れ、各地を放浪した。そして数万年後には、居住可能な地表の隅々にまで住み着くことになったのである。

私たちはどこへ行くのか

いまいる場所に満足できなければ、荷物をまとめて出ていくのは人間の性（さが）である。現生人類が出現した頃、アフリカは気候変動に見舞われていた。水資源が枯渇すると、やがて私たちの祖先となるはずの生き残った人々は、故郷を離れて旅に出た。今日では技術の進歩によって、一時的に物理的環境を離れ、人工的環境に没入することも可能となっている。

創意工夫によって、他のやり方では体験できない新たな知覚経験を生み出すことに喜びを感じるのが、人間だ。創意工夫の代表的な例を歴史におけるおおまかな登場順に並べるなら、音楽、言語、芸術、建築、文字などになるだろう。その後登場したのが、メディア──つまり、ニュースやエンターテインメントなどのコンテンツを、人工的な映像や音声によって伝える媒体である。近年では双方向のソーシャルメディアが広く普及し、だれもがコンテンツを制作できる時代となった。本物の身体や人工的な身体を使って仮想世界に没入できる、バーチャルリアリティ（VR）や拡張現実（AR）なども、現代のイノベーションの一部だ。こうした技術を活用すれば、あらゆる知覚領域において、自然な経験と区別がつかない再現度を備えた知覚経験を生み出すことすら可能かもしれない。現在のテクノロジーでは無理だろうし、すぐに実現するものでもないだろう。だがいつかは可能になってもおかしくない。

現在使われているVRのヘッドセットは、一九八〇年代半ばにNASAエイムズ研究センターで開発された装置のデザインがもとになっている。[2] デニーにとっては幸運なことに、共同研究者であるNASAのメアリー・カイザーのオフィスは、NASAのVR研究室長スコット・フィッシャーのオフィスでもあった。デニーはたちまちVRの虜になった。もちろん楽しかったからだが、それだけではない。当時大半の視覚研究者が使用していた、受動的に見ることしかできないコンピュータ・ディスプレイと違い、VRを使えば、被験者が能動的に探索できる、統制された視覚環境を生み出せたからである。[3] 一九九〇年代半ば、デニーはコンピュータサイエンスの研究者ランディ・パウシュと共同研究を行った際、バージニア大学に自身の率いるVR研究所を設立した。さらにデニーは、やはりパウシュとの共同研究を通じて、ウォルト・ディズニー・イマジニアリング社によるVRアトラクション『アラジン』の開発に携わり、長編アニメ『アラジン』が再現された仮想空間で魔法の絨毯に乗った。[4] 魔法の絨毯で空を飛ぶなど、五〇年前には到底味わえなかった知覚経験だ。今後、アーティストやエンジニアは、はたしてどのような知覚経験を可能にしてくれるのだろうか。

VRを使うと想像上のバーチャル世界に降り立てるだけでなく、想像上のバーチャル身体を手に入れることも可能だ。これをアバターという。本書をここまで読んでこられたみなさんなら、身体が変わると知覚も変わると聞かされても、おそらく驚かれないだろう。「バービーになって」と題された論文では、スウェーデンの研究チームがVRを用い、被験者をバービー人形の身体に入れ込む実験を行っている。VRを使ってバービー人形の身体に入り込んだ被験者は、自分と同じ体格のアバターに入ったときよりも、周囲の環境およびそこにある物体を相対的に大きく知覚したのだ。[5] この実験に、デニーは被験者として参加していた。ストックホルムのカロリンスカ医科大学の研究室を訪れたデニーがVRのヘッドセットを装着し、下を向くと、もうデニーはバービー人形になっていた。その錯覚をさらに助長する仕掛けもあった。研究チームの一人ヘンリク・エールションが小さな柔らかい絵筆で何度もデニーの脚をなでるのだが、同時にデニーのゴーグルには、バービー人形のアバターの脚が絵筆でなでられる映像が映るのである。自分の脚で感じる触覚刺激と、絵筆がアバターの脚を優しくなでる光景とは、完全に同期している。これが二分も続いたときには、デニーは脚だけでなく、自分の身体全体がバービー人形になったような強烈な感覚に襲われていた。

この新たに獲得したバービーの視点で周囲を眺めると、等身大のアバターで見たときよりも、物が大きく、遠くにあるように見えた。デニーはさながら、『ガリバー旅行記』のリリパット人になった気分だった。ここでもまた、身体が万物の尺度であることが示されたのである。

スタンフォード大学のニック・イー*とジェレミー・ベイレンソンは、バーチャルアバターへの身体化によって生じる知覚の変化に、「プロテウス効果」というぴったりの名を付けた。自在に姿を変えられる古代ギリシャの神、プロテウスにちなんだ名称である。(6) あるイーとベイレンソンの実験では、被験者はまず、魅力的なアバターか不細工なアバターを割り当てられる。その後バーチャル世界に入り込み、異性の実験者からの質問に答えるのだが、この実験者は現実の研究室でもバーチャル環境でも、カーテンの向こう側に姿を隠している。結果は、不細工なアバターの被験者に比べ、魅力的なアバターの被験者は実験者により接近して立ち、自己紹介してくださいと頼まれた際に、より私的な事実を話した。アバターの身長に変化をつけた別の実験では、背の高いアバターの被験者は、背の低いアバターの被験者より、交渉ゲームにおいてより強引にふるまった。身長統制アバターのVR体験を終えたあと、被験者同士実際に顔を合わせて交流する際にも、「背の高いアバターを使った人々は、社会的相互作用においてより強気にふるまう」という同じ傾向が見られた。(7)

プロテウス効果は、医学や社会学、法学などの分野における活用が期待されている。現在、VRを利用したペインマネジメント（疼痛管理）の研究が数多く行われている。(8) 一例を挙げれば、四肢

＊　この研究時、イーはスタンフォード大学の博士課程の学生だった。現在はクォンティック・ファウンドリー社にいる。

に浮腫のある患者のなかには、患部と同じアバターの四肢が細くなるのを見ると、痛みが和らぐ人もいるのである。プロテウス効果は、人種的偏見にも作用する。アバター同士交流できるVR世界で、肌の色の薄い人が浅黒い肌のアバターを使うと、人種に関する潜在的偏見が軽減されるのだ。[9]しかも一週間後に検査された際にも、被験者の人種的偏見は軽減されたままだった。[10]別の研究では、浅黒い肌のアバターを使用した白人の被験者は、その後の模擬裁判において、黒人の被告の有罪決定により慎重になることがわかっている。[11]

有名人を含め、どんな人の身体にでも入り込めるというVRの力を利用した、プロテウス効果の研究も行われている。バルセロナ大学のメル・スレイターらによる共同研究では、被験者は白髪のアルバート・アインシュタインか無名の人物か、どちらかのバーチャル身体に入り込むことができた。「アインシュタインになった」人々は認知課題の成績がよく、高齢者に対する潜在的偏見も軽減された。[12]スレイターと共同研究者による別の研究では、被験者がバーチャル世界において、メンタルヘルスセラピストと患者の身体を交互に行き来できるというシナリオが設定された。これにより、被験者が自分の個人的な問題を俎上に載せ、自分で自分のカウンセリングをすることが可能になった。ある条件下ではセラピストのアバターは被験者自身に似ていたが、別の条件下ではジグムント・フロイトに似ていた。実験の結果、「フロイトになった」被験者の心的状態は改善されたという。[13]

私たちはどのような知覚経験をすべきなのだろうか。どういった人工的環境を、どのような身体で歩き回るのがいいのだろう？　こうした重要で難しい問いに答えるためには、人間の本性に思いを馳せる必要がある。たとえば健康を回復させるのに効果的な環境を探ると、効果があるのは決まって、自然との相互作用がある環境なのだ。「どうしても自然の中に身を置きたくなる」というこの欲求は、どうやら社会的つながりと同じくらい根本的な欲求のようだ。デニーは数年前、新設されたバージニア大学エミリー・クーリック臨床がんセンターの運営委員会から、壁に飾るアートの選定と制作に協力してほしいと頼まれた。運営委員会が望んでいたのは、患者や家族のストレスを軽減し、治療を促進するようなアートを用意することだった。かなりの数の先行論文が、ストレス軽減における人々の反応が最もよいのは、自然と接したときであることを示唆している。[14]森や砂浜での散歩に勝るものはないのだ。地元の人々の寄付に支えられ、デニーががんセンターの待合室に導入したのは、超大型のフラットテレビだった。画面には、ゆっくりと移り変わるブルーリッジ山脈の写真が映し出される。3Dサラウンドで流されるのは、そよ風や葉ずれ、鳥のさえずりなどの森の音だ。デニーが目指したのは、バーチャルな窓に映る景色で見る人を自然にいざない、心の散歩をしてもらうことだった。

行き着いた先でどうすればよいのか

人工知能や機械学習といったスマートテクノロジーの普及に伴うリスクの多くは、すでに人口に膾炙(かいしゃ)している。映画『ターミネーター』や『マトリックス』でも、ロボットが人間に取って代わるというモチーフが取り上げられていた。だがそれほど気づかれてはいないものの、年々増大しているのが、スマートテクノロジーによって人間自身の能力や意欲が影響を被るというリスクである。二十世紀に乗用車や食洗機などの省力機器が普及すると、たちまちその影響で人々の体重増加が進んだという事実は、戒めとすべき一例だろう。肥満の発症が増えた最大の原因は、カロリー消費が減ったからである。一般的に言って、面倒な仕事を機械に肩代わりしてもらった場合、人間は代わりに運動を始めたりはしない。省力機器に頼って座ってばかりの生活になり、肥満が蔓延するのである。座りすぎが現代の喫煙だとしたら、認知を補助するスマートな省力機器によって、私たちの認知スキルや認知的な努力はどのような影響を被るのだろうか。

機械に頼らない計算——簡単な四則演算——を行う能力が低下していることは、危惧すべき点だろう。デニーの教える学部生の多くが、18×7といった単純な計算も暗算できなくなっている。この程度の計算でも、電卓を使わせてくださいと言うのだ（ミレニアル世代の共著者、ドレイクもご同様である）。心理学を専攻するためには微積分の授業が必修になっているにもかかわらず、そうなのである。同様に、A地点からB地点に行くのにGPSを頼るのが当たり前になると、目的地までの道順を覚えられなくなってしまう。テック企業のコンサルタントも務めるデニーは、地図アプリなどでは、目立つ建物や目印を使った道順の指示——「右手の学校を通り過ぎたら左に曲がり、上り坂を登ってください」——を行ったほうがよいとアドバイスしている。こうすると、ユーザーは周囲の景色に注意を払うようになり、そのエリアを記憶しやすくなるのだ。学習し、記憶したければ、自らの認知力を使わねばならない。

人間が機械より優れている領域においても、いずれ人工知能（AI）が人間を凌ぎ、人間に取って代わるのだろうかという点については、いまも議論が続いている。だが長いスパンで考えれば、原理的には、機械が人間を凌駕できない分野などないかもしれない。体力的にきつい仕事を機械に肩代わりしてもらうことを気にする人はあまりいない。フォークリフトは便利な機械だ。だが一方で、チェスのコンピュータプログラムが一九九七年にチェス世界王者ガルリ・カスパロフを負かしたときや、グーグルのAIプログラム「アルファ碁」が二〇一六年に囲碁の世界チャンピオンを破ったときには、私たちはそれほど喜ばなかった。作曲プログラムが人間の作曲家を凌いだり、あるいは――筆者にとっては考えるもぞっとするが――コンピュータプログラムが本書よりもよい人間心理の本を書いたりするようになったら、私たちはいったいどんな気分がするだろう?

とはいえ、つねに自律を求めて抗うのが人間である。自己効力感を求める欲求は、幼い子どもがよく挙げる「自分でやるの!」という抗議の声にも明らかだ。大人があれこれ手出しをしようとすると、子どもはときに頑としてそれを拒む。どんなに時間がかかり、結び方が不格好だろうと、自分で靴ひもを結ぼうとするのだ。同様に、病んだり老いたりした人も、他人にあまりにも生活をコントロールされそうになると、拒否感を示す。どんなに些細で、一見重要ではないように思える事柄であっても、患者に自主性を発揮する機会を与えると、患者の健康は向上する。[15] 健康を維持し、知性を高め、自己実現による充足感を得るためには、行為主体性（エージェンシー）が不可欠なのである。

本書でみなさんにお伝えしたいのは、「知る」ためには、その前に「行う」こと――自分の身体を用いて、意図的に行動すること――が必要だという点である。自ら回転木馬を回した子猫は空間のアフォーダンスを知覚する方法を学習したが、ゴンドラに入れられた受動的な子猫は学習しなかった。[16] あらゆるところにAIが使われる未来の世界で、私たちは何を自分で行う選択をし、その結果何を知るのだろうか。

二十世紀初頭のスペインの詩人アントニオ・マチャードの詩に、こんな一節がある。

旅人よ　道はない
歩くことで道はできる(17)

足跡が道となる。道案内は、身体がしてくれるだろう。

デニー

妻のデビー・ローチはバージニア大学の生物学教授だ。進化と、進化が人間の心理に及ぼした影響についての知識は、ほぼ妻から学んだ。研究における創造性の原動力になってくれたのは、大学院生たちだ。本書で提示した考えを組み立てられたのは、以下の院生たちのおかげである。ジョナサン・バクダッシュ、ムクル・バーラ、サラ・クリーム＝レガー、E・ブレア・グロス、サリー・リンケナウガー、シーダー・リーナー、ジャニーン・ステファヌッチ、ラース・ストローザー、エリッサ・トゥエット、レベッカ・ウィースト、ヴェロニカ・ウィーザー、ジェシー・ウィット、ジョナサン・ザドラ。私たちの研究室の研究業績は、私自身と同じくらい、彼らの貢献に依っている。知恵と思いやりに満ちた同僚や学会の友人からは、得るものや学ぶところが多かった。以下の方々に謝意を表したい。トム・バントン、ベネット・バーテンソール、ジェリー・クロア、ジェームズ・コーン、ベス・クローフォード、ジェームズ・カッティング、ハンター・ダウンズ、トレイシー・ダウンズ、ウィリアム・エプスタイン、アーサー・グレンバーグ、メアリー・カイザー、マイケル・クボヴィ、ランディ・パウシュ、シモーン・シュノール。私はほぼ三〇年間、バージニア大学で「知覚入門」の授業を担当してきた。その間、受講生から受けた質問に満足のいく答えを返せていないと感じることがままあり、そのもどかしさから私は視点を広げ、心理学という分野にはびこる思いこみを再検討する必要に迫られた。本書はその成果をまとめたものである。

ドレイク

ヒューストン大学のクリエイティブ・ライティング教授ピーター・ターチは、著書『*Maps of the Imagination: The Writer as Cartographer*（想像の地図――地図製作者としての作家）』の一ページ目で、著述のプロセスは互いに関連する二つのフェーズで起きると述べている。ターチいわく、作家は第一に探検家であり、第二にガイドでもある。私が身体化というテーマを探検しはじめたのは、二〇一四年のことだ。いつかはこれで本が出せるのではと思い、まずは身体化の分野の主要な研究者にインタビューを行うところから始めた。そのときインタビューした研究者の一人が、デニス・プロフィットである。まさかその後デニーとパートナーを組み、身体化および関連する多くの分野を一年の長きにわたって踏査したのちに、身体化するということの意味、そして私たちがいまのような人間に進化したことの意味を探るこの旅路をたどることになろうとは、そのときは夢にも思わなかった。この冒険ができたことに感謝している。そして願わくは、デニーと私が知覚の王国の適切なガイドであったことを祈りたい。

本書では、人間はともに生きる生物だと論じた。私もこのプロジェクトを完遂するにあたっては、専門家や作家、私的なコミュニティのみなさんに助けていただいた。さまざまなバージョンの企画書や章を読んでくれた、アダム・グラント、エミリー・エスファハニ・スミス、スティーヴン・シェリル、ジャック・チェンを始めとする多くの友人や同僚には、心から感謝している。ここで、とくにお世話になったお二方のお名前を挙げさせていただきたい。驚くほど大量の草稿に目を通し、惜しみない改訂を加えてくれたジョン・マクダーモットと、私たちをエージェントに紹介してくれたジェス・ジャクソンには厚く御礼申し上げる。

ここからは個人的な謝辞になる。本書がたどった長い旅路の途上で、これほど多くの家族や友人に支えてもらえたことは、大きな喜びだった。私のガイドの顔ぶれは以下のとおりである。姉ライザ。兄グラント。母ニコール。ライアン、ケヴィン、グスタヴォ、エリー、ベッカ、その他大勢のライター仲間たち。だれより私を支えてくれた、パートナーのガブリエラ。本書の執筆がようやく終わり、ガブリエラも喜んでいることだろう。これからは週末の午後に、私にあれこれ家事を頼むこともできるのだから。

デニーとドレイク

キャロル・マンとアシスタントのアグネス・カーロヴィッツは、企画書の書き方を指南してくれた。セント・マーティンズ・プレスというぴったりの版元を見つけてくれたのもキャロルである。何度も改訂を重ねるなかで、書き直しの方向性を定めてくれたのは編集者のダニエラ・ラップだ。本書がより焦点を絞った、無駄のない、読みやすい一冊となったのは、ダニエラのスキルと忍耐力のおかげである。

身体が経験を形作る仕組みをさらに知りたい方には、以下の本をお勧めする。

ジェームズ・J・ギブソン『生態学的視覚論——ヒトの知覚世界を探る』（**古崎敬・古崎愛子・辻敬一郎・村瀬旻共訳、サイエンス社**）

身体化された認知の分野で、最も重要な一冊である。本書でギブソンは、「特定の身体や生活様式を持つ有機体が、周囲の環境で行動する際の機会とコストをどのように知覚しているか」に関する、独自の理論を提示してみせた。本来は学徒に向けて書かれた本だが、文体はシンプルでわかりやすく、最低限の予備知識しか必要としない。生物学的見地から見た心のはたらきを詳しく学びたい場合には、まずこの本から始めるのがいいだろう。

ベルンド・ハインリッチ『人はなぜ走るのか』（**鈴木豊雄訳、清流出版**）

人間は持久力動物である。太陽の照りつける暑い日中に、三〇キロメートル以上の長距離を走るという条件なら、ほぼどの動物よりも速く走ることができる。ハインリッチは高名な生物学者で、自然を題材とした著作で受賞歴もある作家だが、じつは一九八一年の一〇〇キロウルトラマラソンの全米チャンピオンでもある。人間がどのような動物で、なぜ走るのかを知りたければ、この豊かさと驚きに満ちたハインリッチの自叙伝を読むといい。

レイチェル・ハーツ『あなたはなぜあの人の「におい」に魅かれるのか』（前田久仁子訳、原書房）

心理学が視覚に対するのと同じだけの時間と労力を嗅覚に注いでいれば、知覚と心に関する私たちの理解はまったく違ったものになっていただろう。匂いを嗅いだ人には、否応なく二つの別個のプロセスが起きる。匂いを同定するプロセスと、匂いの価値を定めるプロセスである。バラの花やチョコレート、そしてスウィーティーの香りは、うっとりするほど芳しい。一方、「くさい」と言われるよりひどい辱めがあるだろうか。人生は価値で成り立っている。そして感覚の中でも、物事はよいか悪いかのどちらかだということを明快に示してみせるのが嗅覚だ。ハーツは嗅覚研究の分野でも有数の傑出した研究者だが、その文体はじつに読みやすく、魅力的だ。

ニコラス・B・デイビス、ジョン・R・クレブス、スチュアート・A・ウェスト『デイビス・クレブス・ウェスト行動生態学 原著第4版』（野間口眞太郎・山岸哲・巌佐庸共訳、共立出版）

行動生態学の入門書としてこれ以上の本はない。動物がなぜ現在のような行動をとるに至ったのか、その原因をめぐるさまざまな問題が取り上げられている。ギブソンを除けば、行動生態学のアプローチを採用し、それを人間に応用した心理学者はほぼ皆無に等しい。行動生態学においては、動物はその身体のうちに生きる、動作主体の有機体として――生き残ろうと奮闘し、子を慈しみ、最終的には自分の遺伝子を未来に残そうとする有機体として扱われる。本書は教科書だが、普通の読み物として読める。文体は明快でわかりやすく、思わず目を奪われる図版が満載である。

ベッセル・ヴァン・デア・コーク『身体はトラウマを記録する——脳・心・体のつながりと回復のための手法』（杉山登志郎解説、柴田裕之訳、紀伊國屋書店）

身体に関する本で、最も胸に突き刺さる一冊かもしれない。著者の精神科医ヴァン・デア・コーク博士は、まず精神的トラウマがいかに人々の生活を蝕んでいるかにスポットを当てたあと、トラウマが脳の言語ネットワークを概ね迂回してしまうさまを詳述する。そのためトラウマの治療にあたっては、非言語的なアプローチをとる必要があるのだ。そうした手法の中には、メンタルヘルスの専門家が身体化の概念を活用し、トラウマを負った患者の回復を助ける独創的なメソッドも含まれている。豊富なケーススタディを通じて描き出されるのは、人生の感情的側面に果たす身体の役割だ。臨床心理学の名著である。

往年の名選手ミッキー・マントルは、特大ホームランを打った際に、「ボールがグレープフルーツみたいに大きく見えた」と語った。同じようなことを、横浜ベイスターズやソフトバンクホークスで活躍した内川聖一は、こんな面白い言葉で証言している。「打つ瞬間にボールが『打ってください』ってボンっと大きくなったんです」

こうした言葉を聞いても、普通は「そういう錯覚が起きるくらい、球がよく見えているんだな」くらいにしか思わないだろう。だが単なる錯覚でなく、一流アスリートにはどうやら実際にボールが大きく見えるらしいのだ。いや、運動選手だけではない。私たち一般人の目に映る景色や物も、じつは人によって、大きさや高さや傾きがてんでばらばらなのだという。

性格や考え方は十人十色だから、同じ事象を前にしても、受ける印象や抱く見解が異なるのはわかる。だが、たとえば三・三メートル先に人が座っていれば、そこまでの距離の目測は、だれがやってもおよそ三・三メートルになるはずだ（せいぜい誤差は数十センチ程度だろう）と私たちは思う。しかしそれは大間違いだと、本書の著者は言う。三・三メートル離れた男性までの距離を、なんと女性被験者が半分以下の「一・四メートル」と目測した実験があるのだ。理由は単純——相手の男性が恐ろしかったからだ。恐怖心を抱いている相手までの距離は、実際よりも短く感じられるのである。では、なぜそうなるのだろうか。

知覚が専門のベテラン心理学者デニス・プロフィットと、気鋭の実力派ライター、ドレイク・ベアーがタッグを組み、知覚をめぐるこうした疑問に真っ向から取り組んだのが本書である。プロフィットとベアーは脳を偏重する近年の風潮に異を唱え、むしろ重要なのは身体だと説く(原書の副題も、「身体はいかにして心を形作っているのか」だ)。意外性に満ちた数々の研究が明かすのは、驚愕の真実だ。私たちが経験している現実――だれもが同じように知覚しているつもりの、この《世界》――は、個々人の生育環境や身体の状態によって、大きく様相を変えるのだという。それどころか私たちの思考までが、じつは身体や身体のなす行為に左右されるというのである。本書には、それを端的に言い表したキーフレーズが幾度となく登場する。いわく、「あなたは世界を見ているのではない。『あなたが見る世界』を見ているのだ」

ほとんどの人が傾斜度を見誤る坂道を、なぜスポーツ選手だけが正確に推定できるのか。同じ豆知識を朗読しても、読み手に訛があると嘘っぽく聞こえ、読み方が流暢だと本当に思えるのはなぜなのか。こうした謎の解明に取り組んだ研究者たちの苦闘を追ううちに、知覚に関する昔ながらの〝常識〟は徐々に変換を迫られていく。社長の「右腕」が「左腕」ではありえないことも、人が孤独によって死に至ることも、本書を読み進めれば難なく首肯できるようになる。遠いご先祖が麦作と稲作のどちらを選んだかで、あなたが離婚に踏み切るかどうかが決まるという研究結果までが、至極妥当なものに思えてくるのだ。

第二次世界大戦中のアメリカから三〇〇万年前のアフリカへ、古代中国からバーチャルリアリティの仮想空間へと、著者は読者を、時空を越えた壮大な知覚探究の旅に誘う。だがデカルト二元論からヘッジファンドのトレーダーへと話題が飛んでも、不思議と散漫な印象は受けない。そこにはつねに、多彩なテーマや素材をつなぎとめる思想が一本、心棒のように通っているからだ。それが、身体を抜きにした人間存在を考えることには意味がないという、著者の揺るぎない信念である。人間の心をコンピュータに比す「心の計算理論」に対し、学徒としては不釣り合いなほどの憤りをあらわにするプロフィットの姿に（ここは彼の担当箇所に違いない）、精神の身体に対する優位性を覆し、人間のありようを生態学的にとらえなおさんとする、著者二人の固い決意が見て取れる。その一貫した意気と情熱が読むものの心を動かさずにはおかないこと、それが本書の持つ最大の強みであり、魅力なのではないだろうか。

原書『*Perception: How Our Bodies Shape Our Minds*』は、二〇二〇年七月に刊行された。著者の一人デニス・プロフィットは、四〇年の長きにわたってバージニア大学で教鞭をとり続けた、心理学の名誉教授だ。著書は本書が初となるが、これまでに約二〇〇本に及ぶ論文を発表している。坂の傾斜の知覚実験からバービー人形の実験に至るまで、本書はプロフィットが認知心理学者としてたどった発見や気づきを、読者が追体験する物語ともなっている。その意味では、多くの研究者にスポットライトが当てられているとはいえ、主役を担うのは間違いなく〝デニー〟と言っていい。

プロフィットが主演俳優なら、キャスティングディレクターと脚本家を兼任していると言えるのが、共著者のドレイク・ベアーである。『ニューヨーク・マガジン』誌シニアライターや「ビジネスインサイダー」副編集長を務めたベアーは、現在はＰＲ会社大手エデルマンの調査部門に属している。聞いただけではわかりにくい「身体化された認知」という概念を、一般読者がすんなり理解できるところまで噛み砕いてみせたのは、主にベアーの功績と思われる。たとえば「リスクと負担の社会的調節」といういかにも学術論文的な専門用語を、「人生で遭遇する数々の問題の精神的負担が、仲間がいるおかげで和らぐということだ」と言い換えてみせるところなどは、まさに身体化されたライティングと呼ぶにふさわしい職人芸だろう。

　知覚する現実はみな同じという思いこみを排し、個々人がいかに主観的に世界をとらえているかを知ることには、ある種の危うさもつきまとう。「目に見えているものすらそれほど異なっているなら、他人とわかり合うなど到底無理だ」という、安易な悲観主義に陥ることもまたやすいからだ。二〇一六年のイギリスのEU離脱（ブレグジット）決定とアメリカ大統領選、その後のトランプ政権で浮き彫りになった世界の分断が、著者二人が本書を執筆する大きな契機となったのはまず間違いない。なかでも地元のシャーロッツビルに極右勢力が集結し、そのうちの一人が集会反対派の女性を轢き殺したという二〇一七年の事件に、プロフィットが大きな衝撃を受けたことは本文にも詳しい。日本に住む私たちにとっても、事は対岸の火事ではない。ロシアのウクライナ侵攻に拭いがたい異様さをおぼえ、著名人を自死にまで追いやるネット上の誹謗中傷に暗澹たる思いを抱くとき、これほど考え方の相容れない他者と理解し合える日などはたして来るのかと思わず疑念に駆られそうになるのは、訳者だけではないだろう。

　だが本書の行間からは、そうした悲観的な諦念は微塵も感じられない。内なるバイアスに気づき、「自分の身体を用いて、意図的に行動すること」ができれば、未来も恐るるに足らずと著者は断言する。サマーズの模擬陪審の実験によると、黒人と混ざって評議した白人の被験者は、白人だけの陪審員団よりも、思慮深い意思決定を行うことができたという。たとえ多少居心地の悪さを感じようとも、民族や価値観、文化の異なる人々と交わることで、人は変われる——というより、否応なく変わるのだ。その知見の先に、社会的動物へと進化した人間が、分断を越えてわかり合える未来もまたあると信じたい。千差万別の多様な世界に生き、憎悪と殺戮の歴史をくり返しながらも、共感し、つながろうとする努力を惜しまないのもまた人間だ。本書を読むことで、隔たりの先にある一縷の希望にもまた思いを馳せていただけたなら、訳者としてもこれ以上の喜びはない。

最後になるが、白揚社編集部の筧貴行氏には数多くの貴重な示唆や助言をいただいた。ここに厚く御礼申し上げる。

二〇二三年七月　小浜 杳

https://doi.org/10.1371/journal.pone.0020195.

6. N. Yee and J. Bailenson. 2007. "The Proteus Effect: The Effect of Transformed Self-Representation on Behavior." *Human Communication Research* 33: 271–90. https://doi.org/10.1111/j.1468-2958.2007.00299.x.
7. N. Yee, J. N. Bailenson, and N. Ducheneaut. 2009. "The Proteus Effect: Implications of transformed Digital Self-Representation on Online and Offline Behavior." *Communication Research* 36: 285–312. https://doi.org/10.1177/0093650208330254.
8. M. Matamala-Gomez, T. Donegan, S. Bottiroli, G. Sandrini, M. V. Sanchez-Vives, and C. Tassorelli. 2019. "Immersive Virtual Reality and Virtual Embodiment for Pain Relief." *Frontiers in Human Neuroscience* 13: 279. https://doi.org/10.3389/fnhum.2019.00279.
9. T. C. Peck, S. Seinfeld, S. M. Aglioti, and M. Slater. 2013. "Putting Yourself in the Skin of a Black Avatar Reduces Implicit Racial Bias." *Consciousness and Cognition* 22: 779–87. http://doi.org/10.1016/j.concog.2013.04.016.
10. D. Banakou, P. D. Hanumanthu, and M. Slater. 2016. "Virtual Embodiment of White People in a Black Virtual Body Leads to a Sustained Reduction in Their Implicit Racial Bias." *Frontiers in Human Neuroscience* 10: 601. https://doi.org/10.3389/fnhum.2016.00601.
11. N. Salmanowitz. 2018. "The Impact of Virtual Reality on Implicit Racial Bias and Mock Legal Decisions." *Journal of Law and the Biosciences* 5: 174–203. https://doi.org/10.1093/jlb/lsy005.
12. D. Banakou, S. Kishore, and M. Slater. 2018. "Virtually Being Einstein Results in an Improvement in Cognitive Task Performance and a Decrease in Age Bias." *Frontiers in Psychology* 9: 917. https://doi.org/10.3389/fpsyg.2018.00917.
13. S. A. Osimo, R. Pizarro, B. Spanlang, and M. Slater. 2015. "Conversations Between Self and Self as Sigmund Freud—A Virtual Body Ownership Paradigm for Self Counselling." *Scientific Reports* 5: 13899. https://doi.org/10.1038/srep13899.
14. E. Twedt, R. M. Rainey, and D. R. Proffitt. 2019. "Beyond Nature: The Roles of Visual Appeal and Individual Differences in Perceived Restorative Potential." *Journal of Environmental Psychology* 65: 1–11. https://doi.org/10.1016/j.jenvp.2019.101322.

   R. S. Ulrich, C. Zimring, X. Zhu, J. Dubose, H-B. Seo, Y-S. Choi, X. Quan, et al. 2008. "A Review of the Research Literature on Evidence-Based Healthcare Design." *HERD: Health Environments Research & Design Journal* 1: 61–125. https://doi.org/10.1177/193758670800100306.
15. E. J. Langer and J. Rodin. 1976. "The Effects of Choice and Enhanced Personal Responsibility for the Aged: A Field Experiment in an Institutional Setting." *Journal of Personality and Social Psychology* 34: 191–98. https://doi.org/10.1037/0022-3514.34.2.191.
16. R. Held and A. Hein. 1963. "Movement-Produced Stimulation in the Development of Visually Guided Behavior." *Journal of Comparative and Physiological Psychology* 56: 872–76. https://doi.org/10.1037/h0040546.
17. Antonio Machado (1912). *Campos de Castilla* [Fields of Castile], Madrid: Renacimiento, translated by Stanley Appelbaum, Dover Publications, 2007.〔アントニオ・マチャード、ラファエル・アルベルティ『マチャード・アルベルティ詩集』大島博光訳、土曜美術社出版販売〕（本文の引用は訳者による翻訳）

Adjustment Goals: Sources of Cultural Differences in Ideal Affect." *Journal of Personality and Social Psychology* 92: 1102–17. https://doi.org/10.1037/0022-3514.92.6.1102.

32. Thomas Talhelm, 筆者のインタビューによる, 2019年5月10日.
33. Michael Hurwitz. 2014年2月27日. "Stereotypes Chinese People Have About Themselves." *Yoyo Chinese*（ブログ）. https://www.yoyochinese.com/blog/learn-chinese-china-regional-stereotypes.
34. Talhelm, 筆者のインタビューによる, 2019年5月10日.
35. T. Talhelm, X. Zhang, S. Oishi, C. Shimin, D. Duan, X. Lan, and S. Kitayama. 2014. "Large-scale Psychological Differences within China Explained by Rice Versus Wheat Agriculture." *Science* 344: 603–8. https://doi.org/10.1126/science.1246850.
36. A. Alesina, P. Giuliano, and N. Nunn. 2013. "On the Origins of Gender Roles: Women and the Plough." *Quarterly Journal of Economics* 128: 469–530. https://doi.org/10.1093/qje/qjt005.
37. S.Kitayama, H. Park, A. T. Sevincer, and M. Karasaya. 2009. "A Cultural Task Analysis of Implicit Independence: Comparing North America, Western Europe, and East Asia." *Journal of Personality and Social Psychology* 97(2): 236-55. https://doi.org/10.1037/a0015999.
38. T. Talhelm et al. "Large-Scale Psychological Differences within China Explained by Rice Versus Wheat Agriculture."
39. Colin Peebles Christensen. 2018年7月3日. "China's Coffee War Is Heating Up." *China Economic Review*. https://chinaeconomicreview.com/chinas-coffee-war-is-heating-up/.
40. R. Thomson, M. Yuki, T. Talhelm, J. Schug, M. Kito, A. H. Ayanian, J. C. Becker, et al. 2018. "Relational Mobility Predicts Social Behaviors in 39 Countries and Is Tied to Historical Farming and Threat." *Proceedings of the National Academy of Sciences* 115: 7521–26. https://doi.org/10.1073/pnas.1713191115.
41. Facebookのスクリーンショット. https://osf.io/546dc/.

おわりに――歩くことで道はできる

1. Neil Shubin. 2008. *Your Inner Fish: A Journey into the 3.5-Billion-Year History of the Human Body* (New York: Pantheon Books).〔ニール・シュービン『ヒトのなかの魚、魚のなかのヒト――最新科学が明らかにする人体進化35億年の旅』（垂水雄二訳、早川書房）〕
2. S. S. Fisher, M. McGreevy, J. Humphries, and W. Robinett. 1987. "Virtual Environment Display System." *Proceedings of the 1986 Workshop on Interactive 3D Graphics*, 77–87. https://doi.org/10.1145/319120.319127.
3. M. Slater and M. V. Sanchez-Vives. 2016年12月19日. "Enhancing Our Lives with Immersive Virtual Reality." *Frontiers in Robotic and AI 3*. https://doi.org/10.3389/frobt.2016.00074.
4. R. Pausch, J. Snoody, R. Taylor, S. Watson, and E. Haseltine. Aug. 1996. "Disney's *Aladdin*: First Steps Towards Storytelling in Virtual Reality." *SIGGRAPH '96: Proceedings of the 23rd Annual Conference on Computer Graphics*, 193–203. https://doi.org/10.1145/237170.237257.
5. B. van der Hoort, A. Guterstam, and H. H. Ehrsson. 2011. "Being Barbie: The Size of One's Own Body Determines the Perceived Size of the World." *PLoS ONE* 6: e20195.

Philosophy, ed. Edward N. Zalta. 閲覧日 2019年7月1日 . https://plato.stanford.edu/entries/dialetheism/

18. Richard E. Nisbett. 2003. *The Geography of Thought: How Asians and Westerners Think Differently... and Why* (New York: Free Press).〔リチャード・E・ニスベット『木を見る西洋人森を見る東洋人――思考の違いはいかにして生まれるか』(村本由紀子訳、ダイヤモンド社)〕
19 V. L. Vignoles, E. Owe, M. Becker, P. B. Smith, M. J. Easterbrook, R. Brown, R. González, et al. 2016. "Beyond The 'East–West' Dichotomy: Global Variation in Cultural Models of Selfhood." *Journal of Experimental Psychology: Genera*l 145: 968. https://doi.org/10.1037/xge0000175.
20. 同論文
21. T. Masuda and R. E. Nisbett. 2001. "Attending Holistically Versus Analytically: Comparing the Context Sensitivity of Japanese and Americans." *Journal of Personality and Social Psychology* 81: 922–34. https://doi.org/10.1037//0022-3514.81.5.922.
22. Richard Nisbett, 筆者のインタビューによる , 2019年5月3日 .
23. Nisbett et al. "Culture and Systems of Thought."
24. M. E. W. Varnum, I. Grossmann, S. Kitayama, and R. E. Nisbett. 2010. "The Origin of Cultural Differences in Cognition: The Social Orientation Hypothesis." *Current Directions in Psychological Science* 19: 9–13. https://doi.org/10.1177/0963721409359301.
25. S. de Oliveira and R. E. Nisbett. 2017. "Beyond East and West: Cognitive Style in Latin America." *Journal of Cross-Cultural Psychology* 48: 1554–77. https://doi.org/10.1177/0022022117730816.
26. U. Kühnen, B. Hannover, U. Roeder, A. A. Shah, B. Schubert, A. Upmeyer, and S. Zakaria. 2001. "Cross-Cultural Variations in Identifying Embedded Figures: Comparisons from the United States, Germany, Russia, and Malaysia." *Journal of Cross-Cultural Psychology* 32: 365–72. https://doi.org/10.1177/0022022101032003007.
27. S. Kitayama, K. Ishii, T. Imada, K. Takemura, and J. Ramaswamy. 2006. "Voluntary Settlement and the Spirit of Independence: Evidence from Japan's 'Northern Frontier.' " *Journal of Personality and Social Psychology* 91: 369–84. https://psycnet.apa.org/doi/10.1037/0022-3514.91.3.369.
28. R. E. Nisbett and Y. Miyamoto. 2005. "The Influence of Culture: Holistic Versus Analytic Perception." *Trends in Cognitive Sciences* 9: 467–73. https://doi.org/10.1016/j.tics.2005.08.004.
29. A. K. Uskul, R. E. Nisbett, and S. Kitayama. 2008. "Ecoculture, Social Interdependence and Holistic Cognition: Evidence from Farming, Fishing and Herding Communities in Turkey." *Communicative & Integrative Biology* 1: 40–41. https://doi.org/10.4161/cib.1.1.6649.
30. Drake Baer. 2017年2月14日 . "Rich People Literally See the World Differently." The Cut. https://www.thecut.com/2017/02/how-rich-people-see-the-world-differently.html.
31. B. Morling, S. Kitayama, and Y. Miyamoto. 2002. "Cultural Practices Emphasize Influence in the United States and Adjustment in Japan." *Personality and Social Psychology Bulletin* 28: 311–23. http://dx.doi.org/10.1177/0146167202286003.

    J. L. Tsai, F. F. Miao, E. Seppala, H. H. Fung, and D. Y. Yeung. 2007. "Influence and news.gallup.com/poll/4924/bush-job-approval-highest-gallup-history.aspx.

第九章　文化に同化する

1. P. Grosjean. 2014. "A History of Violence: The Culture of Honor and Homicide in the US South." *Journal of the European Economic Association* 12: 1285–1316. https://doi.org/10.1111/jeea.12096.
2. Richard E. Nisbett and Dov Cohen. 1996. *Culture of Honor: The Psychology of Violence in the South* (Boulder, CO: Westview Press).〔リチャード・E・ニスベット、ドヴ・コーエン『名誉と暴力――アメリカ南部の文化と心理』（石井敬子・結城雅樹共編訳、北大路書房）〕
3. R. E. Nisbett. 1993. "Violence and U.S. Regional Culture." *American Psychologist* 48: 441–49. https://doi.org/10.1037/0003-066X.48.4.441.
4. D. Cohen, R. E. Nisbett, B. F. Bowdle, and N. Schwarz. 1996. "Insult, Aggression, and the Southern Culture of Honor: An 'Experimental Ethnography.' " *Journal of Personality and Social Psychology* 70: 945–60. https://doi.org/10.1037/0022-3514.70.5.945.
5. S. Busatta. 2006. "Honour and Shame in the Mediterranean." *Antropologia Culturale* 2: 75–78. https://www.academia.edu/524890/Honour_and_Shame_in_the_Mediterranean.
6. Editors of *Encyclopedia Britannica*. "seppuku." *Encyclopedia Britannica*. 閲覧日 2019年7月1日 . https://www.britannica.com/topic/seppuku.
7. Elijah Anderson. 1999. *Code of the Street: Decency, Violence, and the Moral Life of the Inner City* (New York: W. W. Norton).〔イライジャ・アンダーソン『ストリートのコード――インナーシティの作法／暴力／まっとうな生き方』（田中研之輔・木村裕子共訳、ハーベスト社）〕
8. Drake Baer. 2016年7月14日 . "Gun Violence Is Like an STI in the Way It Moves Between People." https://www.thecut.com/2016/07/gun-violence-is-like-an-sti.html.
9. David Hackett Fischer. 1989. *Albion's Seed: Four British Folkways in America* (Oxford: Oxford University Press).
10. Richard E. Nisbett, 筆者のインタビューによる , 2019年5月1日 .
11. Grosjean. 2014. "A History of Violence."
12. R. E. Nisbett, K. Peng, I. Choi, and A. Norenzayan. 2001. "Culture and Systems of Thought: Holistic Versus Analytic Cognition." *Psychological Review* 108: 291–310. https://doi.org/10.1037/0033-295X.108.2.291.
13. 同論文, 291.
14. Thomas Talhelm and Shigehiro Oishi. 2019. "Culture and Ecology," in *Handbook of Cultural Psychology*, ed. Dov Cohen and Shinobu Kitayama, 2nd ed. (New York: Guilford Press), 119–43.
15. L.-H. Chiu. 1972. "A Cross-Cultural Comparison of Cognitive styles in Chinese and American Children." *International Journal of Psychology* 7: 235–42. https://doi.org/10.1080/00207597208246604.
16. Paula Gottlieb. 2019年3月6日 . "Aristotle on Non-contradiction." *Stanford Encyclopedia of Philosophy*, ed. Edward N. Zalta. https://plato.stanford.edu/archives/spr2019/entries/aristotle-noncontradiction/.
17. Graham Priest, Francesco Berto, and Zach Weber. "Dialetheism." *Stanford Encyclopedia of*

Compass 12: e12410. https://doi.org/10.1111/phc3.12410.
32. G. Hein, G. Silani, K. Preuschoff, C. D. Batson, and T. Singer. 2010. "Neural Responses to Ingroup and Outgroup Members' Suffering Predict Individual Differences in Costly Helping." *Neuron* 68: 149–60. https://doi.org/10.1016/j.neuron.2010.09.003.
33. Y. Dunham, A. S. Baron, and S. Carey. 2011. "Consequences of 'Minimal' Group Affiliations in Children." *Child Development* 82: 793–811. https://doi.org/10.1111/j.1467-8624.2011.01577.x.
34. B. Gaesser and D. L. Schacter. 2014. "Episodic Simulation and Episodic Memory Can Increase Intentions to Help Others." *Proceedings of the National Academy of Sciences* 111: 4415–20. https://doi.org/10.1073/pnas.1402461111.
35. C. D. Batson, J. Chang, R. Orr, and J. Rowland. 2002. "Empathy, Attitudes, and Action: Can Feeling for a Member of a Stigmatized Group Motivate One to Help the Group?" *Personality and Social Psychology Bulletin* 28: 1656–66. https://doi.org/10.1177/014616702237647.
36. Annette Gordon-Reed. 2011年6月6日. " 'Uncle Tom's Cabin' and the Art of Persuasion." *New Yorker*. https://www.newyorker.com/magazine/2011/06/13/the-persuader-annette-gordon-reed.
37. History.com Editors. Feb. 7, 2019. "Harriet Beecher Stowe." 閲覧日 2019年12月14日. https://www.history.com/topics/american-civil-war/harriet-beecher-stowe#section_3.
38. William Jennings Bryan, ed. "In the First Debate with Douglas by Abraham Lincoln," in *The World's Famous Orations*. Vol. IX: *America II* (New York: Funk and Wagnalls). 閲覧日 2019年12月14日. https://www.bartleby.com/268/9/23.html.
39. D. Vollaro. 2009. "Lincoln, Stowe, and the 'Little Woman/Great War' Story: The Making, and Breaking, of a Great American Anecdote." *Journal of the Abraham Lincoln Association* 30(1): 18–24. https://quod.lib.umich.edu/j/jala/2629860.0030.104/—lincoln-stowe-and-the-little-womangreat-war-story-the-making?rgn=main;view=fulltext.
40. A. Kayaoğlu, S. Batur, and E. Aslıtürk. Nov. 2014. "The Unknown Muzafer Sherif." *The Psychologist* 27: 830–33. 閲覧日2019年6月30日. https://thepsychologist.bps.org.uk/volume-27/edition-11/unknown-muzafer-sherif.
41. David Shariatmadari. 2018年4月16日. "A Real-life Lord of the Flies: The Troubling Legacy of the Robbers Cave Experiment." *Guardian*. https://www.theguardian.com/science/2018/apr/16/a-real-life-lord-of-the-flies-the-troubling-legacy-of-the-robbers-cave-experiment.
42. G. Perry. 2014年11月. "The View from the Boys." *The Psychologist* 27: 834–37. https://thepsychologist.bps.org.uk/volume-27/edition-11/view-boys.
43. 同論文.
44. Sarah McCammon. 2018年9月22日. "The Cajun Navy: Heroes or Hindrances in Hurricanes?" NPR. https://www.npr.org/2018/09/22/650636356/the-cajun-navy-heroes-or-hindrances-in-hurricanes.

Miriam Markowitz. 2017年12月7日. " 'We'll Deal with the Consequences Later': The Cajun Navy and the Vigilante Future of Disaster Relief." *GQ*. https://www.gq.com/story/cajun-navy-and-the-future-of-vigilante-disaster-relief.
45. David W. Moore. 2001年9月24日. "Bush Job Approval Highest in Gallup History." https://

17. D. J. Kelly, P. C. Quinn, A. M. Slater, K. Lee, L. Ge, and O. Pascalis. 2007. "The Other-Race Effect Develops During Infancy: Evidence of Perceptual Narrowing." *Psychological Science* 18: 1084–89. https://doi.org/10.1111/j.1467-9280.2007.02029.x.
18. 同論文.
19. S. Sangrigoli, C. Pallier, A.-M. Argenti, V. A. G. Ventureyra, and S. de Schonen. 2005. "Reversibility of the Other-Race Effect in Face Recognition During Childhood." *Psychological Science* 16: 440–44. https://doi.org/10.1111/j.0956-7976.2005.01554.x.
20. D. S. Y. Tham, J. G. Bremner, and D. Hay. 2017. "The Other-Race Effect in Children from a Multiracial Population: A Cross-Cultural Comparison." *Journal of Experimental Child Psychology* 155: 128–37. https://doi.org/10.1016/j.jecp.2016.11.006.
21. C. Hughes, L. G. Babbitt, and A. C. Krendl. 2019. "Culture Impacts the Neural Response to Perceiving Outgroups Among Black and White Faces." *Frontiers in Human Neuroscience* 13. https://doi.org/10.3389/fnhum.2019.00143.
22. M. M. Davis, S. M. Hudson, D. S. Ma, and J. Correll. 2015. "Childhood Contact Predicts Hemispheric Asymmetry in Cross-Race Face Processing." *Psychonomic Bulletin & Review* 23: 824–30. https://doi.org/10.3758/s13423-015-0972-7.
23. J. L. Eberhardt, P. A. Goff, V. J. Purdie, and P. G. Davies. 2004. "Seeing Black: Race, Crime, and Visual Processing." *Journal of Personality and Social Psychology* 87: 876–93. https://doi.org/10.1037/0022-3514.87.6.876.
24. Kerry Flynn. 2019年2月8日. "How Nextdoor Is Using Verified Location Data to Quietly Build a Big Ads Business." Digiday. https://digiday.com/marketing/nextdoor-ads-verified-homeowners/.

    Lara O'Reilly. 2019年6月27日. "How a Small Design Tweak Reduced Racial Profiling on Nextdoor by 7%" Yahoo! Finance. https://finance.yahoo.com/news/how-a-small-design-tweak-cut-racial-profiling-on-nextdoor-by-75-070000670.html.
25. Nick Brinkerhoff, 筆者のインタビューによる, 2019年12月11日.
26. J. W. Tanaka, B. Heptonstall, and S. Hagen. 2013. "Perceptual Expertise and the Plasticity of Other-Race Face Recognition." *Visual Cognition* 21: 1183–1201. https://doi.org/10.1080/13506285.2013.826315.

    J. W. Tanaka and L. J. Pierce. 2009. "The Neural Plasticity of Other-Race Face Recognition." *Cognitive, Affective, & Behavioral Neuroscience* 9: 122–31. https://doi.org/10.3758/CABN.9.1.122.
27. J. Y. Chiao, H. E. Heck, K. Nakayama, and N. Ambady. 2006. "Priming Race in Biracial Observers Affects Visual Search for Black And White Faces." *Psychological Science* 17: 387–92. https://doi.org/10.1111/j.1467-9280.2006.01717.x.
28. Matthew Frye Jacobson. 1998. *Whiteness of a Different Color: European Immigrants and the Alchemy of Race* (Cambridge, MA: Harvard University Press).
29. I. Minio-Paluello, S. Baron-Cohen, A. Avenanti, V. Walsh, and S. M. Aglioti. 2009. "Absence of Embodied Empathy During Pain Observation in Asperger Syndrome." *Biological Psychiatry* 65: 55–62. https://doi.org/10.1016/j.biopsych.2008.08.006.
30. 同論文.
31. J. Holroyd, R. Scaife, and T. Stafford. 2017. "Responsibility for Implicit Bias." *Philosophy*

2019年12月4日. https://www.nytimes.com/2016/07/15/opinion/we-take-care-of-our-own.html.
2. H. Rusch. 2014. "The Evolutionary Interplay of Intergroup Conflict and Altruism in Humans: A Review of Parochial Altruism Theory and Prospects for Its Extension." *Proceedings of the Royal Society* B: Biological Sciences 281: 20141539. https://doi.org/10.1098/rspb.2014.1539.
3. Brian Handwerk. 2016年1月20日. "An Ancient, Brutal Massacre May Be the Earliest Evidence of War." *Smithsonian*. https://www.smithsonianmag.com/science-nature/ancient-brutal-massacre-may-be-earliest-evidence-war-180957884/.
4. Milton Leitenberg. 2006. "Deaths in Wars and Conflicts in the 20th Century." 3rd ed. Cornell University Peace Studies Program. Occasional paper 29. https://ecommons.cornell.edu/bitstream/handle/1813/69395/29-Leitenberg-Deaths-in-Wars-3ed.pdf.
5. V. Martínez-Tur, V. Peñarroja, M. A. Serrano, V. Hidalgo, C. Moliner, A. Salvador, A Alacreu-Crespo, et al. 2014. "Intergroup Conflict and Rational Decision Making." *PLoS ONE* 9: e114013. https://doi.org/10.1371/journal.pone.0114013.
6. A. H. Hastorf and H. Cantril. 1954. "They Saw a Game: A Case Study." *Journal of Abnormal and Social Psychology* 49: 129–34. https://www.all-about-psychology.com/selective-perception.html.
7. 同論文, 133.
8. 同論文.
9. Dan Kahan. 2011年5月4日. "What Is Motivated Reasoning and How Does It Work?" *Science & Religion Today*. 閲覧日 2019年11月22日. https://web.archive.org/web/20200221193319/http://www.scienceandreligiontoday.com/2011/05/04/what-is-motivated-reasoning-and-how-does-it-work/.
10. D. M. Kahan, E. Peters, E. C. Dawson, and P. Slovic. 2017. "Motivated Numeracy and Enlightened Self-Government." *Behavioural Public Policy* 1: 54–86. https://doi.org/10.1017/bpp.2016.2.
11. Ezra Klein. 2014年4月6日. "How Politics Makes Us Stupid." Vox. https://www.vox.com/2014/4/6/5556462/brain-dead-how-politics-makes-us-stupid.
12. Rafi Letzter. 2018年6月4日. "How Do DNA Ancestry Tests Really Work?" Live Science. https://www.livescience.com/62690-how-dna-ancestry-23andme-tests-work.html.
13. N. G. Crawford, D. E. Kelly, M. E. B. Hansen, M. H. Beltrame, S. Fan, S. L. Bowman, E. Jewett, et al. 2017. "Loci Associated with Skin Pigmentation Identified in African Populations." *Science* 358: eaan8433. https://doi.org/10.1126/science.aan8433.
14. Belinda Luscombe. 2019年3月27日. "What Police Departments and the Rest of Us Can Do to Overcome Implicit Bias, According to an Expert." *Time*. 閲覧日 2019年6月3日. https://time.com/5558181/jennifer-eberhardt-overcoming-implicit-bias/.
15. E. G. Bruneau, M. Cikara, and R. Saxe. 2015. "Minding the Gap: Narrative Descriptions about Mental States Attenuate Parochial Empathy." *PLoS ONE* 10: e0140838. https://doi.org/10.1371/journal.pone.0140838.
16. D. J. Kelly, P. C. Quinn, A. M. Slater, K. Lee, A. Gibson, M. Smith, L. Ge, et al. 2005. "Three-Month-Olds, but Not Newborns, Prefer Own-Race Faces." *Developmental Science* 8: F31–F36. https://doi.org/10.1111/j.1467-7687.2005.0434a.x.

L. Green, et al. 2008. "A Specific and Rapid Neural Signature for Parental Instinct." *PLoS ONE* 3: e1664. https://doi.org/10.1371/journal.pone.0001664.

30. M. L. Glocker, D. D. Langleben, K. Ruparel, J. W. Loughead, R. C. Gur, and N. Sachser. 2009. "Baby Schema in Infant Faces Induces Cuteness Perception and Motivation for Caretaking in Adults." *Ethology* 115: 257–63. https://doi.org/10.1111/j.1439-0310.2008.01603.x.
31. Drake Baer. 2016年6月23日. "France Has More Babies Than Everybody in Europe Because of Day Care and Prussia." The Cut. https://www.thecut.com/2016/06/france-has-more-babies-than-everybody-in-europe.html.

    Ian Centrone. 2019年7月3日. "Japan Has Too Many Abandoned Schools—So They're Turning Them into Community Centers and Aquariums." *Travel + Leisure*. https://www.travelandleisure.com/culture-design/abandoned-schools-in-japan-transformed-into-cultural-centers.
32. Gretchen Livingston. 2019年8月8日. "Hispanic Women No Longer Account for the Majority of Immigrant Births in the U.S." Fact Tank: News in the Numbers. Pew Research Center. https://www.pewresearch.org/fact-tank/2019/08/08/hispanic-women-no-longer-account-for-the-majority-of-immigrant-births-in-the-u-s/.
33. Karen. *Becoming Attached*, 89.
34. K. Lorenz. 1935. "Der Kumpan in der Umwelt des Vogels. Der Artgenosse als auslösendes Moment sozialer Verhaltensweisen." *Journal für Ornithologie* 83: 137–215, 289–413.
35. Karen. *Becoming Attached*, 90.
36. Drake Baer. 2016年11月17日. "This Revolutionary Parenting Insight Will Help Your Love Life." The Cut. https://www.thecut.com/2016/11/why-people-project-their-parents-on-their-partners.html.
37. 同記事.
38. T. Ein-Dor, M. Milkulincer, and P. R. Shaver. 2011. "Attachment Insecurities and the Processing of Threat-Related Information: Studying the Schemas Involved in Insecure People's Coping Strategies." Journal of Personality and Social Psychology 101(1): 78–93. https://doi.org/10.1037/a0022503.

    T. Ein-Dor and O. Tal. 2012. "Scared Saviors: Evidence that People High in Attachment Anxiety Are More Effective in Alerting Others to Threat." *European Journal of Social Psychology* 42: 667–71. https://doi.org/10.1002/ejsp.1895.
39. Drake Baer. 2017年10月20日. "This is How You Raise Successful Teens." Thrive Global. https://thriveglobal.com/stories/this-is-how-you-raise-successful-teens/.
40. D. A. Bennett, J. A. Schneider, Y. Tang, S. E. Arnold, and R. S. Wilson. 2006. "The Effect of Social Networks on the Relation between Alzheimer's Disease Pathology and Level of Cognitive Function in Old People: A Longitudinal Cohort Study." *The Lancet Neurology* 5: 406–12. https://doi.org/10.1016/S1474-4422(06)70417-3.

第八章　同一化する

1. David Brooks. 2016年7月15日. "We Take Care of Our Own." *New York Times*. 閲覧日

14. I. Morrison, L. S. Löken, and H. Olausson. 2010. "The Skin as a Social Organ." *Experimental Brain Research* 204: 305–14. https://doi.org/10.1007/s00221-009-2007-y.
15. J. Lehmann, A. H. Korstjens, and R. I. M. Dunbar. 2007. "Group Size, Grooming and Social Cohesion in Primates." *Animal Behavior* 74: 1617–29. https://doi.org/10.1016/j.anbehav.2006.10.025.
16. H. Olausson, Y. Lamarre, H. Backlund, C. Morin, B. G. Wallin, G. Starck, S. Ekholm, et al. 2002. "Unmyelinated Tactile Afferents Signal Touch and Project to Insular Cortex." *Nature Neuroscience* 5: 900–4. https://doi.org/10.1038/nn896.
17. Jim Coan, 筆者のインタビューによる, 2017年7月18日.
18. J. A. Coan, L. Beckes, M. Z. Gonzalez, E. L. Maresh, C. L. Brown, and K. Hasselmo. 2017. "Relationship Status and Perceived Support in the Social Regulation of Neural Responses to Threat." *Social Cognitive and Affective Neuroscience* 12: 1574–83. https://doi.org/10.1093/scan/nsx091.
19. J. A. Coan and D. A. Sbarra. 2015. "Social Baseline Theory: The Social Regulation of Risk and Effort." *Current Opinion in Psychology* 1: 87–91. https://doi.org/10.1016/j.copsyc.2014.12.021.
20. Coan et al. "Relationship Status and Perceived Support in the Social Regulation of Neural Responses to Threat." p. 1580
21. A. Doerrfeld, N. Sebanz, and M. Shiffrar. 2012. "Expecting to Lift a Box Together Makes the Load Look Lighter." *Psychological Research* 76: 467–75. https://doi.org/10.1007/s00426-011-0398-4.
22. S. Schnall, K. D. Harber, J. K. Stefanucci, and D. R. Proffitt. 2008. "Social Support and the Perception of Geographical Slant." *Journal of Experimental Social Psychology* 44: 1246–55. https://doi.org/10.1016/j.jesp.2008.04.011.
23. Joel Goldberg. 2016年7月30日. "It Takes a Village to Determine the Origins of an African Proverb." *Goats and Soda: Stories of Life in a Changing World* (ブログ). NPR. https://www.npr.org/sections/goatsandsoda/2016/07/30/487925796/it-takes-a-village-to-determine-the-origins-of-an-african-proverb.
24. Sarah Blaffer Hrdy. 2009. *Mothers and Others: The Evolutionary Origins of Mutual Understanding* (Cambridge, MA: Harvard University Press).
25. H. Kaplan. 1994. "Evolutionary and Wealth Flows Theories of Fertility: Empirical Tests and New Models." *Population and Development Review* 20(4): 753-791. https://doi.org/10.2307/2137661.
26. Graham Townsley. 2009年10月26日. "Challenging a Paradigm." *Evolution* (ブログ). NOVA. https://www.pbs.org/wgbh/nova/article/evolution-motherhood/.
27. A. C. Kruger and M. Konner. 2010. "Who Responds to Crying?: Maternal Care and Allocare among the !Kung." *Human Nature* 21: 309–29. https://doi.org/10.1007/s12110-010-9095-z.
28. Sarah B. Hrdy. 2016. "Development Plus Social Selection in the Emergence of 'Emotionally Modern' Humans," in *Childhood: Origins, Evolution, and Implications*, ed. Courtney L. Meehan and Alyssa A. Crittenden (Albuquerque: University of New Mexico Press), 12.
29. M. L. Kringelbach, A. Lehtonen, S. Squire, A. G. Harvey, M. G. Craske, I. E. Holliday, A.

2. Floyd M. Crandall. 1897. "Hospitalism." *Archives of Pediatrics* 14: 448–54. Neonatology on the Web. http://www.neonatology.org/classics/crandall.html.
3. Thomas E. Cone, Jr. 1980. "Perspectives in Neonatology," in *Historical Review and Recent Advances in Neonatal and Perinatal Medicine*, ed. George F. Smith and Dharmapuri Vidyasagar (Mead Johnson Nutritional Division), 1. Neonatology on the Web. http://www.neonatology.org/classics/mj1980/ch02.html.
4. Robert Karen. 1994. *Becoming Attached: First Relationships and How They Shape Our Capacity to Love* (New York: Warner Books; repr., Oxford: Oxford University Press, 1998).
5. 同書, 25.
6. L. F. Berkman and S. L. Syme. 1979. "Social Networks, Host Resistance, and Mortality: A Nine-Year Follow-up Study of Alameda County Residents." *American Journal of Epidemiology* 109: 186–204. https://doi.org/10.1093/oxfordjournals.aje.a112674.
7. K. A. Ertel, M. M. Glymour, and L. F. Berkman. 2009. "Social Networks and Health: A Life Course Perspective Integrating Observational and Experimental Evidence." *Journal of Social and Personal Relationships* 26: 73–92. https://doi.org/10.1177/0265407509105523.

   S. O. Roper and J. B. Yorgason. 2009. "Older Adults with Diabetes and Osteoarthritis and Their Spouses: Effects of Activity Limitations, Marital Happiness, and Social Contacts on Partners' Daily Mood." *Family Relations* 58: 460–74. https://doi.org/10.1111/j.1741-3729.2009.00566.x.

   J. B. Yorgason, S. O. Roper, J. G. Sandberg, and C. A. Berg. 2012. "Stress Spillover of Health Symptoms from Healthy Spouses to Patient Spouses in Older Married Couples Managing Both Diabetes and Osteoarthritis." *Families, Systems, & Health* 30: 330–43. https://doi.org/10.1037/a0030670.

   B. N. Uchino. 2006. "Social Support and Health: A Review of Physiological Processes Potentially Underlying Links to Disease Outcomes." *Journal of Behavioral Medicine* 29: 377–87. https://doi.org/10.1007/s10865-006-9056-5.

   Lily Dayton. 2013年9月13日. "Social Support Network May Add to Longevity." *Los Angeles Times*. https://www.latimes.com/health/la-xpm-2010-sep-13-la-he-friends-health-20100913-story.html.
8. J. Holt-Lunstad, T. B. Smith, and J. B. Layton. 2010. "Social Relationships and Mortality Risk: A Meta-analytic Review." *PLoS Medicine*: e1000316. https://doi.org/10.1371/journal.pmed.1000316.
9. Selby Frame. 2017年10月18日. "Julianne Holt-Lunstad Probes Loneliness, Social Connections." American Psychological Association. 閲覧日 2019年6月30日. https://www.apa.org/members/content/holt-lunstad-loneliness-social-connections.
10. David Abulafia. 2014年1月24日. " 'Inventing the Individual,' by Larry Siedentop." *Financial Times*. 閲覧日 2019年6月30日. https://www.ft.com/content/26722be8-81f1-11e3-87d5-00144feab7de.
11. "individualism." n.d. Online Etymology Dictionary. https://www.etymonline.com/word/individualism. 閲覧日2020年2月9日.
12. H. F. Harlow. 1958. "The Nature of Love." *American Psychologist* 13: 673–85.
13. 同論文, 677.

31. Centers for Disease Control and Prevention. “About Botulism.” Botulism. 閲覧日 2019年6月30日. https://www.cdc.gov/botulism/general.html.

32. G. Defazio, G. Abbruzzese, P. Girlanda, L. Vacca, A. Currà, R. De Salvia et al. 2002. “Botulinum Toxin A Treatment for Primary Hemifacial Spasm.” *Archives of Neurology* 59: 418–20. https://doi.org/10.1001/archneur.59.3.418.

M. Khalil, H. W. Zafar, V. Quarshie, and F. Ahmed. 2014. “Prospective Analysis of the Use of OnabotulinumtoxinA (BOTOX) in the Treatment of Chronic Migraine; Real-life Data in 254 Patients from Hull, UK.” *Journal of Headache and Pain* 15: 1–9. https://doi.org/10.1186/1129-2377-15-54.

R. Gooriah and F. Ahmed. 2015. “OnabotulinumtoxinA for Chronic Migraine: A Critical Appraisal.” *Therapeutics and Clinical Risk Management* 11: 1003–13. https://doi.org/10.2147/TCRM.S76964.

33. J.-C. Baumeister, G. Papa, and F. Foroni. 2016. “Deeper than Skin Deep—The Effect of Botulinum Toxin-A on Emotion Processing.” *Toxicon* 118: 86–90. https://doi.org/10.1016/j.toxicon.2016.04.044.

34. E. Santana and M. de Vega. 2011. “Metaphors Are Embodied, and So Are Their Literal Counterparts.” *Frontiers in Psychology* 2. https://doi.org/10.3389/fpsyg.2011.00090.

35. A. M. Glenberg. 2011. “How Reading Comprehension Is Embodied and Why That Matters.” *International Electronic Journal of Elementary Education* 4: 5–18. https://iejee.com/index.php/IEJEE/article/view/210.

36. 同論文, 15.

37. I. Walker and C. Hulme. 1999. “Concrete Words Are Easier to Recall Than Abstract Words: Evidence for a Semantic Contribution to Short-Term Serial Recall.” *Journal of Experimental Psychology: Learning, Memory, and Cognition* 25: 1256–71. https://doi.org/10.1037/0278-7393.25.5.1256.

38. E. Jefferies, K. Patterson, R. W. Jones, and M. A. Lambon Ralph. 2009. “Comprehension of Concrete and Abstract Words in Semantic Dementia.” *Neuropsychology* 23: 492–99. https://doi.org/10.1037/a0015452.

39. Steven Pinker. 2014. *The Sense of Style: The Thinking Person's Guide to Writing in the 21st Century* (London: Penguin Books).

40. Drake Baer. 2016年2月16日. “I've Been Listening to Almost Nothing but Taylor Swift for 3 Weeks and I'm Convinced It's Made Me a Better Writer.” Business Insider. https://www.businessinsider.in/ive-been-listening-to-almost-nothing-but-taylor-swift-for-3-weeks-and-im-convinced-its-made-me-a-better-writer/articleshow/48495718.cms.

41. Ludwig Wittgenstein. 1953. *Philosophical Investigations*, trans. G. E. M. Anscombe (Oxford: Blackwell), 224.〔L・ウィトゲンシュタイン『哲学探究』(鬼界彰夫訳、講談社)ほか〕(本文の引用は訳者による翻訳)

第七章　つながる

1. R. A. Spitz. 1945. “Hospitalism: An Inquiry into the Genesis of Psychiatric Conditions in Early Childhood.” *The Psychoanalytic Study of the Child* 1: 53–74. https://doi.org/10.1080/00797308.1945.11823126.

and Development 16: 199–220. https://doi.org/10.1080/15248372.2013.858041.

16. M. A. Novack, E. L. Congdon, N. Hemani-Lopez, and S. Goldin-Meadow. 2014. "From Action to Abstraction: Using the Hands to Learn Math." *Psychological Science* 25: 903–10. https://doi.org/10.1177/0956797613518351.
17. Nicholas Day. 2013年3月26日. "How Pointing Makes Babies Human," *How Babies Work* (ブログ). *Slate*. https://slate.com/human-interest/2013/03/research-on-babies-and-pointing-reveals-the-actions-importance.html?via=recirc_recent.
18. J. M. Iverson and S. Goldin-Meadow. 2005. "Gesture Paves the Way for Language Development." *Psychological Science* 16: 367–71. https://doi.org/10.1111/j.0956-7976.2005.01542.x.
19. Patricia Marks Greenfield and Joshua H. Smith. 1977. *The Structure of Communication in Early Language Development* (New York: Academic Press), xi, 238.
20. M. Tomasello, B. Hare, H. Lehmann, and J. Call. 2007. "Reliance on Head versus Eyes in the Gaze Following of Great Apes and Human Infants: The Cooperative Eye Hypothesis." *Journal of Human Evolution* 52: 314–20. https://doi.org/10.1016/j.jhevol.2006.10.001.
21. A. L. Ferry, S. J. Hespos, and S. R. Waxman. 2010. "Categorization in 3- and 4-Month-Old Infants: An Advantage of Words Over Tones." *Child Development* 81: 472–79. https://doi.org/10.1111/j.1467-8624.2009.01408.x.
22. Merriam-Webster. "taxicab." https://www.merriam-webster.com/dictionary/taxicab.
23. S. Harnad. 1990. "The Symbol Grounding Problem." *Physica D: Nonlinear Phenomena* 42: 335–46. https://doi.org/10.1016/0167-2789(90)90087-6.
24. A. M. Glenberg, M. Sato, L. Cattaneo, L. Riggio, D. Palumbo, and G. Buccino. 2008. "Processing Abstract Language Modulates Motor System Activity." *Quarterly Journal of Experimental Psychology* 61: 905–19. https://doi.org/10.1080/17470210701625550.
25. O. Hauk, I. Johnsrude, and F. Pulvermüller. 2004. "Somatotopic Representation of Action Words in Human Motor and Premotor Cortex." *Neuron* 41: 301–7. https://doi.org/10.1016/S0896-6273(03)00838-9.
26. F. Carota, R. Moseley, and F. Pulvermüller. 2012. "Body-Part-Specific Representations of Semantic Noun Categories." *Journal of Cognitive Neuroscience* 24: 1492–1509. https://doi.org/10.1162/jocn a 00219.
27. R. M. Willems, I. Toni, P. Hagoort, and D. Casasanto. 2009. "Body-Specific Motor Imagery of Hand Actions: Neural Evidence from Right- and Left-Handers." *Frontiers in Human Neuroscience* 3. https://doi.org/10.3389/neuro.09.039.2009.
28. F. R. Dreyer and F. Pulvermüller. 2018. "Abstract Semantics in the Motor System?—An Event-Related fMRI Study on Passive Reading of Semantic Word Categories Carrying Abstract Emotional and Mental Meaning." *Cortex* 100: 52–70. https://doi.org/10.1016/j.cortex.2017.10.021.
29. D. A. Havas, A. M. Glenberg, K. A. Gutowski, M. J. Lucarelli, and R. J. Davidson. 2010. "Cosmetic Use of Botulinum Toxin-A Affects Processing of Emotional Language." *Psychological Science* 21: 895–900. https://doi.org/10.1177/0956797610374742.
30. "Challenges to Botox Threaten a Market Makeover." 2018年3月8日. *Financial Times*. 閲覧日 2019年6月30日. https://www.ft.com/content/49570b38-221f-11e8-9a70-08f715791301.

N78.

38. J. L. Eberhardt, P. G. Davies, V. J. Purdie-Vaughns, and S. L. Johnson. 2006. "Looking Deathworthy: Perceived Stereotypicality of Black Defendants Predicts Capital-Sentencing Outcomes." *Psychological Science* 17: 383–86. https://doi.org/10.1111/j.1467-9280.2006.01716.x.
39. J. Correll, B. Park, C. M. Judd, and B. Wittenbrink. 2007. "The Influence of Stereotypes on Decisions to Shoot." *European Journal of Social Psychology* 37: 1102–17. https://doi.org/10.1002/ejsp.450.

第六章　話す

1. A. Kendon. 2017. "Reflections on the 'Gesture-First' Hypothesis of Language Origins." *Psychonomic Bulletin & Review* 24: 163–70. https://doi.org/10.3758/s13423-016-1117-3.
2. G. Króliczak, B. J. Piper, and S. H. Frey. 2011. "Atypical Lateralization of Language Predicts Cerebral Asymmetries in Parietal Gesture Representations." *Neuropsychologia* 49: 1698–1702. https://doi.org/10.1016/j.neuropsychologia.2011.02.044.
3. L. Vainio, M. Schulman, K. Tiippana, and M. Vainio. 2013. "Effect of Syllable Articulation on Precision and Power Grip Performance." *PLoS ONE* 8: e53061. https://doi.org/10.1371/journal.pone.0053061.
4. John J. Ohala. 1994. "The Frequency Code Underlies the Sound-Symbolic Use of Voice Pitch," in *Sound Symbolism*, ed. Leanne Hinton, Johanna Nichols, and John J. Ohala (Cambridge: Cambridge University Press), 325–47.
5. D. S. Schmidtke, M. Conrad, and A. M. Jacobs. 2014年2月12日. "Phonological Iconicity." *Frontiers in Psychology* 5. https://doi.org/10.3389/fpsyg.2014.00080.
6. Anassa Rhenisch. 2015年2月18日. "Phonesthemes." 閲覧日 2019年11月3日. https://anassarhenisch.wordpress.com/2015/02/18/phonesthemes/.
7. J. M. Iverson and S. Goldin-Meadow. 1998. "Why People Gesture When They Speak." *Nature* 396: 228. https://doi.org/10.1038/24300.
8. 同論文.
9. 同論文.
10 Drake Baer. 2016年7月5日. "Talking with Your Hands Makes You Learn Things Faster." The Cut. https://www.thecut.com/2016/07/talking-with-your-hands-makes-you-learn-things-faster.html.
11. R. M. Ping, S. Goldin-Meadow, and S. L. Beilock. 2014. "Understanding Gesture: Is the Listener's Motor System Involved?" *Journal of Experimental Psychology: General* 143: 196. https://doi.org/10.1037/a0032246.
12. Susan Goldin-Meadow, 筆者のインタビューによる, 2016年6月29日.
13 David McNeill. 1996. *Hand and Mind: What Gestures Reveal about Thought*, new ed. (Chicago: University of Chicago Press).
14 S. Goldin-Meadow. 1997. "When Gestures and Words Speak Differently." *Current Directions in Psychological Science* 6: 138–43. https://doi.org/10.1111/1467-8721.ep10772905.
15. E. S. LeBarton, S. Goldin-Meadow, and S. Raudenbush. 2015. "Experimentally Induced Increases in Early Gesture Lead to Increases in Spoken Vocabulary." *Journal of Cognition*

Depression." Thrive Global. https://thriveglobal.com/stories/retraining-mental-habits-of-depression/.

24. S. Schnall, J. Haidt, G. L. Clore, and A. H. Jordan. 2008. "Disgust as Embodied Moral Judgment." *Personality and Social Psychology Bulletin* 34: 1096–1109. https://doi.org/10.1177/0146167208317771.
25. Laura D'Olimpio. 2016年6月2日. "The Trolley Dilemma: Would You Kill One Person to Save Five?" *The Conversation.* http://theconversation.com/the-trolley-dilemma-would-you-kill-one-person-to-save-five-57111.
26. J. K. Stefanucci and J. Storbeck. 2009. "Don't Look Down: Emotional Arousal Elevates Height Perception." *Journal of Experimental Psychology: General* 138: 131–45. https://doi.org/10.1037/a0014797.
27. 同論文.
28. E. A. Phelps, S. Ling, and M. Carrasco. 2006. "Emotion Facilitates Perception and Potentiates the Perceptual Benefits of Attention." *Psychological Science* 17: 292–99. https://doi.org/10.1111/j.1467-9280.2006.01701.x.
29. J. K. Stefanucci, D. R. Proffitt, G. L. Clore, and N. Parekh. 2008. "Skating down a Steeper Slope: Fear Influences the Perception of Geographical Slant." *Perception* 37: 321–23. https://doi.org/10.1068/p5796.
30. S. Rachman and M. Cuk. 1992. "Fearful Distortions." *Behaviour Research and Therapy* 30: 583. https://doi.org/10.1016/0005-7967(92)90003-Y.
31. C. R. Riener, J. K. Stefanucci, D. R. Proffitt, and G. Clore. 2011. "An Effect of Mood on the Perception of Geographical Slant." *Cognition & Emotion* 25: 174–82. https://doi.org/10.1080/02699931003738026.
32. Clore and Palmer. "Affective Guidance of Intelligent Agents."
33. T. Leibovich, N. Cohen, and A. Henik. 2016. "Itsy bitsy spider?: Valence and Self-Relevance Predict Size Estimation." *Biological Psychology* 121: 138–45. https://doi.org/10.1016/j.biopsycho.2016.01.009.

    M. W. Vasey, M. R. Vilensky, J. H. Heath, C. N. Harbaugh, A. G. Buffington, and R. H. Fazio. 2012. "It was as big as my head, I swear!: Biased Spider Size Estimation in Spider Phobia." *Journal of Anxiety Disorders* 26: 20–24. https://doi.org/10.1016/j.janxdis.2011.08.009.
34. J. K. Witt and M. Sugovic. 2013. "Spiders Appear to Move Faster Than Non-Threatening Objects Regardless of One's Ability to Block Them." *Acta Psychologica* 143: 284–91. https://doi.org/10.1016/j.actpsy.2013.04.011.
35. S. Cole, E. Balcetis, and D. Dunning. 2012. "Affective Signals of Threat Increase Perceived Proximity." *Psychological Science* 24: 34–40. https://doi.org/10.1177/0956797612446953.
36. Drake Baer. 2004年9月17日. "This Stanford Psychologist Won a MacArthur Genius Grant for Showing How Unconsciously Racist Everybody Is." Business Insider. https://www.businessinsider.com/stanford-psychologist-macarthur-genius-on-racism-2014-9?international=true&r=US&IR=T.
37. MacArthur Foundation. 2014年9月16日. "Social Psychologist Jennifer L. Eberhardt, 2014 MacArthur Fellow." 閲覧日 2019年10月25日. https://www.youtube.com/watch?v=lsV8kiDt

7. Gerald L. Clore. 2018. "The Impact of Affect Depends on its Object," in *The Nature of Emotion: Fundamental Questions*, ed. Andrew S. Fox, Regina C. Lapate, Alexander J. Shackman, and Richard J. Davidson, 2nd ed. (Oxford: Oxford University Press), 188–89.
8. Merriam-Webster. "imperative." https://www.merriam-webster.com/dictionary/imperative.
9. Colin Klein. 2015. *What the Body Commands: The Imperative Theory of Pain* (Cambridge, MA: MIT Press), 4.
10. F. B. Axelrod and G. Gold-von Simson. 2007. "Hereditary Sensory and Autonomic Neuropathies: Types II, III, and IV." *Orphanet Journal of Rare Diseases* 2: 1–12. https://doi.org/10.1186/1750-1172-2-39.
11. P. Rainville. 2002. "Brain Mechanisms of Pain Affect and Pain Modulation." *Current Opinion in Neurobiology* 12: 195–204. https://doi.org/10.1016/S0959-4388(02)00313-6.
12. G. MacDonald and M. R. Leary. 2005. "Why Does Social Exclusion Hurt? The Relationship Between Social and Physical Pain." *Psychological Bulletin* 131: 202–23. https://doi.org/10.1037/0033-2909.131.2.202.
13. J. Panksepp, B. Herman, R. Conner, P. Bishop, and J. P. Scott. 1978. "The Biology of Social Attachments: Opiates Alleviate Separation Distress." *Biological Psychiatry* 13: 607–18.
14. N. I. Eisenberger, M. D. Lieberman, and K. D. Williams. 2003. "Does Rejection Hurt? An fMRI Study of Social Exclusion." *Science* 302: 290–92. https://doi.org/10.1126/science.1089134.
15. J. B. Silk, S. C. Alberts, and J. Altmann. 2003. "Social Bonds of Female Baboons Enhance Infant Survival." *Science* 302: 1231–34. https://doi.org/10.1126/science.1088580.
16. N. Schwarz and G. L. Clore. 1983. "Mood, Misattribution, and Judgments of Well-Being: Informative and Directive Functions of Affective States." *Journal of Personality and Social Psychology* 45: 519–23. https://psycnet.apa.org/doi/10.1037/0022-3514.45.3.513.
17. 同論文, 519.
18. World Health Organization. 2017. *Depression and Other Common Mental Disorders: Global Health Estimates*. Geneva: World Health Organization.
19. G. L. Clore and J. Palmer. 2009. "Affective Guidance of Intelligent Agents: How Emotion Controls Cognition." *Cognitive Systems Research* 10: 21–30. https://doi.org/10.1016/j.cogsys.2008.03.002.
20. E. R. Watkins. 2008. "Constructive and Unconstructive Repetitive Thought." *Psychological Bulletin* 134: 163–206. https://doi.org/10.1037/0033-2909.134.2.163.
21. S. Nolen-Hoeksema. 2000. "The Role of Rumination in Depressive Disorders and Mixed Anxiety/Depressive Symptoms." *Journal of Abnormal Psychology* 109: 504–11. https://doi.org/10.1037/0021-843X.109.3.504.

    J. Spasojević and L. B. Alloy. 2001. "Rumination as a Common Mechanism Relating Depressive Risk Factors to Depression." *Emotion* 1: 25–37. https://doi.org/10.1037//1528-3542.1.1.25.
22. E. Watkins, N. J. Moberly, and M. L. Moulds. 2008. "Processing Mode Causally Influences Emotional Reactivity: Distinct Effects of Abstract Versus Concrete Construal on Emotional Response." *Emotion* 8: 364–78. https://doi.org/10.1037/1528-3542.8.3.364.
23. Drake Baer. 2017年10月16日. "How Psychologists Change the Mental Habits That Drive

2350.
26. Ryan Boyd, 筆者のインタビューによる, 2017年6月9日.
27. S. R. Sommers. 2006. "On Racial Diversity and Group Decision Making: Identifying Multiple Effects of Racial Composition on Jury Deliberations." *Journal of Personality and Social Psychology* 90: 597–612. https://doi.org/10.1037/0022-3514.90.4.597.
28. Courtroom Television Network. Jan. 1995. "*Georgia v. Redding*: A Rapist on Trial: DNA Takes the Stand."
29. Sommers. "On Racial Diversity and Group Decision Making," 607.
30. 同論文, 608.
31. Harry G. Frankfurt. 2005. *On Bullshit* (Princeton, NJ: Princeton University Press).〔ハリー・G・フランクファート『ウンコな議論』山形浩生訳、筑摩書房〕(本文の引用は訳者による翻訳)
32. A. Perrin. 2015年10月. "Social Media Usage: 2005–2015." Pew Research Center Internet & Technology. https://www.pewinternet.org/2015/10/08/social-networking-usage-2005-2015/.
33. Jane Meyer. 2018年9月24日. "How Russia Helped Swing the Election for Trump." *New Yorker*. 閲覧日2019年6月30日. https://www.newyorker.com/magazine/2018/10/01/how-russia-helped-to-swing-the-election-for-trump.
34. J. V. Petrocelli. 2018. "Antecedents of Bullshitting." *Journal of Experimental Social Psychology* 76: 249–58. https://doi.org/10.1016/j.jesp.2018.03.004.
35. F. T. Bacon. 1979. "Credibility of Repeated Statements: Memory for Trivia." *Journal of Experimental Psychology: Human Learning and Memory* 5: 241–52. https://doi.org/10.1037/0278-7393.5.3.241.
36. L. K. Fazio, N. M. Brashier, B. K. Payne, and E. J. Marsh. 2015. "Knowledge Does Not Protect Against Illusory Truth." *Journal of Experimental Psychology: General* 144: 993–1002. https://doi.org/10.1037/xge0000098.

第五章　感じる

1. Y. Inbar, D. A. Pizarro, and P. Bloom. 2009. "Conservatives Are More Easily Disgusted Than Liberals." *Cognition and Emotion* 23: 725. https://doi.org/10.1080/02699930802110007.
2. 同論文.
3. J. T. Crawford, Y. Inbar, and V. Maloney. 2014. "Disgust Sensitivity Selectively Predicts Attitudes Toward Groups That Threaten (or Uphold) Traditional Sexual Morality." *Personality and Individual Differences* 70: 218–23. https://doi.org/10.1016/j.paid.2014.07.001.
4. Y. Inbar, D. A. Pizarro, and P. Bloom. 2012. "Disgusting Smells Cause Decreased Liking of Gay Men." *Emotion* 12: 23–27. https://doi.org/10.1037/a0023984.
5. W-Y. Ahn, K. T. Kishida, X. Gu, T. Lohrenz, A. Harvey, J. R. Alford, K. B. Smith, et al. 2014. "Nonpolitical Images Evoke Neural Predictors of Political Ideology." *Current Biology* 24: 2693–99. https://doi.org/10.1016/j.cub.2014.09.050.
6. David Hume. 1739–1740. Book 3, part 1, Sect. II: "Moral Distinctions Derived from a Moral Sense," in *A Treatise of Human Nature*. https://davidhume.org/texts/t/3/1/2.〔ヒューム『人性論』(土岐邦夫・小西嘉四郎共訳、中央公論新社) ほか〕(本文の引用は訳者による翻訳)

the Heart Grow Less Helpful: Helping as a Function of Self-Regulatory Energy and Genetic Relatedness." *Personality and Social Psychology Bulletin* 34: 1653–62. https://doi.org/10.1177/0146167208323981.

12. S. Danziger, J. Levav, and L. Avnaim-Pesso. 2011. "Extraneous Factors in Judicial Decisions." *Proceedings of the National Academy of Sciences* 108: 6889–92. https://doi.org/10.1073/pnas.1018033108.
13. M. L. Anderson, J. Gallagher, and E. Ramirez Ritchie. 2017年5月3日. "How the Quality of School Lunch Affects Students' Academic Performance." *Brown Center Chalkboard*（ブログ). Brookings. 閲覧日2019年6月30日. https://www.brookings.edu/blog/brown-center-chalkboard/2017/05/03/how-the-quality-of-school-lunch-affects-students-academic-performance/.
14. Jane E. Brody. 2017年6月5日. "Feeding Young Minds: The Importance of School Lunches." *New York Times*. https://www.nytimes.com/2017/06/05/well/feeding-young-minds-the-importance-of-school-lunches.html.
15. "Facts About Child Nutrition." n.d. National Education Association. http://www.nea.org/home/39282.htm.
16. N. Schwarz, H. Bless, F. Strack, G. Klumpp, H. Rittenauer-Schatka, and A. Simons. 1991. "Ease of Retrieval as Information: Another Look at the Availability Heuristic." *Journal of Personality and Social Psychology* 61: 195–202. https://doi.org/10.1037/0022-3514.61.2.195.
17. S. Lev-Ari and B. Keysar. 2010. "Why Don't We Believe Non-Native Speakers? The Influence of Accent on Credibility." *Journal of Experimental Social Psychology* 46(6): 1093-96.
18. R. Reber and N. Schwarz. 1999. "Effects of Perceptual Fluency on Judgments of Truth." *Consciousness and Cognition* 8: 338-342.
19. M. S. McGlone and J. Tofighbakhsh. 1999. "The Keats Heuristic: Rhyme as Reason in Aphorism Interpretation." *Poetics* 26: 235–44. https://doi.org/10.1016/S0304-422X(99)00003-0.
20. Friedrich Nietzsche. 2001.*The Gay Science: With a Prelude in German Rhymes and an Appendix of Songs*, ed. Bernard Williams, trans. Josefine Nauckhoff, poems trans. Adrian Del Caro (Cambridge: Cambridge University Press).〔フリードリヒ・ニーチェ『喜ばしき知恵』(村井則夫訳、河出書房新社) ほか〕(本文の引用は訳者による翻訳)
21. Daniel Kahneman, Paul Slovic, and Amos Tversky, eds. *Judgement under Uncertainty: Heuristics and Biases* (Cambridge: Cambridge University Press).
22. A. Nowrasteh. 2016. "Terrorism and Immigration: A Risk Analysis." *Cato Institute Policy Analysis No. 798*, 1–26. https://papers.ssrn.com/sol3/papers.cfm?abstract_id=2842277.
23. Dave Mosher and Skye Gould. 2017年1月31日. "How Likely Are Foreign Terrorists to Kill Americans? The Odds May Surprise You." Business Insider. 閲覧日2019年11月11日. https://www.businessinsider.com/death-risk-statistics-terrorism-disease-accidents-2017-1.
24. Drake Baer. 2017年1月12日. "The Shows You Watch Build Your Perception of the World." The Cut. https://www.thecut.com/2017/01/the-shows-you-watch-build-your-perception-of-the-world.html.
25. S. Murrar and M. Brauer. 2017. "Entertainment-Education Effectively Reduces Prejudice." *Group Processes & Intergroup Relations* 21: 1053–77. https://doi.org/10.1177/136843021668

Improves Word Learning." *Cognition* 182: 177–83. https://doi.org/10.1016/j.cognition.2018.09.015.

28. Daniel Casasanto, 筆者のインタビューによる, 2017年3月10日.
29. D. Casasanto and K. Jasmin. 2010. "Good and Bad in the Hands of Politicians: Spontaneous Gestures during Positive and Negative Speech." *PLoS ONE* 14: e11805. https://doi.org/10.1371/journal.pone.0011805.
30. D. M. Oppenheimer. 2008. "The Secret Life of Fluency." Trends in Cognitive Sciences 12: 237–41. https://doi.org/10.1016/j.tics.2008.02.014.
31. Daniel Casasanto, 筆者のインタビューによる, 2017日3月10日.
32. D. Casasanto and E. G. Chrysikou. 2011. "When Left Is 'Right': Motor Fluency Shapes Abstract Concepts." *Psychological Science* 22: 419–22. https://doi.org/10.1177/0956797611401755.
33. Daniel Casasanto, 筆者のインタビューによる, 2017年3月10日.

第四章　考える

1. John Cottingham, ed. 1996. *René Descartes: Meditations on First Philosophy With Selections from the Objections and Replies*, 2nd ed. (Cambridge: Cambridge University Press), 19.〔『デカルト著作集４』「人間論」(伊東俊太郎・塩川徹也他共訳、白水社)、デカルト『省察・情念論』(井上庄七・森啓・野田又夫共訳、中央公論新社) ほか〕(本文の引用は訳者による翻訳)
2. A. Vaccari. 2012. "Dissolving Nature: How Descartes Made us Posthuman." *Techné: Research in Philosophy and Technology* 16: 138–86. https://doi.org/10.5840/techne201216213.
3. P. Bloom. 2007. "Religion Is Natural." *Developmental Science* 10: 147–51. https://doi.org/10.1111/j.1467-7687.2007.00577.x.
4. P. Bloom. 2006. "My Brain Made Me Do It." *Journal of Cognition and Culture* 6: 209–14. https://doi.org/10.1163/156853706776931303.
5. N. Kandasamy, S. N. Garfinkel, L. Page, B. Hardy, H. D. Critchley, M. Gurnell, and J. M. Coates. 2016. "Interoceptive Ability Predicts Survival on a London Trading Floor." *Scientific Reports* 6: 1–7. https://doi.org/10.1038/srep32986.
6. 同論文, 5.
7. Sarah Garfinkel, 筆者のインタビューによる, 2017年1月19日.
8. D. Fischer, M. Messner, and O. Pollatos. 2017. "Improvement of Interoceptive Processes after an 8-Week Body Scan Intervention." *Frontiers in Human Neuroscience* 11: 452. https://doi.org/10.3389/fnhum.2017.00452.
9. L. G. Kiken, N. J. Shook, J. L. Robins, and J. N. Clore. 2018. "Association between Mindfulness and Interoceptive Accuracy in Patients with Diabetes: Preliminary Evidence from Blood Glucose Estimates." *Complementary Therapies in Medicine* 36: 90–92. https://doi.org/10.1016/j.ctim.2017.12.003.
10. X. T. Wang and R. D. Dvorak. 2010. "Sweet Future: Fluctuating Blood Glucose Levels Affect Future Discounting." *Psychological Science* 21: 183–88. https://doi.org/10.1177/0956797609358096.
11. C. N. DeWall, R. F. Baumeister, M. T. Gailliot, and J. K. Maner. 2008. "Depletion Makes

引用は訳者による翻訳)
11. Goodale and Milner. *Sight Unseen*.〔『もうひとつの視覚』〕
12. L. Weiskrantz, E. K. Warrington, M. D. Sanders, and J. Marshall. 1974. "Visual Capacity in the Hemianopic Field Following a Restricted Occipital Ablation." *Brain* 97: 709–28. https://doi.org/10.1093/brain/97.1.709.
13. 同論文, 726.
14. 同論文, 721.
15. B. de Gelder, M. Tamietto, G. van Boxtel, R. Goebel, A. Sahraie, J. van den Stock, B. M. C. Stienen, et al. 2008. "Intact Navigation Skills after Bilateral Loss of Striate Cortex." *Current Biology* 18: R1128–29. https://doi.org/10.1016/j.cub.2008.11.002.
16. Michael F. Land and Dan-Eric Nilsson. 2002. *Animal Eyes* (Oxford: Oxford University Press).
17. J. R. Brockmole, C. C. Davoli, R. A. Abrams, and J. K. Witt. 2013. "The World Within Reach: Effects of Hand Posture and Tool Use on Visual Cognition." *Current Directions in Psychological Science* 22: 39. https://doi.org/10.1177/0963721412465065.
18. C. L. Reed, R. Betz, J. P. Garza, and R. J. Roberts. 2010. "Grab It! Biased Attention in Functional Hand and Tool Space." *Attention, Perception, & Psychophysics* 72: 236–45. https://doi.org/10.3758/APP.72.1.236.
19. J. D. Cosman and S. P. Vecera. 2010. "Attention Affects Visual Perceptual Processing Near the Hand." *Psychological Science* 21: 1254–58. https://doi.org/10.1177/0956797610380697.
    C. C. Davoli and J. Brockmole. 2012. "The Hands Shield Attention from Visual Interference." *Attention, Perception, & Psychophysics* 74: 1386–90. https://doi.org/10.3758/s13414-012-0351-7.
20. S. A. Linkenauger, V. Ramenzoni, and D. R. Proffitt. 2010. "Illusory Shrinkage and Growth: Body-Based Rescaling Affects the Perception of Size." *Psychological Science* 21: 1318–25. https://doi.org/10.1177/0956797610380700.
21. S. A. Linkenauger, J. K. Witt, J. K. Stefanucci, J. Z. Bakdash, and D. R. Proffitt. 2009. "The Effects of Handedness and Reachability on Perceived Distance." *Journal of Experimental Psychology: Human Perception and Performance* 35: 1649–60. https://doi.org/10.1037/a0016875.
22. D. M. Abrams and M. J. Panaggio. 2012. "A Model Balancing Cooperation and Competition Can Explain Our Right-Handed World and the Dominance of Left-Handed Athletes." *Journal of the Royal Society Interface* 9: 2718–22. https://doi.org/10.1098/rsif.2012.0211.
23. M. C. Corballis. 1980. "Laterality and Myth." *American Psychologist* 35: 284–95. http://dx.doi.org/10.1037/0003-066X.35.3.284.
24. Daniel Casasanto, 筆者のインタビューによる, 2017年3月10日.
25. J. Winawer, N. Witthoft, M. C. Frank, L. Wu, A. R. Wade, and L Boroditsky. 2007. "Russian Blues Reveal the Effects of Language on Color Discriminations." *Proceedings of the National Academy of Sciences* 104: 7780–85. https://www.pnas.org/content/104/19/7780.
26. D. Casasanto and K. Dijkstra. 2010. "Motor Action and Emotional Memory." *Cognition* 115: 179–85. https://doi.org/10.1016/j.cognition.2009.11.002.
27. D. Casasanto and A. de Bruin. 2019. "Metaphors We Learn By: Directed Motor Action

from 2006 to 2017." Statista. https://www.statista.com/statistics/190303/running-participants-in-the-us-since-2006/.

20. G. J. Bastien, B. Schepens, P. A. Willems, and N. C. Heglund. 2005. "Energetics of Load Carrying in Nepalese Porters." *Science* 308: 1755. https://doi.org/10.1126/science.1111513.
21. M. Sugovic, P. Turk, and J. K. Witt. 2016. "Perceived Distance and Obesity: It's What You Weigh, Not What You Think." *Acta Psychologica* 165: 1–8. https://doi.org/10.1016/j.actpsy.2016.01.012.
22. G. A. H. Taylor-Covill and F. F. Eves. 2016. "Carrying a Biological 'Backpack': Quasi-Experimental Effects of Weight Status and Body Fat Change on Perceived Steepness." *Journal of Experimental Psychology: Human Perception and Performance* 42: 331–38. http://dx.doi.org/10.1037/xhp0000137.
23. F. F. Eves. 2014. "Is There Any Proffitt in Stair Climbing? A Headcount of Studies Testing for Demographic Differences in Choice of Stairs." *Psychonomic Bulletin & Review* 21: 71–77. https://doi.org/10.3758/s13423-013-0463-7.
24. J. R. Zadra, A. L. Weltman, and D. R. Proffitt. 2016. "Walkable Distances Are Bioenergetically Scaled." *Journal of Experimental Psychology: Human Perception and Performance* 42: 39–51. https://doi.org/10.1037/xhp0000107.
25. 同論文, 49.

第三章　つかむ

1. J. K. Witt and J. R. Brockmole. 2012. "Action Alters Object Identification: Wielding a Gun Increases the Bias to See Guns." *Journal of Experimental Psychology: Human Perception and Performance* 38: 1159–67. https://doi.org/10.1037/a0027881.
2. 同論文, 1166.
3. B. Kalesan, M. D. Villarreal, K. M. Keyes, and S. Galea. 2015. "Gun Ownership and Social Gun Culture." *Injury Prevention* 22: 216–20. https://doi.org/10.1136/injuryprev-2015-041586.
4. Melvyn A. Goodale and David Milner. 2004. *Sight Unseen: An Exploration of Conscious and Unconscious Vision* (Oxford: Oxford University Press).〔メルヴィン・グッデイル、デイヴィッド・ミルナー『もうひとつの視覚――〈見えない視覚〉はどのように発見されたか』(鈴木光太郎・工藤信雄共訳、新曜社)〕
5. Mel Goodale, 筆者のインタビューによる, 2018年9月8日.
6. 同上.
7. 同上.
8. A. M. Haffenden, K. C. Schiff, and M. A. Goodale. 2001. "The Dissociation Between Perception and Action in the Ebbinghaus Illusion: Nonillusory Effects of Pictorial Cues on Grasp." *Current Biology* 11: 177–81. https://doi.org/10.1016/S0960-9822(01)00023-9.
9. Aristotle. 1882. "Book IV," in *On the Parts of Animals*, trans. W. Ogle. London: Kegan Paul, Trench & Co. https://archive.org/details/aristotleonparts00arisrich/page/n6.〔アリストテレス『動物部分論・動物運動論・動物進行論』(坂下浩司訳、京都大学学術出版会)ほか〕(本文の引用は訳者による翻訳)
10. Ronald Polansky. 2007. *Aristotle's De Anima: A Critical Commentary* (Cambridge: Cambridge University Press).〔アリストテレス『心とは何か』(桑子敏雄訳、講談社)ほか〕(本文の

in Relation to Sex, 6th ed. (London: John Murray; repr., New York: Modern Library, 1936).〔チャールズ・ダーウィン『人間の由来』上下巻、長谷川眞理子訳、講談社〕(本文の引用は訳者による翻訳)

8. D. E. Lieberman. 2011. "Four Legs Good, Two Legs Fortuitous: Brains, Brawn, and the Evolution of Human Bipedalism," in *In the Light of Evolution: Essays from the Laboratory and Field*, ed. Jonathan B. Losos (Greenwood Village, CO: Roberts and Company).
9. J. A. Levine, L. M. Lanningham-Foster, S. K. McCrady, A. C. Krizan, L. R. Olson, P. H. Kane, M. D. Jensen, et al. 2005. "Interindividual Variation in Posture Allocation: Possible Role in Human Obesity." *Science* 307: 584. https://doi.org/10.1126/science.1106561.
10. Søren Kierkegaard. 2009. Letter 150, to Henriette Lund in *Kierkegaard's Writings*, vol. XXV, *Letters and Documents*, ed. and trans. Henrik Rosenmeier (Princeton, NJ: Princeton University Press), 214.
11. M. Oppezzo and D. L. Schwartz. 2014. "Give Your Ideas Some Legs: The Positive Effect of Walking on Creative Thinking." *Journal of Experimental Psychology: Learning, Memory, and Cognition* 40: 1142–52. https://doi.org/10.1037/a0036577.
12. Florence Williams. 2012年11月28日. "Take Two Hours of Pine Forest and Call Me in the Morning." *Outside*. 閲覧日2019年9月29日. https://www.outsideonline.com/1870381/take-two-hours-pine-forest-and-call-me-morning.
13. Melissa Dahl. 2016年3月24日. "How Running and Meditation Change the Brains of the Depressed." The Cut. https://www.thecut.com/2016/03/how-running-and-meditation-can-help-the-depressed.html.
14. Melissa Dahl. 2016年4月21日. "How Neuroscientists Explain the Mind-Clearing Magic of Running." The Cut. https://www.thecut.com/2016/04/why-does-running-help-clear-your-mind.html.
15. C. M. Hoehner, C. E. Barlow, P. Allen, and M. Schootman. 2012. "Commuting Distance, Cardiorespiratory Fitness, and Metabolic Risk." *American Journal of Preventive Medicine* 42(6): 571-578. https://doi.org/10.1016/j.amepre.201202020.

    L. Steell, A. Garrido-Méndez, F. Petermann, X. Díaz-Martínez, M. A. Martínez, A. M. Leiva, C. Salas-Bravo, et al. 2018. "Active Commuting Is Associated with a Lower Risk of Obesity, Diabetes, and Metabolic Syndrome in Chilean Adults." *Journal of Public Health* 40: 508–16, https://doi.org/10.1093/pubmed/fdx092.

    E. Flint and S. Cummins. 2016. "Active Commuting and Obesity in Mid-Life: Cross-Sectional, Observational Evidence from UK Biobank." *The Lancet: Diabetes & Endocrinology* 4: 420–35. https://doi.org/10.1016/S2213-8587(16)00053-X.
16. Herman Pontzer. 2019年1月4日. "Humans Evolved to Exercise." *Scientific American*. https://www.scientificamerican.com/article/humans-evolved-to-exercise/.
17. David Attenborough. 2002. "Human Mammal, Human Hunter." *Life of Mammals*. http://www.youtube.com/watch?v=826HMLoiE_o#.
18. Christina Gough. 2018. "Number of Running Events in the U.S. from 2012 to 2016, by Distance of Race." Statista. https://www.statista.com/statistics/280485/number-of-running-events-united-states/.
19. S. Lock. 2019. "Number of Participants in Running/Jogging and Trail Running in the U.S.

9. K. E. Adolph. 2000. "Specificity of Learning: Why Infants Fall over a Veritable Cliff." *Psychological Science* 11: 290–95. https://doi.org/10.1111/1467-9280.00258.
10. Beatrix Vereijken, Karen Adolph, Mark Denny, Yaman Fadl, Simone Gill, and Ana Lucero. 1995. "Development of Infant Crawling: Balance Constraints on Interlimb Coordination," in *Studies in Perception and Action III*, ed. Benoît G. Bardy, Reinould J. Bootsma, and Yves Guiard (Mahway, NJ: Lawrence Erlbaum Associates), 255–58.
11. K. Libertus, A. S. Joh, and A. W. Needham. 2016. "Motor Training at 3 Months Affects Object Exploration 12 Months Later." *Developmental Science* 19: 1058–66. https://doi.org/10.1111/desc.12370.

    A. Needham, T. Barrett, and K. Peterman. 2002. "A Pick-me-up for Infants' Exploratory Skills: Early Simulated Experiences Reaching for Objects Using 'Sticky' Mittens Enhances Young Infants' Object Exploration Skills." *Infant Behavior and Development* 25: 279–95. https://doi.org/10.1016/S0163-6383(02)00097-8.
12. J. Faubert. 2013. "Professional Athletes Have Extraordinary Skills for Rapidly Learning Complex and Neutral Dynamic Visual Scenes." *Nature: Scientific Reports* 3: 1–3. https://doi.org/10.1038/srep01154.
13. W. Timothy Gallwey. 1974. *The Inner Game of Tennis: The Classic Guide to the Mental Side of Peak Performance* (New York: Random House; repr., Toronto: Bantam Books, 1979), 99.
14. John McEnroe with James Kaplan. 2002. *You Cannot Be Serious* (New York: G. P. Putnam's Sons; repr., London: Time Warner Paperbacks), 57.
15. J. K. Witt and M. Sugovic. 2010. "Performance and Ease Influence Perceived Speed." *Perception* 39: 1341–53. https://doi.org/10.1068/p6699.
16. R. Gray. 2013. "Being Selective at the Plate: Processing Dependence Between Perceptual Variables Relates to Hitting Goals and Performance." *Journal of Experimental Psychology: Human Perception and Performance* 39: 1124–42. https://doi.org/10.1037/a0030729.

第二章　歩く

1. D. R. Proffitt, M. Bhalla, R. Gossweiler, and J. Midgett. 1995. "Perceiving Geographical Slant." *Psychonomic Bulletin & Review* 2: 409–48. https://doi.org/10.3758/BF03210980.
2. M. Bhalla and D. R. Proffitt. 1999. "Visual-Motor Recalibration in Geographical Slant Perception." *Journal of Experimental Psychology: Human Perception and Performance* 25: 1076–96. https://doi:10.1037/0096-1523.25.4.1076.
3. 同論文, 1092.
4. Kate Wong. 2014年11月24日. "40 Years After Lucy: The Fossil That Revolutionized the Search for Human Origins." *Observations*（ブログ）, *Scientific American*. https://blogs.scientificamerican.com/observations/40-years-after-lucy-the-fossil-that-revolutionized-the-search-for-human-origins/.
5. Donald Johanson, 筆者のインタビューによる, 2018年12月18日.
6. 同上.
7. Charles Darwin. 1872. *The Origin of Species by Means of Natural Selection; or, The Preservation of Favored Races in the Struggle for Life and The Descent of Man and Selection*

Perception and Performance 38: 125–31. https://doi.org/10.1037/a0029036.

R. Wesp, P. Cichello, E. B. Gracia, and K. Davis. 2004. "Observing and Engaging in Purposeful Actions with Objects Influences Estimates of Their Size." *Perception & Psychophysics* 66: 1261–67. https://doi.org/10.3758/bf03194996.

13. M. Sugovic, P. Turk, and J. K. Witt. 2016. "Perceived Distance and Obesity: It's What You Weigh, Not What You Think." *Acta Psychologica* 165: 1–8. https://doi.org/10.1016/j.actpsy.2016.01.012.
14. J. K. Witt, D. M. Schuck, and J. E. T. Taylor. 2011. "Action-Specific Effects Underwater." *Perception* 40: 530–37. https://doi.org/10.1068/p6910.
15. J. K. Witt, D. R. Proffitt, and W. Epstein. 2005. "Tool Use Affects Perceived Distance, But Only When You Intend to Use It." *Journal of Experimental Psychology: Human Perception and Performance* 31: 880–88. https://doi.org/10.1037/0096-1523.31.5.880.
16. B. Moeller, H. Zoppke, and C. Frings. 2015. "What a Car Does to Your Perception: Distance Evaluations Differ from Within and Outside of a Car." *Psychonomic Bulletin & Review* 23: 781–88. https://doi.org/10.3758/s13423-015-0954-9.
17. Andreas Kuersten. 2015年11月23日. "Opinion: Brain Scans in the Courtroom." *The Scientist.* www.the-scientist.com/news-opinion/opinion-brain-scans-in-the-courtroom-34464.
18. Walt Whitman. "I Sing the Body Electric." Poetry Foundation. www.poetry foundation.org/poems/45472/i-sing-the-body-electric.〔ウォルト・ホイットマン『おれにはアメリカの歌声が聴こえる――草の葉（抄）』飯野友幸訳、光文社〕

第一章　発達する

1. Karen Adolph, 筆者のインタビューによる, 2018年6月22日.
2. U. Neisser. 1981. "Obituary: James J. Gibson (1904–1979)." *American Psychologist* 36: 214–5. https://doi.org/10.1037/h0078037.
3. James J. Gibson. 1979. *The Ecological Approach to Visual Perception* (Boston: Houghton Mifflin), 127.〔J・J・ギブソン『生態学的視覚論――ヒトの知覚世界を探る』古崎敬・古崎愛子・辻敬一郎・村瀬旻共訳、サイエンス社〕（本文の引用は訳者による翻訳）
4. E. N. Rodkey. 2011. "The Woman Behind the Visual Cliff." *APA Monitor on Psychology* 42: 30. https://www.apa.org/monitor/2011/07-08/gibson.
5. E. J. Gibson, and R. D. Walk. 1960. "The 'Visual Cliff.' " *Scientific American* 202: 64–71. https://doi.org/10.1038/scientificamerican0460-64.
6. J. J. Campos, B. I. Bertenthal, and R. Kermoian. 1992. "Early Experience and Emotional Development: The Emergence of Wariness of Heights." *Psychological Science* 3: 61–64. https://doi.org/10.1111/j.1467-9280.1992.tb00259.x.
7. R. Held and J. Bossom. 1961. "Neonatal Deprivation and Adult Rearrangement: Complementary Techniques for Analyzing Plastic Sensory-Motor Coordinations." *Journal of Comparative and Physiological Psychology* 54: 33–37. https://doi.org/10.1037/h0046207.

   R. Held and A. Hein. 1963. "Movement-Produced Stimulation in the Development of Visually Guided Behavior." *Journal of Comparative and Physiological Psychology* 56: 872–76. https://doi.org/10.1037/h0040546.
8. Campos et al. "Early Experience and Emotional Development," 64.

原註

はじめに――おれは電熱の肉体を歌う

1. C. Wedekind, T. Seebeck, F. Bettens, and A. J. Paepke. 1995. "MHC-Dependent Mate Preferences in Humans." *Proceedings of the Royal Society B: Biological Sciences* 260: 245–49. https://doi.org/10.1098/rspb.1995.0087.
2. "Butter in Japan. " Butter through the Ages. http://www.webexhibits.org/butter/countries-japan.html.
3. D. J. Kelly, P. C. Quinn, A. M. Slater, K. Lee, A. Gibson, M. Smith, L. Ge, et al. 2005. "Three-Month-Olds, but Not Newborns, Prefer Own-Race Faces." *Developmental Science* 8: F31–F36. https://doi.org/10.1111/j.1467-7687.2005.0434a.x.
4. D. J. Kelly, S. Liu, L. Ge, P. C. Quinn, A. M. Slater, K. Lee, Q. Liu, et al. 2007. "Cross-Race Preferences for Same-Race Faces Extend Beyond the African Versus Caucasian Contrast in 3-Month-Old Infants." *Infancy* 11: 87–95. https://doi.org/10.1080/15250000709336871.
5. J. L. Eberhardt, P. A. Goff, V. J. Purdie, and P. G. Davies. 2004. "Seeing Black: Race, Crime, and Visual Processing." *Journal of Personality and Social Psychology* 87: 876–93. https://doi.org/10.1037/0022-3514.87.6.876.
6. M. D. Lieberman. 2017. "What Scientific Term or Concept Ought to Be More Widely Known?" *Edge*. www.edge.org/response-detail/27006.
7. J. K. Witt and D. R. Proffitt. 2005. "See the Ball, Hit the Ball: Apparent Ball Size Is Correlated with Batting Average." *Psychological Science* 16: 937–39. https://doi.org/10.1111/j.1467-9280.2005.01640.x.
8. "Mickey Mantle in His Own Words." *Aimless—with Purpose*（ブログ）. https://hopeseguin2011.wordpress.com/2011/03/26/mickey-mantle-in-his-own-words/.
9. "George Scott Stats." 2004. Baseball Almanac. 閲覧日2004年5月18日 . http://www.baseball-almanac.com/players/player.php?p=scottge02.
10. J. K. Witt, S. A. Linkenauger, J. Z. Bakdash, and D. R. Proffitt. 2008. "Putting to a Bigger Hole: Golf Performance Relates to Perceived Size." *Psychonomic Bulletin & Review* 15: 581–85. https://doi.org/10.3758/pbr.15.3.581.
11. J. K. Witt and T. E. Dorsch. 2009. "Kicking to Bigger Uprights: Field Goal Kicking Performance Influences Perceived Size." *Perception* 38: 1328–40. https://doi.org/10.1068/p6325.
12. Y. Lee, S. Lee, C. Carello, and M. T. Turvey. 2012. "An Archer's Perceived Form Scales the 'Hitableness' of Archery Targets." *Journal of Experimental Psychology: Human*

ま行

や行

ら行

わ行

た行

な行

は行

さ行

索引

あ行

か行

デニス・プロフィット（Dennis Proffitt）
バージニア大学の心理学コモンウェルス教授、名誉教授。40年に及ぶ同大での在職期間を通じ、〈身体化された認知〉の分野を先駆的に切り拓いてきた。これまでに約200本の論文を発表し、その多くがメディアで広く報じられている。数々の受賞歴のあるプロフィットは、今日も私たちの生きるこの世界は驚異に満ちていると確信し、教え子と発見の喜びを分かち合うことに生きがいを感じている。妻デボラ・ローチと、バージニア州シャーロッツビル在住。

ドレイク・ベアー（Drake Baer）
PR会社大手エデルマンの調査部門に所属。これまでに「ビジネスインサイダー」副編集長、『ニューヨーク・マガジン』誌シニアライター、『ファースト・カンパニー』誌寄稿者、人材コンサルティング企業のコンテンツディレクターを務める。アスペン・アイデア・フェスティバルをはじめ、世界各地のカンファレンスで講演を行い、25歳までに世界を一周した。本書は2冊目の共著書となる。

小浜 杳（こはま・はるか）
翻訳家。東京大学英語英米文学科卒。書籍翻訳のほか、英語字幕翻訳も手がける。
訳書に『Remember 記憶の科学』『人はなぜ物を欲しがるのか』『ライズ・オブ・eスポーツ』（以上、白揚社）、『サーティーナイン・クルーズ』シリーズ（KADOKAWA）、『WILD RIDE（ワイルドライド）』（東洋館出版社）ほか多数。

ISBN978-4-8269-0251-9

なぜ世界はそう見えるのか　主観と知覚の科学

二〇二三年九月十三日　第一版第一刷発行
二〇二三年十一月二十日　第一版第二刷発行

著　者　デニス・プロフィット　ドレイク・ベアー
訳　者　小浜　杳
発行者　中村幸慈
発行所　株式会社　白揚社　© 2023 in Japan by Hakuyosha
東京都千代田区神田駿河台一―七　郵便番号一〇一―〇〇六二
電話（03）五二八一―九七七二　振替〇〇一三〇―一―二五四〇〇
装　幀　尾崎文彦（株式会社トンプウ）
印刷所　株式会社　工友会印刷所
製本所　牧製本印刷株式会社

ブルース・フッド著　小浜杳訳

人はなぜ物を欲しがるのか

私たちを支配する「所有」という概念

所有欲は社会にどんな影響を与えたか？　いくら物を手に入れても幸福になれないのはなぜか？　生きていく上で必ず関わってくる「所有」の正体を心理学、生物学、社会学、行動経済学など様々な論点であぶり出す。　四六判　３１８ページ　本体価格３０００円

ポール・ブルーム著　高橋洋訳

反共感論

社会はいかに判断を誤るか

無条件に肯定されている共感に基づく考え方が、じつは公正を欠く政策から人種差別まで、様々な問題を生み出している。心理学・脳科学・哲学の視点からその危険な本性に迫る、全米で物議を醸した衝撃の論考。　四六判　３１８ページ　本体価格２６００円

ターリ・シャーロット著　上原直子訳

事実はなぜ人の意見を変えられないのか

説得力と影響力の科学

人はいかにして他者に影響を与え、影響を受けるのか？　客観的事実や数字は他人の考えを変えないという認知神経科学の驚くべき研究結果を示し、他人を説得するとき陥りがちな落とし穴を避ける方法を紹介する。　四六判　２８８ページ　本体価格２５００円

マット・ジョンソン＆プリンス・ギューマン著　花塚恵訳

「欲しい！」はこうしてつくられる

脳科学者とマーケターが教える「買い物」の心理

なぜ広告の時計の針は10時10分を指しているのか？　広告やCM、商品パッケージやレイアウト…商品の背後には買わせるための仕掛けが隠されている。脳科学×マーケティングの視点から賢く買うためのヒントを解説。　四六判　４０８ページ　本体価格２５００円

マイケル・ボンド著　竹内和世訳

失われゆく我々の内なる地図

空間認知の隠れた役割

「ものを記憶する」「人間関係を理解する」「抽象概念を操る」「認知症を防ぐ」など、じつは多様な働きを担う空間認知力。しかしその力は現代的な生活によって衰え始めている。多彩なエピソードで知られざるリスクに迫る。四六判　３６１ページ　本体価格３０００円

経済情勢により、価格に多少の変更があることもありますのでご了承ください。
表示の価格に別途消費税がかかります。